臺灣史綱

黃大受著

三民書局印行

國家圖書館出版品預行編目資料

臺灣史綱／黃大受著.－－初版七刷.－－臺北市；三民，民91
面；　公分

ISBN 957-14-0712-7　(平裝)

677

網路書店位址　http : // www. sanmin. com. tw

著作人　黃大受
發行人　劉振強
著作財產權人　三民書局股份有限公司
臺北市復興北路三八六號
發行所　三民書局股份有限公司
地址／臺北市復興北路三八六號
電話／二五〇〇六六〇〇
郵撥／〇〇〇九九九八——五號
印刷所　三民書局股份有限公司
門市部　復北店／臺北市復興北路三八六號
重南店／臺北市重慶南路一段六十一號
初版一刷　中華民國七十一年十月
初版七刷　中華民國九十一年七月
編　號　S 67002
基本定價　伍　元
行政院新聞局登記證局版臺業字第〇二〇〇號

ISBN　957-14-0712-7　(平裝)

前言

追根溯源，是人類共同的天性。數典忘祖，是少數敗類的劣點。一個社會，人人如能愼終追遠，這個社會，一定是個進步的社會。所以絕大多數的人，除了愛看小說以外，就是愛看歷史，這也許是天性使然罷！

臺灣孤懸中國大陸以東，在地勢上扼大陸沿海七省的門戶，也是西太平洋上的重鎭砥柱。自古以來，無論是地勢、人種、血統和文化，與大陸都是不可分的。而社會、政治、經濟，都是有密切關係的。臺灣不幸在淸末，因甲午戰事的失敗，割讓與日本，淪爲日本殖民地者五十一年，國父和先總統 蔣公領導的國民革命運動，無不以光復臺灣、復歸祖國爲目標。八年對日抗戰，犧牲軍民二千萬人以上，流離失所的在一萬萬人以上，犧牲的代價，至少値當時的美金一千五百億美元以上。終於解除日本的枷鎖，使臺灣的土地和同胞，重歸祖國懷抱，這是分離的一家人，重行聚首，全國同胞，無不歡欣鼓舞，同慶團圓之樂。

不幸俄共指使第五縱隊——中共，趁八年抗戰疲敝之後，用種種挑撥離間破壞顚覆手段，使中國大陸淪於赤魔控制。幸而 蔣公重建臺灣爲復興基地，三十多年來的生聚敎訓，欣欣向榮，進入開發國家之林。而大陸共酋則內鬨不休，極權專制；社會則一窮二白，日見衰敗；同胞處於水深火熱的境地。居住於臺灣地區的同胞，凜於血肉相連的情誼，在蔣總統經國先生領導之下，爲光復大陸河山、解救大陸同胞而努力，盡其最大的熱忱，必能達成以臺灣地區光復大陸、解救同胞的偉大而神聖的使命。

爲了使在臺灣地區的同胞，能明瞭大陸和臺灣的密切關係，知道光復大陸解救同胞，是應盡的責任與義務，就是自己一家人的事，所以編撰這一本臺灣史綱，可以使同胞們能夠追根溯源，得知眞相。不僅大專院校作爲臺灣鄉土史的教材，更可供一般人士參考。不過史事繁雜，容於不周之處，尙祈 大雅君子，有以 教正，是幸。

中華民國七十一年七月七日黃大受於臺北市西望樓

臺灣史綱　目錄

大學用書

臺灣史綱

黃大受編著

第一章　上古時代對臺灣的接觸

第一節　臺灣與大陸的關係

「福州鷄鳴，基隆可聽。」這一句諺語，雖然不是事實，但可以說明臺灣和大陸有不可分離的形勢。臺灣的地理位置，雄峙於我國大陸的東南海上，是我國沿海第一大島。東部面臨太平洋西邊的深溝，約有二千公尺之深。南部面臨巴士海峽，和呂宋島對峙，約距三百公里。西面隔臺灣海峽和福建省相望，相距寬處不到二百公里，峽處只有一百三十多公里，離福州最近。成絹轂之勢。東北則接琉球群島，從基隆到冲繩，不過六百公里，從蘇澳到垣島，只有二百二十公里。

臺灣本島地形，東西狹而南北長，略似紡錘，又像芭蕉葉。南北長計三百九十四公里，東西最寬一百四十四公里，全島各地去海之距離，都在七十公里以內。全島面積有三萬五千七百五十九方公里。

臺灣附屬島嶼大小合計七十八個，在本島西側的澎湖群島，却佔了六十四個。澎湖群島面積爲一百二十七方公里，連同臺灣本部全部陸地的面積，則爲三萬五千八百八十六方公里。可是海面的範圍，比較廣濶，東西所佔的經度，有二度五十六分二十二秒，南北所佔的緯度，有三度五十二分二十八秒，北回歸線經過嘉義的南面。臺灣四面的經緯度是：

極東（基隆市棉花嶼）東經一百二十二度六分二十五秒。

極西（澎湖縣花嶼）東經一百十九度十分三秒。

極南（屏東縣七星岩）北緯二十一度四十五分二十五秒。

極北（基隆市彭佳嶼）北緯二十五度三十七分五十三秒。

其實這一大片水域，在臺灣海峽一帶，平均水深只有五十公尺到一百公尺。根據地質學家林朝棨研究，臺灣是中國大陸的一部份，也就是以大陸爲根生的一個島嶼。在悠久的地緣歷史中，大陸地面，常常發生「滄海桑田」的現象，遠在兩萬萬多年前，臺灣由於地質學家所謂「造山運動」的作用，從海底褶曲隆起而成爲一個海島。地質學家稱那個時代，爲「古生代」的末期。在兩萬萬年之中，臺灣經過幾度的變遷，有時沉降中斷爲一個海島，和現在一樣。有時隆起和大陸連成一片，整個臺灣海峽海水的退去，或是海峽上升露出海面。

那時雖然沒有人類，卻有動物。有些很大的哺乳動物，例如大象、犀牛、野鹿、劍虎等，牠們本來生長在中國大陸南部，小印度和馬來一帶，直接從陸地跑到臺灣來。當牠們死掉後，屍體被泥土掩埋着，經過幾千年幾萬年以後，皮肉完全爛掉，骨頭却留存下來，變成硬得像石頭一樣的物質，地質學家稱牠們做「化石」。

近五十年來，臺灣西部曾經發現許多這類掩齒象、犀牛等哺乳動物的化石，而且都出現在同一個時代的地層中，或是這種地層分佈的地方。好像大溪的木柵層群，寶山的寶山層，竹南附近的苗栗砂岩層，白沙屯和四湖附近的通霄砂岩層，嘉義附近的前大埔層，新化和關廟附近的崎頂層，高雄市附近的壽山泥層，恒春西方的臺地的四溝層等，豐原、臺中一帶的下部頭嵙山層，都是同時代的地層。因此，臺灣各地的化石哺乳動物群，都是同一時代的動物。這個動物群，地質學家稱爲掩齒象、犀牛動物群，原分佈在小印度、馬來到華南一帶。所謂掩齒象地方，其地質時代，是第三紀最末的上新世到第四紀初期之間。因爲第四紀初期，東南亞普遍發生地殼隆起情形，海水退到太平洋，臺灣與大陸聯結起來，甚至從臺灣到菲律賓，曾出現過陸橋。

所以，日本民族學家鹿野忠雄推斷說：「以北京人著稱的更新紀人骨發現地，和僅以狹隘的臺灣海峽而與臺灣相隔的華南，實同爲一片相連的陸地。這一海峽頗淺，現在的海面，若降低三十五公尺，彼此兩地便可連接，由此可知，臺灣顯然是屬於中國大陸的典型大陸島。並且，若將彼此兩地的現有生物，加以比較，可知兩者是相同的，或者其間的親緣性是極大的。若研究明白臺灣島生物的變遷史時，我們可以推測，可能直到更新世的末期，臺灣還是連接於中國大陸的。雲南山地有過屬於武爾穆冰期的冰蝕，而在同一冰期，臺灣高山的山頂上，也是相同的有過冰蝕作用。由此可知，武爾穆冰期的寒冷化，爲包含臺灣在內的中國大陸之普遍的氣候現象。因此可以推定，在那個時候，有過動物群的南遷；我們也不能否定，同時有過更新紀人類南遷到臺灣來的這種推測。」

由於以上的說明，可以想到在一百萬年前，臺灣和大陸完全相連，本來是大陸的一部份。所以，才有許多哺乳動物群出現。

可是近人的研究，認爲臺灣和大陸分離的時間，雖在一萬年間（地質學上的全新世），卽第四氷期結束而進入「後氷期」之時。如果第五氷期來臨，極地氷原擴大，海水量減少，那末，臺灣和大陸又會完全的重行連在一起。地質學家馬廷英在「末次地球外體突然整個滑動及臺灣與我國本部最後陸地聯結的年代」一文中，還指出澎湖與臺灣的陸地聯絡，一直維持到距今六千二百年前，而澎湖群島南部與福建之間，直到五千四百年前，當有一條經過臺灣礁的陸地聯繫着。可見臺灣與大陸在地緣上，是不可分的。

第二節　與大陸相同的臺灣史前文化

臺灣自從沉降成爲海島以後，何時被大陸同胞發現，何時前來臺灣，由於文字記載的遺漏和不清楚，難有一致的解釋。不過臺灣的史前住民，大部分是從中國大陸移入臺灣的，這已經成爲臺灣考古學上的常識。

在歷史上有一個史前時期，卽是沒有文字時候的歷史，完全依據古代人留下的原始工具和物品，來推測考察古代人的生活狀況，文化演進。在我國大陸上，遼寧、河南、山西、陝西、甘肅、青海等省，發現了彩陶、灰陶、紅陶，所以稱爲彩陶文化。山東、遼東半島，直延到浙江等沿海省區，發現了黑陶，所以稱爲黑陶文化。彩陶文化約在西元前二千五百年到一千年，黑陶文化約在西元前二千年到一千年，彩陶和黑陶，都是新石器時代文化的主要代表物。各地的彩陶，都有繩紋網紋的圖案。

臺灣的史前文化，根據各地所發現的遺跡和遺物，研究它的形式和時代，和大陸文化是同一類型，同一系統。依據鹿野忠雄的研究，臺灣的史前文化，可以分成七層。

一、繩紋陶器文化層　是臺灣最古而分佈最廣的文化，伴着這一文化層的石器，是打製石斧。都是純大陸文化，直接從我國北方移入的。

二、網紋陶器文化層　大概從華中傳到臺灣，幾乎分佈到全島。現在的布農族的陶器，屬於這一型式，伴着這一文化層的石器，有打製石斧和磨製石器。這網紋，演變成更整齊的方格印紋和其他變型紋，造成所謂漢式陶器的典型花紋。

三、黑陶文化層　屬於我國大陸東海岸文化系統，在臺灣南部出土的很多，伴着這一文化層的石器，爲石刀，偏鋒石斧等。

四、有段石斧文化層　也許和白陶同時存在。分佈在臺灣西海岸，北部較多，南部很少。臺北市的圓山貝塚是它的代表遺址。其傳入的起源地，或許是福建省。

五、原東山文化層　與越南清化省的東山遺址文化有關聯，這種文化進入臺灣時，除了青銅器以外，還有少量的鐵器，隨着新石器同時混入。

六、巨石文化層　與中南半島的巨石文化，可能有相當關聯，是混有青銅器的金石並用的文化，只在東海岸和南部發現。代表遺物有獨石、石牆、岩棺和石臼、石杵、石皿等。

七、菲律賓鐵器文化層　這一文化，大略分佈在臺灣東海岸，有此鐵器文化層的陶器和裝飾品。

大概來說，前面的四種文化層，是從我國大陸得來的，和彩陶文化黑陶文化同一型式，時間都是在西元以前，後面的三種文化層接近南洋系統，第五六種在西元前後，第七種更遲到西元六百年到九百年之間，這都是考古家證明出來的。可見得臺灣史前文化，十分之八九，是以大陸文化系統爲主要基礎；南洋文化，只是後來附加進來的。

民國五十七、八年，考古家在臺灣省臺東縣長濱鄉八仙洞挖掘石器，初步硏判，認爲與我國大陸出土的舊石器時代的石器，很是接近。

民國五十八年八、九月間，國立歷史博物舘在臺南官田鄉隆田的國母山，在挖出的約六千件器物中，有石器和陶器，石器中包括石刀、石斧、石鏃等，陶器中有紅陶與黑陶。紅陶多是繩紋陶、網紋陶、及羽狀紋等。黑陶中發現了一個三足器，它的脚和「鬲」的脚非常相似。這都是彩陶文化和黑陶文化時代的產品。

從上面的敍述中，可見臺灣與大陸，在文化上成爲一體，是多麼的密切而久遠。

第三節　來自大陸的臺灣土著族

以前的東西洋學者，多是認爲臺灣土著族來自馬來群島。因爲這些土著族的語言，是屬於波利尼亞安語族的印度尼西安或通稱馬來語系。在文化方面，臺灣土著族，也保持很多印度尼西安古文化的特質，如文身、缺齒、拔毛、口琴、織貝、卉服、貫頭衣、腰機紡織、父子連名、親族外婚、老人政治、年齡分級、獵首、鳥占、靈魂崇拜、室內葬等。而且土著族是屬於古蒙古人種中的原馬來族。

可是經過考古家的研究，臺灣的史前文化，十分之八、九，是屬於我國大陸的系統。那麼，臺灣的土著族與大陸民族有否關係，値得探討。日本的民族學家鳥居龍藏在清光緒二十九年（一九〇三年），到我國西南各省調查苗族，五年後刊出調查報告，曾說臺灣土著是新入的馬來系，而與西南苗族混合。我國民族學家凌純聲曾研究西南民族有年，到臺灣以後，民國三十八年秋，到山上工作，所到地方，看見臺灣土著族的民情風俗，和大陸上的西南民族相似，大有舊地重遊之感。而凌純聲的研究結果却和鳥居龍藏有些不同，認爲臺灣土著族並不是新入馬來系，而是越濮民族，現今稱爲印度尼西安或原馬來人。

越濮民族，在古代和廣義的苗族，是同一民族，居於我國大陸長江以南。越濮民族，住在大陸東南沿海的，古稱百越。散佈在西南山地的，則稱百濮。臺灣土著族，系屬百越，很早卽離開大陸，遷入臺灣孤島，後來和外界隔絕，所以能保存他們固有的語言文化。而留居大陸的越濮，則和南下濮藏系文化的漢、泰、苗、傜、藏、緬諸族混合，有的完全涵化，有的雖習用其語言，但仍保有許多東南亞古文化的特質，好像上面所說臺灣土著族的文身、缺齒、拔毛、口琴、貫頭衣、腰機紡織、父子連名、獵首、靈魂崇拜、室內葬、崖葬等特質，也在西南各族可以發現。淩純聲對父子連名和崖葬，日本人金關丈夫對於缺齒，都曾作過詳細研究，證明上面說法的不錯。

越濮民族的百越系，古代在大陸，人口衆多，分佈綿長，從交阯到會稽，七八千里，勢力很大，可與中原的華夏系分庭抗禮。但華夏系的文化較高，百越系一部份留居原處，受到華夏系的同化而消失。一部份退向南方，進入南洋，成爲現今南洋土著的印度尼西安民族。淩純聲舉出十種文化特質：祖先崇拜、家譜、洗骨葬、銅鼓（架高屋宇）、龍船、鑿齒、文身、食人與獵首、洪水故事。證明中國古代的百越系民族和現今南洋土著的印度尼西安民族——原馬來族，是同一文化系統的民族。因此，印度尼西安民族，其祖先起源於中國大陸。

自然，原馬來族，到達南洋群島以後，因爲戰爭或貿易的緣故，或有從這島遷往他島的事實，所以臺灣與琉球和菲律賓群島之間，一部份原住民，也有互相移往之事，例如紅頭嶼的雅美族或謂來自菲島，臺灣西部的瑯璚族從琉球南下。若只是根據這些局部事實，決不能說臺灣本島文化較低的山地土著諸族，多來自馬來群島，而與我國大陸無關。

另一民族學家衞惠林研究的結果，認爲我們一方面自應拒絕多數過去學者之全馬來說，也不能完全強調全大陸說；而主張至少應分新舊與南北兩系。山地各族，尤其是北中部山地各族，爲大陸舊文化（東夷遼越文化）系統，東部與平地各族爲南島系文化（印度尼西安文化）系統。自然我們可以假定，以中國大陸爲整個東南亞，甚至太平洋文化的搖籃，則南系各山地族，也不能講其與大陸無關。

總括起來，臺灣的土著族，依然是我國大陸古代人的子孫，與中華民族有血緣關係，自然是一家人。

第四節　我國文獻對上古臺灣的說法

臺灣第一部地方誌——臺灣府誌說：「臺灣，禹貢揚州之域。」這說法是有根據的。禹貢是尙書的一個篇名，而尙書是中國一部最古的歷史書，禹貢敍述四千年前的中國地理，把當時的中國分成九州，揚州是東南方的一州，北到淮河，東南到海。禹貢篇記：「島夷卉服，厥篚織貝，厥包橘柚，錫貢，沿於江海，達於淮泗。」意思是：「東南海島上的夷人，穿着草服，用竹箱裝着綴繫有貝粒的麻布，包裹着橘柚特產，等待錫命來進貢，沿着長江大海，到達淮水、泗水。」臺灣地處東南海上，所說島夷的情形，與臺灣土著族的情形相同，所以若干學者根據這一記載，認爲臺灣在這時已列入中國版圖。

列子一書中，湯問篇夏革說：「渤海之東，不知幾億萬里，有大壑焉，實爲無抵之谷，其下無底，名曰歸虛，其中有五山焉：一曰岱輿，二曰員嶠，三曰方壺，四曰瀛州，五曰蓬萊。」臺灣的字音和岱輿員嶠的第一字相巧合，因此有人謂澎湖爲古之方壺，臺灣爲古之岱員。這一說法如果能夠證實，那麼殷商時代，便已經知道臺灣了。

到了春秋戰國時代，沿海的齊國燕國，有齊威王、宣王、燕昭王，曾經派人到海上，訪求蓬萊、方丈、瀛州三座神山。秦始皇也派齊人徐市（福）帶童男童女數千人，到海上求仙人。這些事實，在司馬遷著的史記都有記述，但不知詳情。有人說瀛州就是臺灣，也少確證。陳壽所著三國志和范曄所著後漢書的東夷傳，曾有徐福到達夷州（就是臺灣）的記述，不過他們也說是「長老傳言」，無從證實。

漢朝時代，會稽（現今江蘇浙江兩省附近）海外，有東鯷人，分成二十餘國，時來中國貢獻。前漢書地理志和後漢書東夷傳，都有記載。根據方位測度，有人認為臺灣、琉球，都在東鯷範圍。另外前漢書地理志也明白的說：樂浪海上有倭人，分成一百餘國，也時來貢獻。把東鯷和倭國分開敍述，所以東鯷不是日本一帶的諸島，是沒有疑問的。

事實上漢代疆域廣濶，南面直到現今中南半島的北部，因此對於大陸東面沿海的島嶼，來往比前代密切。所以在臺灣的東鯷人，自然有時常朝貢的事實。

第二章　三國到元代對臺灣的經營

第一節　吳國對臺灣的經營和認識

三國時代，吳大帝（孫權）所領的吳國疆域，包括會稽到東南沿海地帶；吳大帝對海外的經營，很有興趣。在赤壁戰爭（西元二〇八年）後，兵威曾達南洋，臺灣在會稽之東，當時稱爲夷州。黃龍二年（西元二三〇年）春，他派遣將軍衞溫、諸葛直，率領甲士萬人，渡海去求夷州亶洲。由於亶洲太遠，沒法到達。但俘虜了數千夷州人而還。第二年二月，衞溫、諸葛直，都以違詔無功而下獄被殺。這次遠征，雖然沒有建立吳國的統治權，但正式的經營，總算開始。

吳大帝派人出征夷州的事，見於吳志孫權傳。但孫權出兵以前，曾與陸遜、全琮商量過。吳志陸遜傳云：「權欲偏師取夷州及珠崖，皆以諮遜。遜上疏曰：陛下憂勞聖慮，忘寢與食，將遠規夷州，以定大事。臣反覆思惟，未見其利。……又珠崖絕險，民猶禽獸，得其民不足濟事。……權遂征夷州，得不補失。」

又吳志全琮傳云：「初，權將圍珠崖及夷州，皆先問琮。琮曰：以聖朝之威，何向而不克。然殊方異域，隔絕障海，水土氣毒，自古有之。兵入民出，必生疾病，轉相汚染，往者懼不能反，所獲何可多致。猥虧江岸之兵，以冀萬一之利，愚臣猶所不安。權不聽，軍行經歲，士衆疾疫，死者十有八九，權深悔之。」

從這兩段記載，可以看出當時吳國人對於夷州和珠崖（現今海南島），是很有認識的，但亶洲所在絕遠，沒有到過。所以亶洲不是海南島，是沒有問題的。陸遜和全琮的反對沒有效果，吳兵仍然往征夷州，費時近一年整。由於成萬甲士到過夷州，而且停留將近一年，自然增加吳人對夷州的認識。

夷州亶洲二地，在淸人胡渭禹貢錐指附圖第四十七四海圖，夷州位於現今的臺灣，亶洲位於現今的呂宋。近人林惠祥以夷州爲臺灣，亶洲爲琉球。而日本史家市村讚次郎，以夷州爲臺灣，亶洲爲澹耳。白鳥庫吉亦以夷州爲臺灣，而亶洲爲今琉球群島中的一島，所以夷州確爲臺灣，今日已成爲定論。但夷州之能確定是臺灣，還靠了吳國丹陽太守沈瑩的一篇記錄。

沈瑩所寫的臨海水土志，（見太平御覽卷七八〇）敍東夷條云：「臨海水土志曰：夷州在臨海東南，去郡二千里，土地無雪霜，草木不死，四面是山，衆山夷所居，山頂有越王射的正白，乃是石也。此夷各號爲王，分畫土地人民，各自別異。人皆髠頭，穿耳，女人不穿耳，作室居，種荊爲蕃障，土地饒沃，旣生五穀，又多魚肉，舅姑子婦男女，臥息共一大床，交會之時，各不相避。能作細布，亦作斑文布。刻畫其內，有文章，以爲飾好也。其地亦出銅鐵，唯由鹿觡矛以戰鬪耳。磨礪青石，以作矢鏃、刀斧、錯貫、珠璫。飲食不潔，取生魚肉，雜貯大器中，以滷之，歷日月，乃啖食之，以爲上餚。呼民人爲獼麟。如有所召，取大空材，十餘丈，以著中庭，又大杵旁舂之，聞四五里如鼓，民人聞之，皆往馳赴會。飲食皆踞相對，鑿木作器，如豬槽狀，以魚肉腥臊安中，十十五五，共食之。以粟爲酒，木槽貯之，用大竹筒長七寸許飲之。歌似犬嗥，以相娛樂。得人頭，斫去腦，駮其面肉，留取骨，取犬毛染之，以作鬚眉髮，編貝齒以作口，出戰臨鬬時用之，如假面狀，此是夷王所服。戰得頭，著首還，中庭建一大材，高十餘丈，以所得頭差次挂之，歷年不下，彰示其功。又甲家有女，乙家有男，仍委父母往就之居，與作夫妻，同牢而食。女已嫁，皆缺去前上一齒。

安家之民，悉依深山，架立屋舍於棧格上，似樓狀，居處飲食衣服裝飾，與夷州民相似，父母死亡，殺犬祭之，作四方函盛屍，飲酒歌舞畢，乃懸著高山巖石之間，不埋土中作塚槨也。男女悉無履，今安陽、羅江縣，是其子孫也。皆好猴頭羹，以菜和中以醒酒，雜五肉臛不及之。其俗言，寧自負人千石之粟，不願負人猴頭羹臛。」

臨海水土志一書，宋代以後，卽已失傳。根據三國志，可以知道臨海卽是吳國在西元二五七年，分會稽郡東部所設立的。而上文所提到的安陽縣，是吳主孫皓以羅陽縣改名的。而沈瑩戰敗，被晉軍所殺，在天紀四年（西元二八〇年）。所以這書是在西元二六四—二八〇年吳主孫皓在位時所寫的。可以說在一千七百年前，中國人對臺灣有很正確的認識。

臨海水土志，所敍述夷州的方位、地形、氣候、物產、風俗、習慣，東南海上，除了臺灣及其土著族，沒有第二個地方，合乎這些條件。其他的地方，都是像亶洲一樣的渺茫，非當時吳人所能熟知。沈瑩不是少年出征過夷州，就是根據當時從征將士的談話或筆錄，才能寫成這篇記錄。

臨海水土志前段是記臺灣土著族的文化，後段是記閩越人的文化。所述安陽和羅江兩縣的安家之民的居處、飲食、衣服、被飾，都和夷州民相似，明白說出二者是同一民族。凌純聲根據安家之民和夷洲之民的文化特質來研究，認爲他們都是屬於古代的越獠民族。那就是說遠在紀元以前，越人早已移殖臺灣，也許是越王統治過的地方，因爲夷州有越王的遺跡。自從秦始皇、漢武帝三次遷沿海越民到內地，徹底實行海禁，孤懸海外的臺灣，便暫時和大陸隔絕。

第二節　隋代對臺灣的經營

從晉到南北朝，西元四、五、六世紀的三百餘年，沒有再看到夷洲的記載。可是從七世紀的隋代，經過唐、五代、宋、元，直到十四世紀的明代初年，卻把流求、留仇、流虬、瑠求、或琉球稱呼臺灣。對臺灣的經營，比前代更加積極。

隋煬帝是一位有志向外發展的君主。在他卽位之初，大業元年（西元六〇五年），有「海師」何蠻上奏，每逢春秋二季，天清風靜時，向東方望去，依稀似有煙霧的氣象，也不知道有幾千里。大業三年（六〇七年），煬帝派羽騎尉朱寬到海上訪求異俗，何蠻一同前往，到了琉求，卽現今臺灣，因爲言語不通，强取一人而回。煬帝雄心不已，第二年，再派朱寬前來臺灣慰撫，仍不服從。朱寬帶回琉求人的布甲。煬帝因爲招降未成，決定用武力征討。戰爭的經過見隋書陳稜傳和琉求傳。

大業六年（西元六一〇年），煬帝派武賁郎將陳稜，朝請大夫張鎭州，率領東陽（現今浙江金華）兵一萬餘人，從義安（現今廣東潮州）渡海。到高華嶼，卽今澎湖群島中的花嶼（或大嶼），又東行二日，到鼅鼊嶼，卽今澎湖群島中的奎壁嶼；再過一天，便到達流求（卽今臺灣）。

因爲言語不通，是無法交涉的，這次陳稜出征，招有南海諸國人同往。其中有崑崙人，能解流求人語，擔任通譯。（廣義的崑崙，是指馬來一帶）船艦到達的地方，約爲鹿港，所接觸的應爲佔土著人數最多的平埔番。

番人初見船艦，以爲做生意的人來到，紛紛前來貿易，經崑崙人撫慰曉諭，命令他們降服，流求人不聽從，抗拒隋軍。陳稜領軍登岸，派張鎮州爲先鋒，其主歡斯渴刺兜(Kaishi Harato,Kaishi是平埔番的代表名稱）派兵抵抗，張鎮州的軍隊不斷打敗他們。陳稜進兵到低沒檀（ Tomol ）洞。其小王歡斯老模率兵抵抗，陳稜把他打敗，斬殺老模。當日霧雨陰晴，天氣不明，將士駭怕，陳稜殺白馬祭海神，天氣開朗。陳張軍分五路，直攻「都邑」，渴刺兜率領幾千人抵抗。陳稜又派張鎮州打敗，陳稜乘勝追趕。渴刺兜背柵而陣，陳稜出全力攻擊，從上午到下午，經過八小時的苦鬪，渴刺兜因爲兵力疲憊，帶軍隊退守柵內。陳稜令兵士鎮塞塹壕，猛烈攻破木柵，防線全部崩潰。殺了渴刺兜，燒了他的宮室，俘獲他的兒子島槌和男女數千人，以及軍事物資而歸。自後遂沒有來往。

但在隋書煬帝紀云：「大業六年二月，武賁郎將陳稜，朝請大夫張鎮州擊流求破之，獻俘萬七千口，頒賜百官。」可見這一戰爭最早始於年初正月，二月就結束了，俘虜比陳稜傳所說的數千人要多。

這一次戰爭的規模不小，平埔番受到嚴重的打擊，被俘的至少有幾千人，據閩書云：「福州之福盧山，當隋之世，曾掠琉球五千戶置此，尚有其裔。」但隋代沒有在臺灣設立郡縣，切實經營。不過隋代對臺灣的知識，比三國更爲淸楚。

隋書流求傳云：「流求居海島之中，當建安郡東，水行五日而至，土多山洞，其王姓歡斯氏，名渴刺兜，不知其由來，有國代數也。彼土人呼之爲可老羊，妻曰多拔茶，所居曰波羅檀洞，塹柵三重，環以流水，樹棘爲藩。王所居舍，其大一十六間，淍刻禽獸，多鬪鏤樹，似橘而葉密，條纖如髮然下垂。國有四五帥，統諸洞，洞有小王，往往有村，村有鳥了帥，並以善戰者爲之，自相樹立，理一村之事，男女皆以白紵繩纏髮，從頂後盤繞至額。其男子用鳥羽爲冠，裝以珠貝，飾以赤毛，形製不同。婦人以羅紋白布爲帽，其形正方，織鬪鏤皮幷雜色紵及雜毛，以爲衣，製裁不一，綴毛垂螺爲飾，雜色相間，下垂小貝，其聲如珮，綴璫施釧，懸珠於頸，織籐爲笠，飾以羽毛。有刀矟弓箭劍鈹之屬，其處少鐵，刃皆薄小，多以骨角輔助之，編紵爲甲，或用熊豹皮，王乘木獸，令左右轝之而行，導從不過數十人，小王乘機，鏤爲獸形。國人好相攻擊，人皆驍健善走，難死而耐創。諸洞各爲部隊，不相救助，兩陣相當，勇者三五人，出前跳噪，交言相罵，因相擊射，如其不勝，一軍皆走，遣人致謝，卽共和解。收取鬪死者，共聚而食之，仍以髑髏，將向王所，王則賜之以冠，使爲隊帥。無賦歛，有事則均稅，用刑亦無常準，皆臨事科決，犯罪皆斷於鳥了帥。不伏則上請於王，王令臣下共議定之，獄無枷鏁，唯用繩縛，決死刑，以鐵錐，大如筋，長尺餘，鑽頂而殺之，輕罪用杖。俗無文字，望月盈虧，以紀時節，候草榮枯，以爲年歲。人深目長鼻，頗類於胡，亦有小慧，無君臣上下之節，拜伏之禮，父子同床而寢。男子拔去髭鬢，身上有毛之處，皆亦除去。婦人以墨黥手，爲蟲蛇之文。嫁娶以酒肴珠貝爲聘，或男女相悅，便相匹偶。婦人產乳必食子衣，產後以火自炙，令汗出五日，便平復。以木槽中暴海水爲鹽，木汁爲酢，釀米麪爲酒，其味甚薄。食皆用手，偶得異味，先進尊者，凡有宴會，執酒者，必待呼名，而後飲，上王酒者，亦呼王名，銜杯共飲，頗同突厥。歌呼蹋蹄，一人唱，衆皆和，音頗哀怨，扶女子上膊，搖手而舞。其死者氣將絕，舉至庭前，親賓哭泣相弔，浴其屍，以布帛纏之，裹以葦草，襯土而殯，上不起墳，子爲父者數月不食肉。南境風俗少異，人有死者，邑里共食之。有熊羆豺狼，尤多猪雞，無牛羊驢馬，厥田良沃，先以火燒，而引水灌之，持一鍤，以石爲刄，長尺餘，濶數寸，而墾之。土宜稻粱禾黍麻豆赤豆胡豆黑豆等，木有楓括樟松楩楠杉梓竹籐，果藥同於江表，風土氣候與嶺南相類。俗事山海之神，祭以酒肴，鬪戰殺人，便將所殺人，祭其神，或依茂樹起小屋，或懸髑髏於樹上，以箭射之，或累石繫幡，以爲神主，王之所居，壁下多聚髑髏，以爲佳。人間門戶上，必安獸頭骨角。大業元年，海師何蠻等云：每春秋二時，天清風靜，東望依希，似有煙霧之氣，亦不知幾千里。三年，煬帝令羽騎尉朱寬入海，求訪異俗，何蠻言之，遂與俱往。因到流求國，掠一人而返。明年，帝復令寬慰撫之，流求不從，寬取其布甲而還。時倭國使來朝，見之曰，此夷邪久國人所用也。帝令武賁郎將陳稜，朝請大夫張鎭州率兵，自義安浮海擊之，至高華嶼，又東行二日，至鼅鼊嶼，又一日便至流求。初，稜將南方諸國人從軍，有崑崙人頗解其語，遣人慰諭之，流求不從，拒逆官軍，稜擊走之，進至其都，頻戰皆敗，焚其宮室，虜其男女數千人，載軍實而還，自爾遂絕。」

在上述文字中，描述臺灣的方位，和番族的人物、姓氏、政治組織、居處建築、戰陣攻鬬、武器用具，男女服飾、性情容貌、文化禮儀、賦稅刑罰、起居飲食、宴會歌舞、婚喪嫁娶、樹木鳥獸、墾殖農作、宗教信仰等事，無一不和實際的情形相合。根據這一篇記述，大多數的中外學者，寫了多篇論文，認定隋代的流求，就是臺灣，並且舉出許多事實來對證。也有少數的學者，認爲流求，就是現今的琉球，但是證據不如流求是臺灣的有力。

第三節　唐宋對臺灣的接觸

唐代海上貿易發達，對臺灣似應有往來的可能。但缺乏記錄，無法斷定。不過唐憲宗（西元八〇六—八二〇年）時，有詩人施肩吾的「島夷行」，在八閩通志、泉南雜志、臺灣府志、澎湖廳志，都認爲這首詩，是描寫澎湖群島的。府志和廳志，並且把這詩改爲「詠澎湖嶼」，詩云：「腥臊海邊多鬼市，島夷群處無鄉里，黑皮少年學採珠，手把生犀照鹹水。」連雅堂臺灣通史云：在唐中葉，施肩吾曾率其族，遷居澎湖。但無旁證。

施肩吾是浙江分水人（過去以爲山西汾水人，是錯誤的。）元和中進士，後隱居不仕，以一個沿海地區的人，雖沒有舉族遷居到澎湖的必要，卻是可以到達澎湖的。

有人懷疑這首詩，不是以澎湖嶼爲對象；其實在南宋寧宗嘉定十四年（西元一二二一年），東陽人王象之編成的一部地理書——輿地紀勝，已有證明。在這書有關福建路泉州風俗形勝中，曾云：「環島三十六，自泉晉江東出海間，舟行三日，抵澎湖嶼，在巨浸中。」接着就引用了施肩吾的詩句，這是澎湖一名的初見記載。因此這詩是題詠澎湖群島，已無疑問。而且八閩通志等書所記澎湖的情形，也是根據輿地紀勝而來的。

宋代仍稱臺灣做流求，這已是學者公認的。南宋陸放翁有二首詩，都提到流求一詞。南宋孝宗乾道七年（西元一一七一年）汪大猷知泉州，曾經派遣軍民屯戍澎湖，當時稱做平湖。南宋樓鑰的攻媿集卷八十八汪公行狀說：「四月，起知泉州，到郡……郡實瀕海，中有沙洲數萬畝，號平湖。忽爲島夷號毗舍邪者奄至，盡刈所種。他日又登岸殺略，禽四百餘人，殲其渠魁，餘分配諸郡。初則每遇南風，遣戍爲備，更迭勞擾。公卽其地，造屋二百間，遣將分屯，軍民皆以爲便，不敢犯境。」周必大的文忠集，載有汪大猷神道碑文，也有相同的敍述。

從上述文字中，可知澎湖在南宋時，已屬於泉州管轄。華人至少在千數以上，否則，無法生禽四百多島夷。屯兵需要造屋二百間，可見得澎湖軍民人數不少。也是移民拓殖及政府設官駐兵的開始。但宋史所載流求傳，甚簡略，僅一百九十四字。前半從隋書刪節而來。後半從諸蕃志抄襲而來。諸蕃志是宋宗室趙汝适作的，他曾掌管福建路市舶。理宗寶慶元年（西元一二二五年），根據他在泉州訪求的所得，寫成此書。這是澎湖一名的再見記載。

諸蕃志卷上流求國條，也是從隋書流求傳刪存不到二百字。但加上他得到的傳聞云：「無他奇貨，尤好剽掠，故商賈不通。土人間以所產黃蠟、土金、氂尾、豹脯，往售於三嶼。旁有毗舍耶、談馬顏等國。」

毗舍耶國，經考證爲遷居臺灣的菲律賓中的 Bisayae 或 Visaya 人。也有人認爲是臺灣東部的阿眉（Ami）蕃，因爲阿眉蕃自稱爲 panchia。

諸蕃志云：「毗舍耶，語言不通，商販不及，袒裸盱睢，殆畜類也。泉有海島曰澎湖，隸晉江縣，與其國密邇，煙火相望，時至寇掠。其來不測，多罹生噉之害，居民苦之。淳熙間（宋孝宗年號，西元一一七四—一一八九年），國之酋豪，常率數百輩，猝至泉之水澳、圍頭等村，恣行兇暴，戕人無數，淫其婦女，已而殺之。喜鐵器及匙筋，人閉戶則免，但刓其門圈而去。擲以匙筋，則俯拾之，可緩數步。官軍擒捕，見鐵騎則競刓其甲，駢首就戮而不知悔。臨敵用標鎗，繫繩十餘丈爲操縱，蓋愛其鐵不忍棄也。不駕舟楫，惟以竹筏從事，可褶疊如屏風，急則群舁之泅水而遁。」

在上述文字中，可以看出澎湖已經有居民，而不是島夷。大概宋室南渡以後，沿海人士有遷居到海島上的，可說是華人移民臺澎的開始。其次可以知道臺灣的番人，不僅可以西襲澎湖，居然還可以遠襲泉州村莊。他們缺少鐵，所以見鐵就要刓取。雖然諸蕃志說流求國是「商賈不通」，毗舍耶國是「商販不及」，但清人朱仕玠小琉球漫誌說：「臺地用錢，多係趙宋時錢，如太平（太宗？……），元祐（哲宗），天禧（眞宗），至道（太宗）等年號，錢質小薄。千錢貫之，長不盈尺，重不越二斤。土人云：康熙二十二年，旣定臺灣，土中掘出錢千百甕，荒唐不可信。或云：此錢自東粵海舶載至。」

清人朱景英海東札記卷四，也有同樣的記述。而且說：「余往北路，家童於笨港口海泥中，得錢數百，肉好深翠，古色可愛，乃知從前互市，未必不取道此間。」

清人陳夢林諸羅縣志卷十二云：「鄭氏時，目加溜灣開井，得瓦瓶，識者云是唐宋以前古窰，惜其物不傳。」

既然臺灣有宋代的錢，又有唐宋時代的瓦瓶，或許當時已有了商業關係。自然，以後流入，也是有可能的。清人郁永河裨海記遊說，南宋時候，元人滅金國，金人有渡海來臺灣的，自行擇地居住，耕田開井生活。當時臺灣很多處都沒有開闢，空山無人。可見華人的移入，已不限於閩人了。

陳漢光在臺灣移民史略裏，除了贊成郁永河的意見以外，再提出三點意見，來證明小部份華人，最遲在南宋時代，已移民到臺灣來。

一是宋室偏安江左以後，財源多賴外洋貿易取利。臺灣對岸的泉州，正是當時最大的貿易港，歸泉州管轄的澎湖，和臺灣煙火相望，卻是些「土瘠不直禾稻」的小島，而臺灣是沃野千里的地方，卽使有毗舍耶蕃的恐怖，不過是一個時期，也不至於遍佈全臺灣，所以這時有居民從澎湖遷到臺灣的可能。

二是當時南洋各地視中國移民爲上賓，無不竭誠招待，而南宋末年的遺民，逃往海外避居的大有人在，何獨沒有人到臺灣來？

三是南宋時代，舟師已經懂得用磁針航海，當時可能已經使用着「逆流直航法」。元至元十八年，元軍再征日本，能從浙江慶元直航日本宗象洋，海程在六百海里以上，超過福州、泉州到臺灣海程四倍以上。由此可以推想，宋代從福建「逆流直航」到臺灣已非難事。而且這時中國的船舶，較各國的船舶堅固而巨大。

根據以上的許多記述和推斷，淸重修臺灣府志陳大受序云：「元明以前，率爲逋逃藪。」連橫臺灣通史卷廿五云：「當宋時，華人已至北港貿易。」都是符合事實的。

第四節　元代對臺灣的經營

元世祖雄才大略，積極經營海外，他曾派兵南征安南、占城和爪哇；兩次東征日本，卻因爲遇颶風而失敗。在至元十八年（西元一二八一年）那次，船隻有飄流到澎湖和臺灣西岸的。台灣與大陸相隔既近，自然受到注意。元史稱臺灣做瑠求，元代經營臺灣的記述，見於世祖本紀、成宗本紀和瑠求傳。當時對臺灣的認識，據瑠求傳云：「瑠求在南海之東，漳泉興福四州界內，澎湖諸島，與瑠求相對，亦素不通，天氣淸明時望之，隱約若煙霧，其遠不知幾千里也。西南北岸皆水，至澎湖漸低，近瑠求則謂之落漈，漈者，水趨下而不回也。凡西岸漁舟，到澎湖已下，遇颶風發作，漂流落漈，回者百一，瑠求在外夷，最小而險者也。漢唐以來，史所不載，近代諸番市舶，不聞至其國。」

至元二十八年（西元一二九一年）九月，海船副萬戶楊祥請求朝廷，率領六千兵招降瑠求，如不聽命，就加以討伐。元世祖接受。接着有個名叫吳志斗的書生，上奏說是他在福建生長，熟悉海道情形。以爲要收附瑠求，應先從澎湖發船，前往招諭，考察水勢地利，然後再行興兵不晚。當時澎湖早有居民，元世祖接受他的建議。改派楊祥爲宣撫使，給以金符，吳志斗禮部員外郎，阮鑒兵部員外郎，並給銀符，出使瑠求。帶了元世祖的詔書前往。

詔云：「收撫江南，已十七年，海外諸蕃，罔不臣屬，惟瑠求邇閩境，未曾歸附，議者請卽加兵。朕惟祖宗立法，凡不庭之國，先遣使招諭，來則安堵如故，否則必致征討，今止其兵，命楊祥阮鑒往諭汝國，果能慕義來朝，存爾國祀，保爾黎庶；若不效順，自恃險阻，舟師奄及，恐貽後悔，爾其愼擇之。」

第二年使團從汀路尾澳開船，在三月二十九日上午巳時，看到海洋正東方，有山長而低的大島，約去五十里，楊祥說是瑠求國，阮鑒說不一定準確，楊祥等乘小船到低山下，因爲人多，沒有親自上岸，派軍官劉閏等二百餘人，帶着軍器，分乘十一艘小船，領三嶼人陳煇登岸，岸上人多，不明白三嶼人的話，被岸上人殺死三人。只得退走。四月二日到澎湖，楊祥責備阮鑒、吳志斗，說是到了瑠求，二人則不贊同。第二天，吳志斗失蹤，沒有找到。由於吳志斗起先指責楊祥生事要功，想取富貴，所說虛假不可信。有人以爲楊祥暗殺了他。但楊祥說是吳志斗因爲堅稱瑠求不可到，現在既然到了，所以他畏罪逃去。吳志斗妻子訴於官府，但也沒有結果。

元成宗大德元年（一二九七年），福建行省平章政事高興，上奏說行中書省設在泉州，離瑠求很近，可隨時偵察消息，酌量招降或討伐，不必調動他處兵力，願意就近一試。九月間，高興派遣省都鎭撫張浩，福州新軍萬戶張進，到臺灣來，只生擒一百三十多人回去，第二年正月，又遣送他們回去，要他們效順，但無下文。

元代兩次經營臺灣都沒有結果，但澎湖已經收入版圖。楊祥等東往臺灣，曾在澎湖受到招待，擔任通譯的是三嶼人陳煇。到了元順帝時代（有謂在順帝至正二十年，即西元一三六〇年，或云至元年間，即西元一三三五到一三四〇年間），在澎湖設巡檢司，歸泉州同安管轄。這是我國對臺澎地區正式行政設施的開始。

元順帝年間，汪大淵常搭海船，到南洋一帶遊覽，在至正十年（西元一三五四年），就他親自的見聞，寫成島嶼誌略一書。對澎湖和臺灣，都有記述。

澎湖條云：「島分三十有六」，巨細相間，坡隴相望。乃有七澳居其間，各得其名。自泉州，順風二晝夜可至。有草無木，土瘠不宜禾稻。泉人結茅爲屋居之。氣候常暖，風俗村野，人多眉壽。男女穿長布衫繫土布。煮爲海鹽，釀秫爲酒，採魚蝦螺蛤以佐食，爇牛糞以爨魚膏爲油。地產胡麻、綠豆，山羊之孳生，數萬爲群，家以烙毛刻角爲記，晝夜不收，各遂其生育。工商興販，以樂其利。地隸泉州晉江縣，至元年間，立巡檢司，以週歲額辦鹽課中統錢鈔一十錠二十五兩，別無科差。」

從上述文字中，可以看出澎湖移民的繁盛，男漁女織，有布鹽麻豆，人多長壽，泉州人移來已是定居了。山羊數萬成群，居民當有數千，所以非設官治理不可。

瑠求（臺灣）條云：「地勢盤穹，材木合抱，山曰翠麓、曰重曼、曰斧頭、曰大峙。其峙山極高峻，自澎湖望之甚近。余登此山，則觀海潮之消長。夜半，則望暘谷之出，紅光燭天，山頂爲之俱明。土潤田沃，宜稼穡，氣候漸暖，俗與澎湖差異。水無舟楫，以筏濟之。男子、婦人、拳髮、以花布爲衫。煮海水爲鹽，釀蔗漿爲酒。知番主酋長之尊，有父子骨肉之義。他國之人，倘有所犯，則生割其肉以啖之，取其頭懸木竿。地產沙金、黃豆、黍子、琉黃、鹿豹麂皮；貿易之貨，用土珠、瑪瑙、金、珠、粗碗、處州磁器之屬。海外諸國，皆由此始。」

在汪大淵到臺灣以前，必早有華人來從事貿易。他登高山，也必由當地華人引導。所到地區，因爲沙金、琉黃，都是北部出產，大概是大肚溪以北地方，所登高山可能是現今臺中縣的大度山。由於澎湖已有民戶，泉州人進而遷居臺灣，也是很自然的事。

第三章　明代對臺灣的經營

第一節　明初對臺灣的接觸

南宋晚期，對日本的海上交通，又漸漸興起，元代往來的商人僧侶不少，中國對現今的琉球群島，當然受到影響。在十三世紀末年，宋僧禪鑑在那覇定居。元明之際，程復之出任琉球輔政。可見中國人到過琉球的不少。琉球在明代初年，即向明太祖朝貢，列爲藩屬。由於琉球群島和臺灣的方位大致相同。於是把隋書以來，所稱的琉求、瑠求、琉球等名詞，都加在琉球群島上面，稱爲大琉求。而對過去所稱的流求（臺灣），則稱爲小琉球。從明朝起，臺灣不再被稱做琉球，除稱做小琉球外，另外有雞籠山、大雞籠、北港、東蕃、打狗，或臺員、大灣、大寃、埋寃、大員等不同的名字出現。

明代初年，由於國力不足，北方的蒙古人，仍不時向長城以南進攻。同時又鑒於元代對日本和占城的用兵失敗，明太祖無意向海外經營，連「小琉球」（臺灣）也列爲不征之國。加上倭寇逞兇，時時到大陸沿海各省搶掠。爲了防備倭患，洪武五年（一三七二年），信國公湯和即有遷移澎湖居民建議。洪武二十一年（西元一三八八年），湯和巡視閩、粤，設福建沿海指揮使司五處。因爲倭寇海盜相互勾結，有時民盜難分，澎湖在臺海中流，容易爲海盜控制，官軍緩不濟急。於是像沿海有些島嶼或地區，爲了防盜備倭，把澎湖居民內遷到漳州、泉州，巡檢司也裁撤掉。這種堅壁淸野的辦法，使得海盜倭寇，失去供應的方便，有利於官軍的追剿。

澎湖居民被遷到內地以後，卽使有漢人前來，都是盜賊流亡之人。淸黃叔璥臺海使槎錄卷二云：

「繼而不逞者，潛聚其中，倭奴停泊取水，亦必經此。」

明成祖繼位，日本遣使來朝賀，並請求封賞，成祖封日本大將軍源義滿做日本國王，源義滿捉倭寇首領來明處治，從此倭寇騷擾減少。成祖對海外積極發展，當時有鄭和七下西洋的舉動，海禁轉鬆，漢人自然會移民到臺灣。也有鄭和到過臺灣的傳說。據說鄭和在永樂年間（西元一四〇三到一四二四年）下西洋時，諸夷莫不貢獻。只有在臺灣的東番不來。鄭和因而領兵到臺灣，東番降服，鄭和每家給一個銅鈴，敎他們掛在頸項間，其後人有錢的，在頸項甚至掛上幾個，以爲光榮。另有人說是在宣宗宣德年間（西元一四三〇到一四三三年），鄭和最後一次下西洋時，遇風在赤嵌停泊，並曾在大井取水。鳳山有三寶太監所種的薑，能治百病。但都不見於明史鄭和傳。經學者研究結果，鄭和並未到過臺灣。另有王三寶太監，在宣德年間，到過臺灣的大井取水，在崗山種植薑，可以療百病。又投藥水中，令染病的土番在水中洗澡卽好。王三寶卽太監王景弘，曾經三次參加鄭和的遠航。宣德年間的一次，王景弘也在其內。可能他率領全隊中的一個分隊，來過臺灣。福建通志記述鄭和來過臺灣，臺灣府志卻把文中的鄭和，改爲王三寶，可能是因爲王三寶在臺灣的傳記比較多的緣故。關於鄭和及王三寶的傳說之多，可想見當時來臺灣的漢人，不在少數。

第二節　晚明臺灣澎湖的海盜倭患

明世宗嘉靖中期，也是十六世紀中期，海盜和倭寇合作，再加上西洋的佛郎機（葡萄牙人），侵擾福建沿海。嘉靖二十八年（西元一五四九年），佛郎機被趕跑。以後就是倭寇和海盜的活動。這些海盜，多是血氣方剛之徒，違禁下海，實行武裝走私，可說是半商半盜，其中不乏才略之輩，常成爲我國海外殖民的先鋒。其中以吳平及其同夥林道乾、曾一本、黃朝太最厲害。他們以南澳、浯嶼（金門）爲巢穴，在福建廣東海上及沿海城市搶刼商旅，也出沒臺灣、澎湖一帶，後來戚繼光和俞大猷夾擊，吳平敗逃安南。林道乾、曾一本各挾殘倭，仍然騷擾沿海一帶。

嘉靖四十二年（西元一五六三年）戚繼光、俞大猷、劉顯大破倭寇以後，俞大猷追擊林道乾到澎湖，林道乾再逃到臺灣。俞大猷因爲臺灣港道紆廻，水淺沙深，不敢再逼。留一支兵駐在澎湖，時時在鹿耳門安平北面巡哨，等待林道乾疲敝。

林道乾因爲臺灣人口不多，外有明兵監視，內有番人反抗，不敢久留。他竟殺害番人，取人血塗船。從安平鎭、二鯤身隙間，逃往占城，北大年（一名大泥 patany），也有人說他駐過打鼓山（高雄市），有島嶼裂開航道，助他逃走，和他妹妹看守埋下白銀的傳說。可見得他與臺灣的關係。另一說，他是在嘉靖四十五年逃到臺灣北港，再逃到北大年的。

林道乾遠逃以後，澎湖的駐兵撤去，復設巡檢司，不久又廢。萬曆元年（西元一五七三年），在閩、粵新起的海盜林鳳，擁衆萬人，爲患甚大。第二年（西元一五七四年），被福建總兵胡守仁打敗，船毀人傷，退到澎湖，再到臺灣魍港，作爲根據地，因爲官兵緊追，於是林鳳率戰船六十二艘，水陸兵各二千名，婦女一千五百名，直奔呂宋島，攻奪馬尼剌，但被西班牙人打敗，退守小島，又轉到淡水洋，被胡守仁總兵擊潰，後來不知下落。

倭寇旣和海盜勾通，自然也會侵擾臺灣。明史和臺灣縣志等書，都說林道乾是倭黨，就可以證明。嘉靖末年（西元一五五八到一五六三年），原本居住海濱的東番（臺灣）人，遭到日本倭寇的焚掠，始逃入山中。臺灣縣志認爲這海濱爲雞籠，是倭寇最初停泊船隻的港口。後來有中國漁船從魍港飄來，常常和番族做生意。

萬曆初年，倭寇又猖獗起來，當時明廷分銅山、浯嶼二處游兵，分班輪流戍守澎湖，事實上僅在春秋二季巡警，效果不大。萬曆八年（西元一五八〇年），倭寇來犯澎湖，海盜曾一本也到澎湖。萬曆二十年（西元一五九二年），由於豐臣秀吉進犯朝鮮，而且有侵擾雞籠淡水的消息，於是在澎湖設兵戍守。

萬曆二十一年（西元一五九三年），日本在海上擴充勢力，佔據了小笠原群島，又想兼併臺灣。當時日本人稱臺灣做「高山」或「高砂」。這年十一月，豐臣秀吉派使者原田孫七郎，前往呂宋，經過臺灣時，致書「高山」，勸令向日本進貢，否則，將派將領攻伐。但沒有得到結果。萬曆二十五年（西元一五九七年），明廷在澎湖加設遊兵，春冬二季汛守。澎湖於是再入版圖。萬曆三十年，倭寇進犯臺灣西部，被明軍擊退。萬曆三十五年，倭寇進犯澎湖大金所，餘船停泊龍門澳。

萬曆三十七年（西元一六〇九年），日本派兵侵入琉球，俘其國王，一面派其馬晴信領兵進犯臺灣，但告失敗。萬曆四十三年（西元一六一五年），日本德川家康，滅豐臣秀吉，平定內亂，積極向海外發展，凡是出洋船舶，都給「朱印狀」，日本長崎代官村山，則取得渡臺「朱印狀」。村山集合戰船十三艘，編成大艦隊，到琉球途中遭風，船隻四散，但有船在淡水、安平、打狗等要港登陸，打退沿海居民。一時聲勢浩大，當時在日本長崎和神戶各外僑，聞訊大警。荷、英兩國商人，立卽分別報告總公司，研究對策，福建巡撫黃承玄，也加强沿海防務。村山因無後援，不能支持，遂一部分先回日本，一部分到呂宋和安南發展。以後只有亦商亦盜的倭寇，偶而來到臺灣。

萬曆四十四年（西元一六一六年），琉球王尙寧，派遣使臣到明告警。說是日本將攻取雞籠。於是下詔沿海警備。當時臺灣西岸一帶，仍有倭寇佔據。萬曆四十五年，倭寇進犯澎湖龍門港，於是在澎湖加設衝鋒遊兵。由於倭寇不斷的侵犯，中國臺澎地區，開始感受日本的威脅。

第三節　顏思齊和鄭芝龍

我國東南沿海的福建廣東兩省，山多田少，居民生活不易。但是良港很多，所以群向南洋發展。臺灣近在東面，更易前往。宋元以來，已有民衆渡海來台。明代嘉靖萬曆年間，人數更多。可惜缺少記載，只能推知大概情形。到了天啓年間，顏思齊和鄭芝龍來開拓臺灣，卻有了空前的成就。

顏思齊，一名振泉，福建漳州海澄縣人。身體強壯，武藝精熟。由於受到宦家巨室的欺辱，打死了宦家僕人，下海亡命，和倭寇勾結。約在萬曆晚年（西元一六一〇年前後），輾轉到了日本，起初以裁縫爲生，接著從事中、日間的海上貿易，漸有家財，頗想有一番作爲，於是廣結豪傑之士，鄭芝龍就是其中之一。

鄭芝龍，學名國瑞，字飛黃，一名一官，福建泉州南安縣人。身材魁偉，膽大才高。少年時代，不喜歡讀書，專好武器遠遊，因而得不到父親的喜愛。萬曆四十年（西元一六一二年），當他十八歲時候，跑到廣東香山澳（澳門）母舅家去。當時日本幕府德川家康，歡迎明舶前往貿易，來往福建長崎的商船很多。他母舅有貨要運日本，就讓芝龍押貨前往。他在八月十五日（陽曆九月九日），到駿府謁見家康，贈送葯物，告知中國情事。可見他很有抱負。

鄭芝龍在日本住在肥前平戶，人稱他做平戶老一官，可見他停留日本時間甚久，和日本人相處親密。萬曆四十六年（西元一六一八年），他與一位十七歲的女子結婚。她的父親是泉州人翁翌皇，母親是日本女子田川氏，所以中國人稱她爲翁氏，日本人稱她爲田川氏。

鄭芝龍和顏思齊都是豪傑之士，具有同鄉關係，自然意氣相投。顏思齊在日本，成爲流亡海外，閩人領袖，共有二十八人，成爲結盟兄弟。芝龍年紀最小，算是「尾弟」，共推顏思齊做盟主，古今圖書集成等書，都說顏思齊爲東洋甲螺，甲螺就是倭寇頭目的稱呼。據說他們密謀在日本起事，但消息走漏，遭幕府緝捕，幸而芝龍丈人翁翌皇得到消息，告知他們。於是駕船逃走。一共有船十三艘。

顏思齊提議回到舟山，結果依照陳衷紀的主張，駛向臺灣。因爲臺灣雖有漢人正在開發，但大部份地方都是平埔番佔據。他們航行八天，在北港登岸。後來在諸羅山（嘉義市）一帶建築山寨，安撫平埔番，分派部下耕獵。再整頓船隻，到大陸沿海一帶出掠，收穫很多。

顏、鄭這次到臺灣的年代，有的說在萬曆年間，有的說在天啓元年（一六二一年），或四年、五年的。一般都說是在天啓四年，那是因爲鄭成功是那年出生的。但以天啓元年較爲有理由，因爲顏思齊在臺灣的勢力很大，而他在天啓五年死去，不可能在一年內有很大勢力的。由於臺灣到日本交通的方便，鄭芝龍到臺灣以後，仍然可以到日本去探視妻子的。

顏思齊在臺灣，把部下分爲十寨。鄭芝龍也是一位寨主。當時漳、泉居民來臺的已經不少，顏、鄭來臺以後，親戚故舊，聞風來臺的更多。鄭芝龍的胞弟芝虎、芝豹，堂兄芝莞，都搭漁船去投奔鄭芝龍。芝龍有領導才能，所以「富逾十寨」。漳泉來人旣多，留居在臺灣，聚落成村，幾近千家，從事開拓農耕工作。所以後人的記載上，「中土人之入臺灣，自思齊始。」

有些學者以爲顏思齊並無其人，而是另外一個在日本的大貿易家李旦。也是在天啓五年死去的。其實顏思齊葬在諸羅東南的三界埔山，也就是現在嘉義縣水上鄉三界村尖山南麓，是毫無疑問的。

天啓五年（一六二五年），顏思齊得病而死，傳說鄭芝龍經過一番禱告，把兩碗連擲多次，都沒有破，於是被大衆推爲首領。他分派各色旗號，分配各人職務，比以前更有規模。

天啓六年（一六二六年），鄭芝龍率領戰船，前往金門、廈門、直到廣東沿海一帶，那時戰爭停止很久，明兵不能作戰。鄭芝龍所以能橫行無阻。因爲閩省飢餓，鄭芝龍搶刼糧船，飢民多來投奔，兵源充足，郡縣的胥吏，都被他收買，情報正確。他禁止燒搶姦淫，只勒取富人糧食錢財，頗得人心。明兵無可奈何。當政者只得提議招撫。

鄭芝龍的父親紹祖，曾經是泉州知府蔡善繼部下。鄭芝龍十歲時候，曾經投擲石子，誤中蔡善繼的額上，蔡善繼的差役把他抓下，蔡善繼見他清秀，便把他放了。明廷於是派蔡善繼擔任泉州道員，寫信招降鄭芝龍，他知道長此下去，沒有多大好處，於是決定接受招撫。但因明廷沒有授給官職，又要他們把軍器船隻交出。他們認爲要削弱他們實力，沒有誠意招撫，於是率衆離去。後來打敗了明軍，捉住明軍將領，不加殺害，仍有意接受明廷招撫。終於崇禎元年（一六二八年）洽妥，向福建巡撫熊文燦正式投降。從此鄭芝龍帶罪立功，平定福建、廣東一帶海盜，更替明廷擊敗荷蘭人。從守備升到遊擊，再升到總兵，最後升到最高的軍職—都督。

當顏思齊到台灣不久，荷蘭人也到達台灣南部。顏思齊把沿海刼掠來的物資和荷蘭人貿易。又從南洋占城買來物資，充實了台灣居民的生活。而且從漳、泉來的飢民，也在台開墾。崇禎三年（一六三〇年），福建旱災，更加嚴重，鄭芝龍向巡撫熊文燦建議，用船舶移送飢民數萬到台灣開墾，每人給銀三兩，三人給牛一頭。不但解決了飢民問題，還對臺灣作了一次有計劃的移民。但事實上，移民恐不到萬人之數。臺灣土地肥沃，南部一年可以三熟，飢民自然樂於定居。從此台灣和中國大陸，便發生了密切無間的血肉關係。

第四節　臺灣名稱的確定

看了上述史實，可以知道過去的臺灣，常以不同名稱出現。被後人認爲是臺灣的地方，最早有尙書的「島夷」，列子湯問篇的「岱員」，還有人說是山海經的「雕題國」，以及史記秦始皇紀的「瀛洲」。比較確定是臺灣的地方，則有後漢書的「東鯷」，三國志吳志和臨海水土志的「夷洲」，隋書的「琉求」，宋史的「𤈵求」，諸蕃志的「琉求國」和「毗舍耶國」。明代的稱呼更多，常用局部的地名來代替全島。如張燮東西洋考（萬曆四十五年撰），不稱臺灣，但稱：「雞籠山、淡水洋，在澎湖嶼之東北，故名北港，又名東番云。深山大澤，聚落星散，凡十五社(名山記云：社或千人或五、六百），無居長徭賦，以子女多者爲雄，聽其號令。……」其中雞籠、淡水、北港、東番，以及「大員」、「大丹」、「打狗」等名，在明人著作中，常用來代表臺灣。明初琉球稱做大琉球以後，臺灣又有小琉球的名稱。至北港一名魍港，卽後來的笨港，現仍稱北港，在雲林縣西部。明鄭時代，初稱臺灣做東都，後改稱做東寧。

但是臺灣名稱的來歷，可能與大員等同音字有關係。親自到過臺灣的陳第，在萬曆三十一年（一六〇三年）撰寫東番記，就提到過大員一名。東番記云：「東番夷人，不知所自始，居澎湖外洋海中；起魍港、加老灣、歷大員、堯港、打狗嶼、小淡水、雙溪口、加哩林、沙巴里、大幇坑，皆其居也。斷續凡千餘里，種類甚蕃。別爲社，社或千人，或五、六百；無酋長，子女多者，衆雄之，聽其號令。」繼之詳述他們的風俗習慣，起居生活情形。最後提出他的見解說：「異哉東番，從烈嶼（小金門）諸澳乘北風航海，一晝夜至澎湖，又一晝夜至加老灣，近矣。迺有不日不月、不官不長、裸體結繩之民，不亦異乎！且其在海而不漁、雜居而不嬲、男女易位，居瘞共處，窮年捕鹿，鹿亦不竭；合其諸島，庶幾中國一縣，相生相養，至今曆日、書契無而不闕，抑何異也。……自通中國，頗有悅好；姦人又以濫惡之物欺之，彼亦漸悟，恐淳朴日散矣！萬曆壬寅冬（三十年，一六〇二年），倭復據其島，夷及商、漁交病。浯嶼沈將軍（有容）往勦，余適有觀海之興，與俱。倭破，收泊大員，夷目大彌勒輩率數十人叩謁，獻鹿餽酒，喜爲除害也。予適覩其人與事，歸語溫陵陳志齋先生，謂不可無記；故掇其大略。」

從上述文字中，陳第仍把臺灣稱做東番，所記東番人生活情形比以前人詳細，和現今山胞情形很相似，還以爲臺灣是諸島合成的。倭寇的侵犯，夷人和在那裏經商捕魚的漢人，同樣的痛恨。但大員仍是指一個小地名。

臺灣縣誌說：荷蘭人到北港，築城像樓台一樣，在海濱沙環水曲的灣處。所以命名爲臺灣。外國人也有這種說法。這可說是推想而來的。其實荷蘭人到臺灣以後，其文書中稱安平港做臺窩灣。臺窩灣本是當時土著部落的名稱，也就是社名。而現今的安平港，就是以前的臺窩灣港。可能明代人聽到臺窩灣這一名稱，遂轉爲大員、臺員、大宛、大灣、而臺灣了。

連橫臺灣通史云：「或曰臺灣原名埋冤，爲漳、泉人所號，明代漳、泉人入臺者，每爲天氣所虐，居者輒病死，不得歸。故以埋冤名之，志慘也。其後以埋冤爲不祥，乃改今名，是亦有說。」不過事實上，埋冤這一個名字，從來沒有流行過。

清兪正燮癸已類稿說：「……宣德時，閹使入洋，東至臺，始知之，謂之臺員，見周嬰東番記，亦謂之北港。……嘉靖四十二年，兪大猷逐海寇林道乾，道乾逃入雞籠山，旋又遁去，琉球人居之。萬曆海寇顏思齊逃入臺，又報始稱臺灣，思齊引倭屯之，而琉球東去。」果如此說，明萬曆年間，就有了臺灣的名稱。

清康熙二十三年（西元一六八四年）四月，淸廷改東寧爲臺灣，設臺灣府，下轄三縣，首縣稱做臺灣縣，隸福建省，從此臺灣成爲正式的名稱，也是代表全島的名稱。

第四章　荷蘭人侵佔澎湖和臺灣

第一節　荷人初次侵佔澎湖

十六世紀初期，歐洲人紛紛到亞洲來。最早到達中國廣東海面的，是葡萄牙人。他們爲了到日本貿易，常常通過臺灣海峽，或是經過臺灣東部。看見山靑水秀，樹木靑葱，他們稱爲美麗之島（Formosa）於是Formosa成了西方人對臺灣的稱呼。由於歐洲人來到亞洲，中國從此不安，臺灣也就發生問題。

萬曆十四年（一五八六年），在菲律賓的西班牙人，爲了擴大傳教事業和謀求菲律賓的安全，曾向國王呈請，要求攻佔包括臺灣在內的菲律賓四周之地，萬曆十七年（一五八九年），國王也訓令總督設法攻佔。後來菲律賓和日本關係惡化，又聽到日本有進攻臺灣企圖，西班牙人非常重視。總督在萬曆二十四年（一五九六年）第一次上書西班牙國王，第二年又兩度上書，極言佔據臺灣，以維護中、菲之間的貿易，並召集軍事會議。萬曆二十六年，西班牙總督曾派船二艘，兵二百名往臺灣，因風期不合，未成。後因豐臣秀吉死去，日、菲關係鬆弛，菲律賓的西班牙人，也放棄佔領臺灣的企圖。

由於日本人常到臺灣，臺灣遂成爲中、日商人走私的地方，葡萄牙駭怕日本佔據臺灣，影響澳門的貿易。葡王在萬曆三十八年（一六一〇年），下詔給在印度果阿（卽今臥亞）的總督，要防患於未然。

荷蘭和比利時，本來都是西班牙的屬國。萬曆九年（一五八一年），荷蘭得到獨立。開始追隨葡西之後，謀求在亞洲發展貿易。萬曆二十五年（一五九七年），荷蘭人到達遠東，積極從事貿易。爲了集中力量，和西班牙、葡萄牙從事商業競爭，荷蘭全國的航運和貿易公司，在萬曆三十年（一六〇二年），成立荷蘭聯合東印度公司。

這個荷屬東印度公司，有六百五十萬盾的巨大資本，經過荷蘭聯邦議會授權，可以獨佔荷蘭全國對東方的貿易，可以國家名義派遣官吏，設置軍隊，和自行決定對敵國的和戰。完全是一個殖民地政府的形態，後來竟成爲西方帝國主義的侵略典型。他們想對中國通商，但遭到葡萄牙人的阻撓，看見葡人佔有澳門，西人佔有呂宋，自己的根據地卻在爪哇，離中國太遠，想在中國附近找一個立足點。

萬曆二十八年（一六〇〇年）范聶克（Van Neck）率領艦隊，從南洋到達澳門，被葡萄牙人襲擊，退回北大年（大泥），又遭到葡人襲擊，撤到班塔木。於是在萬曆二十九年，再派將率領二船，輾轉到達澳門，要求通商，稅使李道，召見荷酋在廣東停留一月，終不敢代奏明廷。由於葡人和明兵的阻止，荷人不能登陸，只得離去。

就在東印度公司成立的那一年（一六〇二年），公司卽派遣提督韋麻郎（Wijbrandt Van Waewijk）帶領十二隻船的艦隊往遠東。萬曆三十二年（一六〇四年），韋麻郎親自領著兵艦，到了北大年（

大泥），因爲北大年屬於暹羅，暹羅是明屬國，韋麻郎大槪要取得北大年王的荐書，再到我國謀求通商。

據明史的記載，有海澄人李錦和奸商潘秀、郭震，久居北大年，和荷蘭人有往來。李錦建議韋麻郎前來閩海活動，奪取澎湖嶼，便可從事貿易。倘若厚賄稅使高寀，必可上疏朝廷，得到批准的。韋麻郎接受這個辦法。李錦於是用北大年國王名義，分別寫介紹信給稅使高寀、兵備副使、和守將等三人。派潘秀、郭震送來。守將陶拱聖大駭，怕潘秀勾引荷蘭人來福建，擾害地方，把潘秀扣押，郭震不敢再進。那知韋麻郎在北大年，急不能待，於是帶著李錦，率領三船前來。

他從北大年出發，萬曆三十二年六月十九日（一六〇四年七月十五日）到達廣州沿海，突然遇到暴風，七月十二日（八月七日），到達澎湖。由於三、四、五月爲春汛，九、十月爲秋汛，當時沒有汛兵來駐守，荷蘭人遂得乘虛登陸，砍伐樹木，建築房屋，實行侵佔。

韋麻郎佔據澎湖以後，卽向漳州官員請求通商，又由李錦、郭震到漳州活動。官員知道他們通番，也把李錦、郭震捉住。後來要他們曉諭荷蘭人離去。當時，沿海居民還潛裝貨物前往，私自買賣。貪利的稅使高寀，又派遣心腹周之範，要求給銀三萬兩，便可貿易，韋麻郎終於接受。大將軍李文達和高寀密切，對大吏們遊說，認爲紅夷勇猛，武器精良，福建舟師無法抵抗，不如允許通商。但是巡撫徐學聚嚴禁通海，總兵施德政也表示反對，認爲讓荷蘭人佔據澎湖，將來必無寧日。徐學聚便派施德政驅逐荷蘭人出境。

都司沈有容，胆大智高，他坐鎭浯嶼（金門），掃蕩沿海倭寇，屢建奇功。施德政請他商議進討荷人之策。他認爲荷人爲求通商而來，並非前來擾亂，何必要去征剿？卽使出征得手，只是殺傷些無罪之人，萬一失利，豈不損傷國威？建議加以曉諭，勸荷人撤退。施德政認爲有理，當然同意。

沈有容在動身前，先行整頓軍隊，揚言要去進討荷人，以壯聲威。卻暗中要求巡撫徐學聚，把韋麻郎派來要求通商的通事林玉，加以釋放。示以恩威，要林玉爲我所用。並禁止沿海居民，潛往澎湖作生意。然後在閏九月二十七日（十一月十八日），率領兵船二十艘，冒風趕赴澎湖，和林玉坐小船去找韋麻郎。

韋麻郎見林玉平安回來，高興的接待沈有容，林玉介紹韋麻郎，他是福建巡撫派來特使，告知明制，不是朝貢之國，都不准通商，荷人久佔空島，是無利可圖的，婉言勸荷人離去。

韋麻郎大驚，反問沈有容：「來人說通商不久可得恩准，而且來索重禮。怎會終無利益？」沈有容嚴肅宣告：「明制非常森嚴，上有撫臺、按臺，中有藩司、臬司，外有將領及各地方官，一向都遵守綱紀。凡事都要議妥，才敢題奏。國法嚴禁外人來華通商，誰敢違背。有人向你索取重禮，那是欺哄你的。我國商船，年年開往北大年、爪哇等地，儘可在彼處通商，留在此地無益，不如早日回去。」

韋麻郎聽了心動，便不送錢高寀，改送些玻璃器、番刀、番酒之類。周之範辭去時，還說高寀已經上疏皇帝，必可恩准。因而韋麻郎又等候近一個月。沈有容知道此事，呈請巡撫徐學聚，上奏條陳

「八誣五患」，阻止通商之議。沈有容又佯作歸計，韋麻郎得知，駕小船來問沈有容將往何處？沈有容嚴肅的說：「本來撫臺調集大兵，要來征討你們，是我勸阻。現今你們不聽勸告，徘徊不去，並非爲通商而來，當是則有所圖。我只得回去復命。撫臺必將加强海禁，斷絕你們糧食，出兵征討。那時就後悔莫及了。」

韋麻郎的隨員，倚仗兵艦大砲的厲害，聽了這話譁然，主張打仗。韋麻郎認爲雖可得勝，但接濟困難，無法持久，終於在十月二十五日（十二月二十五日）撤離澎湖，事後澎湖還建立一座沈有容諭退紅毛番碑，以記其事，碑仍存在。

第二節　荷人二次侵佔澎湖

萬曆三十七年（一六〇九年），荷蘭在日本平戶設立商館，更覺對中國通商的重要。萬曆四十一年（一六一三年），平戶荷蘭商館經理，向東印度總督建議佔據臺灣，以爲對中日貿易的聯絡站。泰昌元年（一六二〇年），在荷蘭的東印度總公司，給東印度總督的訓令中，承認有奪取開闢中國貿易根據地的必要，還提到小琉球（臺灣）的名字。

這時西班牙在菲律賓的政府，向本國建議，佔領臺灣來對抗荷人。天啓元年（一六二一年），荷蘭的巴達維亞政府，得到這消息後，就在天啓二年（一六二二年）派提督雷爾生（Cornex Lis Reyerson），率領兵艦十二隻，兵一〇二四名，於五月（六月）先攻擊澳門，被葡人打敗，除留艦三隻監視澳門，派二艦在廈門海上，捕捉我國商船外，親率七艦，於六月四日（七月十一日）在澎湖馬公登陸。

這次情形，比前次嚴重，荷人在漳州沿海捕捉我國漁船六百餘艘，建築城堡四處。據中國和荷蘭文書記載，被捕捉來做工的漁民約有一千五百人，因飢餓和虐待而慘死的有一千二百人。完工後押到爪哇做奴隸的有四、五百人，完全是一派海盜作風。

雷爾生一面請求到福建沿海通商，沒有獲准，一面聯結海盜，派兵艦去進擾六敖、中左所（廈門）、銅山、舊浯嶼等地，在中左所燒毀了七、八十隻水師船和商船，終被副總兵張嘉策擊退。

天啓三年（一六二三年）二月初，雷爾生親到福州，謁見巡撫商周祚，要求通商，商周祚告知明制，不准外人在國內通商，勸他撤離澎湖，才可派出商船通商，雷爾生答以奉巴達維亞總督嚴令佔據澎湖，不能作主撤離。商周祚要他發給航行證，打算派人到巴達維亞去和東印度總督談判。兩人在三月出發，轉到北大年等候季節風，到十二月才到巴達維亞，向東印度總督，告知來意。

就在這一年（天啓三年），南居益繼任巡撫。看到荷人久據不去，知道非用武力不可，朝廷授以便宜行事之權，進行征討。同年十月，雷爾生派遣弗蘭克（Christiaen Franx），率領二艦，到廈門，打聽前往巴達維亞使者的消息。地方官已奉巡撫密令設宴，請弗蘭克上岸，加以囚禁，放火燒掉一隻荷艦。

天啓四年正月二日（一六二四年二月二十日），由總兵俞咨臯（大猷之子）、海道孫國楨，率戰船四十多艘，兵卒二千多人，向澎湖出動。守備王夢龍首先奪下鎮海港，築壘進攻。雷爾生因兵力不足，退守風櫃仔城。俞咨皐二次進兵，因城堡堅固，久攻不下。四月，巡撫南居益親來海上部署，一再加兵，六月十五日（七月十九日），三次進攻。明兵約近萬人，而守城的荷兵，只有八百五十人，其中有未成年的一百十一人，病人又多。

這時，巴達維亞總督接受雷爾生辭職，拔擢船醫桑克（Martinus Sonck）接任，六月十九日（八月三日）到達澎湖，他看見雙方衆寡懸殊。明軍加强海禁，杜絕奸民供應糧食，又準備開始水陸總攻擊，知道難以取勝，而且守將高文律（Koben loet）也被明軍俘去。七月二日（八月十五日），桑克派代表去見海道孫國楨，要求暫停攻擊，以便等待總督訓令。孫國楨拒絕。

七月三日（八月十六日），明軍開始攻擊，迫近城下。桑克急豎白旗，再派代表到娘媽宮，聲明願意拆除城堡，轉往臺灣。要求明方如約派遣商船到「臺灣」及咬𠺕吧（爪哇）去做生意。孫國楨恐怕他們死戰，遂允許所請，停止攻擊。七月十三日（八月二十六日），開始拆城，運糧下船，兩星期後，卻東去臺灣了。

第三節　荷人的侵入臺灣

雷爾生到達澎湖後，依照所奉訓令，在天啓二年六月二十日（一六二二年七月二十七日）率領二船，到達「臺灣」島，即一鯤身（今安平），調查港灣情形。六月二十三日（七月三十日），仍回澎湖。天啓三年（一六二三年）春，派了一位商務委員駐在臺灣島，調查貿易情形。冬初，雷爾生決定在此處建築一個臨時竹岩。第二年春末，因爲澎湖軍情緊急，又將在臺灣島的一百多荷人調回澎湖，破壞竹砦。

明廷是決心收回澎湖的，地方官自不得不遵辦，所以多次曉諭荷人撤去。就是在圍攻時期，天啓四年三月二十五日（一六二四年五月十二日），福建巡撫南居益，還派人來勸令撤去。荷人不聽，才加兵大舉進攻。當時臺灣雖有不少移民，但與福建距離較遠，明廷不了解臺灣的實情，不像對澎湖那樣重視，所以沒有設官治理。而內地商人常到臺灣和日人貿易，荷人也到過臺灣，因而荷人轉往臺灣自可與華人貿易，解決通商問題，明廷遂沒有繼續過問的必要。所以在荷蘭方面，有明廷允許他們佔有臺灣，以交換他們撤離澎湖的說法。

七月十七日（八月三十日）桑克來到「臺灣」，當時所謂的臺灣，除了臺江口南岸的一鯤身外，還包括北岸的北線尾（Bakusenbay或Boxembay）都是沙丘。從一鯤身向南，一連串有七個小島，合稱爲七鯤身。臺江口水深，甲板船出入方便。澎湖荷人遷來後，桑克成爲荷屬臺灣的第一任長官（一六二四—一六二五年），統治機關設於一鯤身，東印度公司的商館，設於北線尾。

荷人利用澎湖舊城的材料，在一鯤身築了並不堅固的奧倫治（Orange）城。天啓七年（一六二七年），第三任長官諾伊志（Pieter Nuyts 一六二七～一六二九年）時，奉命改名爲熱蘭遮（Zee landia）城，俗稱赤嵌城、紅毛城、臺灣城或王城，並移北線尾商館於城旁，另在北線尾修造砲臺，以防海上敵人來攻。第四任長官蒲陀曼（Han Putmans 一六二九～一六三六年），用磚石代替竹木沙土，重建熱蘭遮城，明崇禎三年（一六三〇年）動工，內城於崇禎五年完成，外城於崇禎七年完成。北線尾的砲臺，後來在清順治十三年（一六五六年），爲暴風雨摧毀，並未再建。

這城的建築很是堅固，據臺灣府志云：荷人「於一鯤身頂城築小城，又遶其麓而固築之，爲外城，城垣用糖水調灰疊磚，堅埒於石。凡三層，一層入地丈餘而空其中，凡食物及備者悉貯之。雉堞俱釘以鐵，廣二百七十七丈六尺（指城一周），高三丈有奇，女陴更寮星聯。內城樓屋，屈折高低，棟樑堅巨，灰飾精緻，瞭高螺梯，風洞機井、鬼工奇絕。」因爲清代不常利用，未加修理，現今已廢壞掉。

由於前來華人加多，商業發達。第二年（天啓五年，一六二五年），荷人因爲一鯤身地小人擠，於是用康甘（Cangan）布十五匹，和新港土人，換取臺江內部的赤嵌（Sakam）地方，加建一市街，建築公司的宿舍、醫院和倉庫，並獎勵中國人居住。而命名爲普羅文蒂亞（Provintia），地址在現今臺南市。清順治十年（一六五三年），又改建新城堡，和熱蘭遮對峙，中隔臺江，俗稱赤嵌樓、紅毛樓。據臺灣省通志稿云：「以糖水糯汁搗蜃灰，疊磚爲垣，堅埒於石。週方四十五丈三尺，無雉堞。南北兩隅瞭亭突出，僅容一人站立。灰飾精緻，樓高凡三丈六尺有奇，雕欄凌空，軒豁四達。其下磚砌如嚴洞，曲折宏邃。右後穴窖，左後浚井，前門外復浚一井，門額有紅毛字四，精鐵鑄成。先是潮水直達樓下，閩人謂水涯高處爲墈，訛作嵌。而台地所用磚瓦皆赤色，朝曦夕照，若虹吐，若霞蒸，故與安平俱稱赤嵌。」這就是荷蘭政務機關的所在，現今仍然保存，可以遊覽。

荷蘭人一方面建立堅固的城堡、一方面利用番社間歧見分別使用懷柔高壓手段，擴大控制地區。崇禎八年（一六三五年），攻擊麻豆等社，崇禎九年（一六三六年），南北部服從荷蘭人的番社，共達五十七社。後來西班牙人被荷蘭人趕走，荷蘭人勢力到達臺灣北部，清順治七年（一六五〇年），服從荷蘭人的番社，加到二百七十社以上。

至於華人，據荷蘭人自己的報告，當他們從澎湖撤退到臺灣的時候，華人的壯丁，約有兩萬五千人，可說臺灣已經是中華民族的滋生地，不但自成社會，還奠下了經濟基礎和文化基礎。但遺憾的，當荷人初來的時候，華人素性和平，並未攔阻，據臺灣島之歷史與地誌所記：「荷蘭船一經下碇（天啓四年，一六二四年），一個武裝良好的支隊便登陸，去偵查小嶼及鄰近的海岸。他們遇到一個背負弓箭，完全赤裸的土人，他以手勢把他那支隊領往他的部落所在處。一個在中國移民與土人之間擔任通譯的，名叫何斌的語言學家，來迎接荷蘭人。並向他們解釋，他們的確已經到了臺灣；而且告訴他們，這地方沒有國王、王子之類，所有的居民都自由自在。這人取得了新來者的歡喜，由於他對地方情形和土人語言的熟悉，成了他們最得力的人，他引導他們安居下來。」

那知道這批荷蘭人安居下來後，卻實行武力統治，華人耕植所得的稻穀和蔗糖，華商運來中國大陸的貨物，都被荷蘭人收買轉賣他地，獲取重利，荷蘭人的侵佔台灣，實在是中華民族的大損失。

第四節 驅逐荷人的主張和行動

從前面的敍述中，我們可以看出，在荷蘭人沒有到達臺灣以前，臺灣已早由華人開發中。天啓四年（一六二四年），荷蘭人侵入後，鄭芝龍在天啓六年（一六二六年），從閩南招來若干飢民，來臺灣開墾。由於鄭芝龍勢力日見强大，荷人駭怕。崇禎元年（一六二八年）夏季，曾派船帮助明軍攻打鄭芝龍，結果失敗，荷蘭長官恐慌萬分。但鄭芝龍不久接受明廷招撫，臺灣自當隨同歸入中國版圖。崇禎三年（一六三〇年），福建巡撫熊文燦，接受鄭芝龍的建議，送數萬飢民來臺灣開墾，這證明明廷認爲臺灣仍是中國的領土。

其實荷人在臺灣，包括辦事人員和兵士，只有二千人。統治的範圍，只有南部地區。需要華人來開墾和貿易。魏源的聖武記卷八云：「惟荷蘭夷二千踞城中，流民數萬，散屯城外。荷蘭專治市舶，不斂田賦，與流民耦俱無猜。」流民就是來墾的華人，竟和荷人相安無事。

荷人初到臺灣時，福建漳州府詔安縣鄉官沈鈇（一般書都誤爲沈鐵），曾兩度上書巡撫南居益。在「上南撫臺移檄暹羅宣諭紅夷書」中，指出荷人「佯退而歛跡大灣（臺灣），尤爲心腹之害者。……夫大灣去澎湖數十里，雖稱裔區，實泉漳咽喉也。……爲今之計，二三長老，懇望撫臺給以公檄，選擇武士，帶諭暹羅島主，嚴令紅夷（荷人）速歸本土，不許久駐大灣，引誘日本奸倭互市。」主張驅逐荷人離開臺灣。他在「上南撫臺經營澎湖六策書」中，又指出「紅夷潛退大灣，蓄意叵測。……今欲使紅夷不敢住澎湖，諸國不得來澎湖，」必須加强澎湖的防務，並提出六大方策。同時，郭從卿的「閩中經略議」，也提到澎湖防務的重要。

南居益雖未接受沈鈇的建議，但他在天啓五年（一六二五年）的奏報中，認爲荷人占有臺灣東番後，第一、勢將與西班牙人爲難，且會加害赴呂宋的中國商民；第二、可能和臺灣的倭寇相合，小則打刧海船，大則要挾互市。

荷人雖然侵入臺灣，可以在臺灣與華人貿易，但未放棄對大陸貿易的企圖。正符合南居益的看法。可是明廷厲行海禁，荷人又採取海盜的手段，在崇禎三年（一六三〇年），出兵寇掠中左所（廈門），窺伺漳州。鄭芝龍募得龍溪人郭任功等，率領十多人，夜間游泳到荷蘭船尾，潛入放火燒船，得荷人五十餘名，餘船退走。

鄭芝龍受撫以後，沿海的海盜，被他勦滅不少。來往的商船，都向他繳納保護稅，引起荷人的仇視。崇禎六年（一六三三年）夏，荷蘭的臺灣長官蒲陀曼，率領戰艦八艘，從南澳到中左所追踪鄭芝龍的艦隊，駛近以後，不宣而戰，竟以大礮猛烈攻擊。鄭芝龍的三十艘戰船被燒毀。三月後，鄭芝龍受福建巡撫等的支持，重新調集戰船，在金門料羅灣，用火攻的戰法，逼近荷艦，燒毀一艘，一艘擱淺被俘，餘艦逃去，並捉到荷人頭目吧哇（Hendrik Brouwer　）。從此，荷人有幾年不敢窺伺福建沿海。到崇禎十二年（一六三九年），三次進寇，又被鄭芝龍打退。可見臺灣落在外人手中，對大陸的安全，是大有影響的。

崇禎八年（一六三五年），有工科給事中何楷，是浙江鎭海人，關心海防，對荷人占據臺灣，深感憂慮，主張先對荷人斷絕貿易，加强海禁，再乘虛攻擊，趕走荷人。他在所上「靖海策」中說：「今欲靖寇氛，非墟其窟不可。其窟維何，臺灣是也。臺灣在澎湖島外，距漳泉止兩日夜程，地廣而腴。初，貧民至其地，窺漁鹽之利，後見兵威不及，往往聚而爲盜。近則紅毛築城其中，與奸民互市，屹然一大部落。墟之之計，非可干戈從事，必嚴通海之禁，俾紅毛無從謀利，奸民無從得食，出兵四犯，我乘其虛而擊之，可大得志。紅毛舍此而去，然後海氛可靖也。」他是首先主張以武力驅逐荷人，收復臺灣的明達之士。

崇禎十二年（一六三九年），另有給事中傅元初，是福建人，也向明廷上奏「靖海疏」，他說：「海濱之民，惟利是視，走死如鶩，往往至島外甌脫之地，曰臺灣者，與紅毛蕃爲市，紅毛業據之以爲窟穴。自臺灣兩日夜可到漳、泉內港。而呂宋佛郎機（西班牙），見我禁海，亦時時至雞籠、澹水之地，與奸民闌出者，市貨其地，一日可至臺灣。官府卽知之而不能禁，禁之不能絕。」認爲是閩海的大患，故主張靖海。

以上的主張，雖然上達官府，明廷都未採納。因爲當時東北有後金（清）軍隊的猛烈進攻，黃河各省，又有流寇的到處流竄，外患內亂，應付維艱，實無餘力來對付荷蘭人，只得把收復臺灣的事，暫時擱置。

由於荷人在臺灣實行壓迫搾取政策，番人曾先後有過五次的驅荷行動。天啓四年（一六二四年）

，目加溜灣社番人的抗荷；天啓五年，一鯤身附近番人的抗荷；崇禎八年（一六三五年），蔴豆三社番人的抗荷；崇禎十四年（一六四一年），卑南（臺東縣）番人的殺死荷蘭商務員，但都被荷兵壓服。由於第一、二次還是和華人合作的，荷人遂遷怒華人，弘光元年（淸順治二年，一六四五年），曾搜捕與番人有聯絡的華人，遣戍北部基隆、淡水。華人領袖陶肯，又聯絡北部番人起事，想攻下基隆、淡水，驅逐荷人，但消息外洩，陶肯被捕處死，第五次的驅荷行動，竟告流產。而荷人爲了統治便利，對番人儘量採取懷柔政策。

荷人對於華人，則仍然是壓搾不休，華人來臺開墾的已有十多萬人，由於荷人賦稅繁苛，所得都被搜括，形同農奴。加上荷蘭官吏暴虐貪利，華人不堪其苦，終於激起華人的驅荷革命。

有一位曾經是鄭芝龍的舊部，名叫郭懷一（荷人稱爲 Fayet）的人，在赤嵌南數里的二層溪南岸開墾，擁有二、三千人，積資成富，慷慨好施，尙義疏財，華人都推重他，擁之爲甲螺（卽頭目），所居地方，自成一鄉，勢力及於鄰近各社。荷人施行王田制度，郭懷一被擧爲村長（卽所謂大結首）。他痛恨荷人的殘暴，密謀消滅荷人，奪回臺灣的統治權。預定於中秋節晚間，邀請荷蘭官吏、富商，到他的住宅歡宴賞月，乘機除殺。更借送客爲名，進入熱蘭遮城（今安平）。但是有一位名叫普仔（荷人稱爲 Pouw）的華人村長（一說是懷一之弟），認爲難以成功，反對此事，竟離去密告荷蘭長官富爾堡（Nicholas Verburgh）。富爾堡卽派了一名隊長，帶兵八名，前往探聽，得到確信後，立卽開始戒備。

郭懷一看到普仔逃去，心知消息走漏，必須先發制人。遂在八月五日（九月七日）夜間，匆匆率領群衆，首先攻進普羅文蒂亞城（赤嵌樓）。第二天，富爾堡從熱蘭遮城派軍隊一百二十名，乘船來援，郭懷一的副將想阻止荷人登陸，郭懷一阻止，要在陸上與荷軍作戰。荷軍訓練有素，鎗砲厲害。而抗荷的群衆都是農民，只有少數的火龍鎗、多數用鋤、耙、木棒、竹棍、長竿當武器，自然難以抵敵。荷軍聯合普羅文蒂亞城的殘軍進攻，結果郭懷一不幸戰死。

餘衆因領導無人，無心作戰，向南退去，渡過二層行溪，憑溪河固守。當天未到夜間，荷人又煽動二千名信教的番人助戰。沿溪河的上游，經過淺灘，走到溪南，展開一場大戰，荷軍火力猛烈，番人兇悍善戰，郭懷一和他的部下一千八百人，全部戰死。整個的抗荷運動，經過了十四天，才告平定。被俘殺的有四千男子和五千婦女小孩。郭懷一的副將和二隊長，被俘以後，用慘無人道的火燒及五馬分屍之法處死。陳文達臺灣縣志說：這次事變「漢人在臺者，遭屠殆盡。」荷人之殘暴可知。這是華人在臺灣第一次反抗異族的革命運動，也是爲收復臺灣而洒下了無數的鮮血。

這次革命雖然失敗，但荷人也知道情形嚴重，荷蘭長官富爾堡，在事後寫信給巴達維亞總督及評議會說：「臺灣長官須要一天到晚留意這些事情（一切內在及外在的陰謀）……我在此不怕羞地聲明；常常一想到那晚上所發生的事，就會使我毛髮悚然。……倘使我們旅行其內部時，便能發現尚在教化中的大多數熟番和僅被我們馴服的野番；因爲他們沒有更高的知識，假使他們能聰明一點，一定不會同現在一樣地繼續順從的。以他們的數量來看，他們的力量算得什麼？此外還有各種各樣的中國人集中在臺灣，他們都不斷在尋找一切陷阱和隱私；因此，任何時候都能向我方叛亂。這事實在一六五二年九月八日，由於這些民族的突襲及威脅，已經出現於我們的面前了，同樣的從外方面來的危險，也不應該被忽略的。」果然，在鄭成功的領導下，中國人終於趕走了荷蘭人，光復了故土臺灣。

第五章　荷蘭人在臺灣的措施

第一節　荷日的爭執

明末，倭寇常在臺灣出沒，且曾勾引荷蘭人，在海上擄刦。日商也有到臺灣來和華人貿易的。雷爾生在天啓二年（一六二二年），到一鯤身（今安平）實地調査時。發現這港口每年有兩三艘日船前來貿易，據華人說，此地鹿皮很多，日人向土番收買。每年又有中國沙船兩三艘，裝載綢緞織物，來此地與日人貿易。

當時，在臺灣做生易，因明廷沒有設官治理，不必納稅，可是荷蘭人來了以後，卻要征稅。天啓五年（一六二五年）七月，荷人禁止僑居日本的我國商人，到臺灣來和福建商人做生意。對日本商人的出口貨物，征收一成的出口稅。然而荷蘭人從萬曆三十七年（一六〇九年）起，在日本設立商館，德川家康幕府，對荷蘭人做生意，並不征收稅金，所以日本人不肯承認荷蘭人的對臺統治，拒絕繳納稅金。荷蘭總督桑克就不客氣，沒收日商所買的一千五百斤生絲，引起了荷日兩方的爭執。

天啓六年（一六二六年），日本京都商人平野籐次郎和長崎代官末次平藏所有的兩隻商船，帶了大量資金，來到臺灣收買生絲，桑克不准他們自由活動。末次平藏的大副濱田彌兵衞，向福建商人訂購生絲二萬斤，因遭鄭芝龍的阻撓，不能交貨。濱田想到福建取回生絲，向荷蘭總督威特（Gerald de Witt）借用帆船，不許，只得留在臺灣過年。

這一情形，將軍德川家光知道了，很不愉快。荷蘭在巴達維亞的總督卡爾扁加（Pieter de Carpentier），因爲對日貿易大見增加，躭心這事影響荷日貿易。在天啓七年（一六二七年），改派諾伊志（Pieter Nuyts）做臺灣長官，要他到日本去疏解。

諾伊志到臺灣就任，立卽委託前長官威特，派艦去替濱田取回生絲，不必征稅，讓他回日本去。諾伊志本人，在七月二十四日，動身前往日本。可是威特一再拖延，濱田不願久等，誘走痛恨荷人的新港番人十六名和兩名中國通事，僞稱是番族的貢使，去見將軍德川家光，想鼓動日本出面干涉。諾伊志於八月初到達平戶，經過京都，得知濱田誘拐新港番人到達長崎，知有陰謀，本想折回臺灣，但以使命重大，仍前往江戶，送呈國書和武器彈藥及禮品。不料德川家光不肯召見，退還禮品，勒令諾伊志離開日本，他只好在十二月下旬，回來臺灣。

第二年（崇禎元年，一六二八年）三月，濱田駕船二艘來臺，同行有四百七十人，新港番人也在其內。諾伊志知道他們別有用心，加以扣留，沒收所搜出的武器，把新港番人十一名下獄，軟禁了濱田五、六天。濱田想到福建取回去年所訂生絲，向諾伊志借用帆船，也沒成功，想回日本，諾伊志也不允許。

五月二十八日（六月二十九日），濱田帶著十幾個部下，去官舍找諾伊志，濱田拿出短刀，對著諾伊志前胸，首席商務員梅索爾（Pieter Janszoon Muzser）逃出室外，通知荷兵來救，雙方戰鬥起來，互有死傷。濱田喝令停止，梅索爾爲了總督安全，只好照辦。相持幾天，在六月二日（七月三日），成立協定五條，雙方交換人質，釋放新港番人十一名和中國通事二名。發還幕府賜給番人禮物。在日人啓帆以前，荷船應將舵移置海岸。賠償日人損失的生絲二萬斤和沒收的生絲一千五百斤。

荷方付出了生絲一萬二千五十三斤，餘額以現金抵付，濱田才恢復諾伊志的自由，到六月十日（七月十一日），日荷船各二隻，各互載人質。於六月二十四日（七月二十五日），回到長崎。末次平藏竟違反約定，把荷方的人質和船員，全數下獄，幕府封鎖平戶的荷蘭商館，扣留停泊的三隻荷船。巴達維亞得知這個消息，召回諾伊志，改派蒲陀曼繼任，並派楊士遜（Willem Jdnszoon）往日本謁見將軍，解釋荷人佔據臺灣情形，請求減少來臺商船。他在崇禎二年八月（一六二九年九月）到達平戶，無法見到將軍。幕府要求荷蘭把熱蘭遮交給日本，或是拆毀該城，方可恢復荷日貿易。幾年後，長崎代官末次平藏病死，巴達維亞新任總督斯培克（Jacgues Specx），再派楊士遜到日本求見將軍，仍見不到。斯培克以爲日人最恨諾伊志，爲打開僵局，遂犧牲諾伊志。在崇禎五年八月（一六三二年九月），把諾伊志送到平戶。當時日本正在禁教，漸漸禁止出海，於是囚禁諾伊志，放出以前囚禁的人質和船員，准許荷蘭商館繼續經商。直到崇禎九年（一六三六年），巴達維亞政府派特使，帶了七百九十六斤的青銅燭台，獻給奉祀德川家康的日光廟，才把諾伊志釋放。這時，日本因爲厲行鎖國政策，對臺灣也少來往。

第二節 荷西的角逐

荷蘭和西班牙本是世仇，在萬曆三十七年（一六〇九年），訂立停戰十二年的和約，暫時停止了衝突。荷蘭人佔據臺灣南部，在呂宋的西班牙人，很感威脅，對呂宋和中日的貿易，也有妨礙。雙方的衝突，從西歐南洋波及到台灣。

天啓六年（一六二六年），西班牙所派菲律賓總督施爾瓦（Fernando de Silva），派提督瓦爾德思（Antonio Carreno de Valdes），於四月十日（五月五日）率領二艦和戎克船十二艘，從呂宋出發，沿臺灣東岸北上，四月十六日（五月十一日），到達三貂角。第二天進雞籠港，命名爲至聖三位一體。四月二十一日（五月十六日），在雞籠嶼（即社寮島，今和平島）舉行佔領儀式，建築一座城，命名爲聖救主，華人稱爲紅毛城或雞籠城。又在港內後山上，建築兩個砲台。並在大沙灣附近，建築中國人的市街，稱做澗內。由於瓦爾德思只帶來維持一年的必需品，後來糧食物資，都感缺乏，只好鼓勵福建居民來做生意，才告解決。

這年，達佛拉（Juan Nino de Tavora）繼任菲律賓總督，想用船八艘，大砲一三六門，兵二〇一五名，驅逐在臺灣南部的荷蘭人；先派兩船往臺灣增援，接著親自率領六船前往，遭遇暴風折回，修理後再往，又遇暴風。先行的兩船，只到達臺灣南部，偵察荷人的港口。西班牙人經過這番挫折以後，便失去進攻荷人的信心。爲了鞏固雞籠港，西人又在崇禎二年（一六二九年），佔領滬尾（今淡水），築聖多明峨城，華人仍稱爲紅毛城。

西人在雞籠和滬尾兩地，新築兩所天主教堂，分派教士到番人部落傳教，設立學校，收買硫磺、鹿皮。先從雞籠西部，沿著北部海岸，修建道路，安撫馬鄰坑，金包里、淡水等地番社，到崇禎五年（一六三二年），再溯淡水河而上，到達台北盆地，沿雞籠河修建到雞籠的道路，安撫八里坌（今台北縣八里鄉）、北投、里族（今台北市松山區），大浪泵（今台北市大同區）、武勝灣（今台北縣新莊鎮）等處番社。

在崇禎五年，西人一度到達噶瑪蘭（今宜蘭）；崇禎六年，教士還到達竹塹（今新竹縣境）。西人努力招引日本商人和福建商人，到臺灣北部貿易，到崇禎七、八年（一六三四、五年），基隆成爲華南和菲律賓間通商的中間地點，雞籠港內，同時到過二十二隻滿裝貨物的西船。由於日本在崇禎六到九年（一六三三～一六三六年），厲行禁教，實行鎖國政策，日本商船不再前來臺灣，也沒有襲擊的行動。福建商船，又因鄭芝龍的管制，越來越少，加上糧食補給困難，疫病流行，西人紛紛離去，菲律賓總督遂改變政策，專心經營菲律賓南部民答那峨等地。崇禎十一年（一六三八年），西人毀掉淡水聖多明峨城，撤去駐軍，還減少雞籠的守軍。

自從西人佔據臺灣北部，臺灣南部的荷人，就感受威脅。崇禎二年（一六二九年），長官諾伊志，曾向巴達維亞總督建議驅逐西班牙人。後派艦隊前來，卻未成功。又因濱田彌兵衞的問題，未能解決，巴達維亞總督遂無心對付臺灣北部的西人。等到偵知西人縮減守備，又計劃驅逐西人。崇禎十三年（一六四〇年），派船到北部偵察；崇禎十四年（一六四一年），又派船到雞籠，寫信給西班牙長官勸令投降。但西班牙長官態度堅强，拒絕投降。準備迎戰。

崇禎十五年七月二十二日（一六四二年八月十七日），荷人從臺灣南部出發，有船六隻，水手、兵員六九〇人。七月二十六日，向雞籠進攻，當時在前線的祇有一百名西班牙人，一五〇名彭彭格（Pampanga）人，在城內祇有八十人。經過五天的激戰，由於荷軍大砲猛烈，西人不支，終於在八月二日（八月二十六日）開城投降。西人退出臺灣，結束了在臺灣北部十六年的統治。

第三節　荷蘭人的貿易

荷蘭人在澎湖撤退前，曾要求明廷開放海禁，允許在臺灣通商。並託僑居日本平戶，在臺灣從事中、日貿易的李旦調停，得到總兵俞咨臯的非正式同意。福建官員因爲對荷人作戰，用銀十七萬七千餘兩，財政困難，無力再戰，對臺灣貿易，遂置之不問。在天啓五、六年（一六二五—二六年），荷人貿易情況，漸見發達。

這時，顏思齊等人，已在臺灣北港一帶，從事貿易和開墾。天啓五年，顏思齊病死，鄭芝龍繼爲首領，他膽大才高，橫行海上，使得大陸沿海的貿易，陷於停頓狀態。崇禎元年（一六二八年），從漳州出海的四十三艘船，二十艘被搶，只有十艘回到漳州，二艘到泉州，十艘到廣東，一艘到溫州。

沿海實行海禁，荷蘭人貿易，又告衰落。

崇禎元年（一六二八年）九月，明廷招撫鄭芝龍，鄭芝龍在閩海更有勢力。他仍然經營海上貿易，到崇禎十三年（一六四〇年），遠及日本南海，成爲荷蘭的貿易勁敵，荷蘭人幾乎要和他武裝衝突。接著，明亡清興，清兵逐漸南下，貿易只限於硫磺、鉛等軍用物資，絲綢無法買得。明永曆八、九年（清順治十一、二年，一六五四、五年），鄭成功禁止商人對臺灣貿易。永曆十一年（清順治十四年，一六五七年），荷人派何斌到鄭成功處，請求通商。稍後卽告恢復。但是到永曆十五年（清順治十八年，一六六一年），鄭成功進入臺灣，趕走荷蘭人，貿易停頓。

荷蘭人在臺灣，用日本歐洲運來的銀兩，和南洋的香料，換取我國大陸出產的絲綢、生絲和糖，輸出到各地的荷蘭商館。臺灣的鹿皮，則運往日本，臺灣北部的硫磺，輸出到我國大陸和柬埔寨。後來臺灣農業發達，糖也輸出到日本、波斯等地。主要的貿易，是用銀買我國的絲綢，運到日本，得到的銀兩，再來買絲綢。

根據荷蘭人的記錄。天啓七年（一六二六年），從臺灣向日本輸出絲綢的船有五艘，向巴達維亞的有二艘，獲利率達百分之百。崇禎十年（一六三七年）自各地開到日本的荷船十四艘，從臺灣開去的船，載貨價值佔總額百分之八十以上。明永曆三年（清順治六年，一六四九年），在亞洲各地的荷蘭商館，虧損的有錫蘭、暹羅等九處，獲利的有日本、臺灣等十處，在日本商館獲利率佔總額百分之三八·八，在臺灣商館獲利率佔總額百分之二五·六。而在日本商館的獲利，卻倚靠從臺灣輸出的絲綢等中國貨物。可見臺灣在荷蘭東方貿易中，具有極重要的地位。

荷人在臺灣的貿易，得到很大的利潤，由於華人的貢獻極大。在荷人沒有來臺以前，萬曆初年，每年有華人的商船四、五艘到七、八艘，前來基隆、淡水，收買黃金和硫磺。當日本戰國時代，鹿皮是日人的軍用物品，起先從南洋輸入，後來從臺灣輸入。每一番社，每年約有一、二名到五、六名華人前往，用米、塩或布疋，和番人交換產品，以鹿皮爲主要目標，然後輸往日本，鹿肉製成鹿脯，輸往我國大陸。在巴城日誌天啓五年三月三日（一六二五年四月九日）中記：「據傳聞，每年可獲鹿皮二十萬張，乾燥的鹿肉和魚乾也相當多。……在大員灣中（今安平），約有一百艘戎克船……其中載著很多要收購鹿皮、鹿肉的中國人。」西班牙人的記載中，也提到臺灣北部，有華人到番社去交易硫磺和鹿皮。

荷、西兩國分佔臺灣南北以後，爲了發展貿易，歡迎我國人移往。移來的我國人，除了捕魚或到番社交易物品外，也有經商或零賣的，供應荷人所需用的貨物。由於明末天下大亂，生活困難，移來臺灣的人加多，有的從事捕鹿或農耕。捕鹿地區，隨荷人勢力的擴張，在崇禎十年（一六三七年），已到現今嘉義、彰化縣境。崇禎十一年（一六三八年），輸往日本的鹿皮，有一五一、四〇〇張之多；以後漸漸減少，平均每年約在五萬到七、八萬張之間。每張鹿皮，向平埔番人換來，只需要四便士的貨物，賣給日本的價格，約達三先令，可獲利八倍之多。

另一有成就的是糖業，由於華人努力從事農耕，崇禎九年（一六三六年），輸往日本的白糖有一

二、〇四二斤，紅糖有一一〇・四六一斤。產量年年增加，如崇禎十七年（清順治元年，一六四四年）是九十萬斤，永曆十二年（清順治十五年，一六五八年），竟加到一七三萬斤，糖就成為當時貿易的重要貨品。

至於臺灣北部的硫磺，華人採取後加以粗煉。據巴城日誌記錄，崇禎十三年（一六四〇年），華人從滬尾運粗製硫磺十萬斤到大員（今安平）。崇禎十七年（一六四四年），運給鄭芝龍和大陸的硫磺有二十萬斤。這項貿易，數額也不算少。

公司每年出口的米，值十萬盾，糖約十五萬盾，羽毛鹵革等物，也值數萬盾。又把大陸的絲綢、陶瓷，和荷蘭本國及巴達維亞進口的胡椒、琥珀、錊、鋁、葯材、麻布，轉銷日本，每年經營出口貿易的純利，約達三、四十萬盾之多。

第四節　荷蘭人的統治

荷蘭聯合東印度公司，本是一個商業機構，因為得到荷蘭政府授權，可以在殖民地設立政府機構。在臺灣的荷蘭長官是東印度公司所委派的，他在臺灣的統治及其設施，無非是以獲利為主要目的，或是對獲利有所帮助。在臺灣的荷蘭人不多，始終只有二千餘人，士兵卻佔了大半，無法從事農林漁獵工作，番人又不懂農耕，自然要倚靠華人。天啓四年（一六二四年），荷人侵臺時，據荷人的記錄，已有華人壯丁約二萬五千人。其後華人仍不斷前來，荷人為了搾取勞動力，增加收入，自然歡迎。

當時，華人為了冒險犯難而來，大多不帶家屬，或是未婚的壯丁。若干書籍說，荷人侵臺時，約有華人十萬，是難有此人數的。

從天啓五年（一六二五年）起，荷蘭人征收十分之一的關稅。以後對來臺的華人，收四分之一里爾（Real）的人頭稅。後來提高到每人二分之一里爾。據黎斯（Riess）的臺灣島收入，人頭稅收入，最初為三、一〇〇里爾，後來加到三三、七〇〇里爾。華人捕鹿，則有狩獵稅，設網者每月一盾，設阱者每月十五噸。執照則由分駐各地的牧師發給，每年可收二、三萬盾。狩獵稅用來支付敎化和地方行政費用後，每年尙可多餘一九〇〇到二四〇〇盾。

當時華人和番人交易，獲利很多。崇禎十七年（清順治元年，一六四四年），荷人創立番產交易制度，由商人按番社出價承包，來增加收入。除此以外，對於漁業、釀酒、市場，也採取包稅制度。對於稻、糖、蠟燭、煙草和雜貨，則征收十分之一的稅，販賣和採取硫磺，也要抽稅。當建築房屋、道路、堤防需要臨時經費時，則在人頭稅上征收附加稅。由於荷人征收多種稅目，收入日見增加。崇禎十六年（一六四三年），為八八、四七七盾；十年後，永曆七年（清順治十年，一六五三年），商業和土地收入共為六六七、七〇一盾餘，同一年的支出為三二八、七八四盾餘，兩抵多餘三三八、九一七盾餘，荷人除了做生意獲利以外，稅收也成為收入的重要部份。

荷人為謀求更大利益，利用華人的勞力，來全面開發臺灣，荷人把臺灣的土地，收歸東印度公司所有，實行所謂「王田」制度，而不許民衆私有。公司把每十畝土地算成一甲（方一丈二尺五寸為一戈，三十一戈二尺五寸爲一甲），分給華人耕種繳租。所有修建陂塘堤圳費用，耕牛、農具、種仔，都由公司供給。公司是大地主，華人是佃農或農奴。由於荷人供給耕牛、農具、種仔，華人自然俯首聽命。而且荷人要數十名佃農，合成一結，通力合作，其中推擧一名明白事理出錢較多的人，做小結首。數十名小結首再推大結首。結的意思，就是對官府具結，約束各佃農。凡有公事，官員去問大結首，大結首去問小結首。分田地時，看各人的資力多少而定。結首也看他的資力，可分得一倍或數倍的田地。荷蘭人就靠了王田制度和結首組織，控制了臺灣的土地和佃農。

估計荷人佔據期間，開墾耕地約一萬甲，其中四分之三種稻，四分之一植蔗。還種植甘藷、蔬菜、果樹、碗豆、煙草、辣椒、種子多爲荷人引入。荷人將田分成上、中、下三等。有陂塘貯水的上則田，每年每甲徵穀十八石，中則田徵十五石六斗，下則田十石二斗。旱種的上則園每年每甲十石二斗，中則園八石一斗、下則園五石四斗。

荷人除應付華人外，荷人還要應付番人。天啓四年(一六二四年)，荷人在一鯤身附近建築堡砦，過度役使番人，不給酬報，曾經遭到目加溜灣社約二百名番人的襲擊，知道番人性情兇悍，比華人難於應付。荷人侵入臺灣後，決定用宗敎去馴服他們。結果番人成爲荷人的忠實工具。

天啓七年（一六二七年），牧師甘第爹士（Georgius Candidus），在臺南赤嵌樓，開始傳敎，以臺灣南部的平埔番爲對象，工作重心在新港社，設立學校，收了數百學生，用羅馬字拼注番人語音，造成了新港語或新港文字，拿來翻譯馬太福音和約翰福音、祈禱文、摩西十誡、耶穌敎問答等書。崇禎二年（一六二九年），牧師丘尼士（Robertus Junius）也來臺灣，傳教十四年，他也創辦過學校，播譯了教義問答等書。

傳教的地點，據荷人記錄，在崇禎十二年（一六三九年），有新港社、蔴豆社、目加溜灣社、蕭壠社、大目降社。以後再向南北發展，到了大傑顛社、大武壠社、諸羅山社、大木連社（上淡水社）、哆囉嘓社、貓霧悚社、大甲社。最南到瑯璠（今恒春）和卑南（今臺東）。

在崇禎十一、十二年（一六三八、三九年），新加社等五社各有學童數十人到一百餘人，總計五百餘人。後來加辦成人教育（二十到三十五歲，男女分組）。新港社有一千零四十七人受洗，幾佔人口全部；蔴豆社三千人，有二百五十人受洗。目加溜社千人，有二百六十一人受洗，蕭壠社二千六百人，有二百八十二人受洗；大目降社千人，有二百零九人受洗。從崇禎二年（一六二九年）到崇禎十六年（一六四三年），丘尼士牧師付洗五千九百人，教育兒童六百人以上。

據清順治四年（一六四七年）報告，五社學童約七百人，成人約近千人。女比男多，有五十名番人，受訓練後，担任助教。由於荷人得寸進尺，對番人採取苛歛政策。原先自由無稅的番人，不能忍受。崇禎八年（一六三五年），蔴豆社番人發動反抗荷人，聯絡蕭壠社，目加溜灣社共同行動。荷人被逼，逃上戰艦，東印度公司臺灣商館荷人員工，被殺六十八人。後來巴達維亞總督，派遣五百名荷兵來援，上岸後，分七路進攻，襲破蔴豆社，放火焚燒、殺人甚多。崇禎九年（一六三六年），又攻破蕭壠社，老番出而求降。荷人要他服從，於是獻檳榔苗，宣誓永不反抗。荷人於是更積極推廣教化工作。

崇禎九年（一六三六年）以後，新港一帶和南部瑯璠，北部諸羅（今嘉義）、雞籠、滬尾、噶瑪蘭等處番社，先後歸服。到清順治五年（永曆二年，一六四八年），約共三百個。荷人爲之設置村長和評議會。各社代表，從崇禎十四年（一六四一年）起的聚會，稱爲地方會議。到崇禎十七年（一六四四年），卡倫（Francois Caron）任臺灣長官時，形式內容，方告完備。後來，復細分爲北部、南部、東部、淡水四區開會。各社村長，每年在一定地點集合一次，向東印度公司表示服從，並報告其管下情形。

據荷蘭人在清順治十六年（一六五九年）的調查，中南部二十個社，清順治十三年（一六五六年）共有一〇、一〇九人，其中諳悉教理者，有六、〇七八人，佔百分之六十以上，可見荷蘭人的敎化，相當普及，使番人俯首聽命。荷人所敎的羅馬字拼音法，到清嘉慶年間（一七九六到一八二〇年）還有人採用。

至於臺灣北部，在西班牙人佔據期間，則傳佈天主教。由於西班牙國王，以傳教異地是神聖的使命，十六年間，留在臺灣的傳教士，在三十人以上，其他想進入中國大陸或日本而暫時留在臺灣的爲數更多。當荷人在崇禎十五年（一六四二年），攻佔雞籠、滬尾後，並未禁止天主教。

第六章　鄭成功的抗清與光復臺灣

第一節　鄭成功的少年時代

研究臺灣省史，鄭成功無疑是最重要的人物，他後半生的努力，是反淸復明，最大的成就，是驅逐荷蘭人，光復華人失去的故土—臺灣。所以在民間得到「開臺聖王」的尊稱。到如今臺南市的延平郡王祠，成爲全省同胞的膜拜聖地。在全中華民族的心目中，他與鄂王岳飛，是中華民族反抗異族的兩大英雄，受後人永遠崇敬，成爲所有中國人的模範。

鄭成功於天啓四年七月十四日（一六二四年八月二十七日），出生於日本平戶（長崎附近）。母親翁氏在海濱出遊時，突然腹痛，在大石上生下了他。日本人爲崇拜這位中華民族英雄，在這塊大石刻了誕兒石三字，以爲紀念。鄭芝龍爲他取名福松，留居日本。由於鄭芝龍後來接受明廷招撫，剿滅海盜有功，官位日高，想把妻子接回，由於那時日本女子不准出境，加上次子只有二歲，尙在乳哺，只接回了七歲的鄭成功。他回到福建南安縣原籍上學，學名森。

鄭芝龍因爲自己沒有好好讀過書，於是請名師宿儒教導他。他聰明非凡，讀書進步極快。十一歲時，老師教他做八股文，以「當洒掃應對進退」爲題，他寫出「湯武之征誅，一洒掃也；堯舜之揖讓，一應對進退也。」顯出了他不平凡的抱負。有時他想念生母翁氏，至於痛哭流涕。對於養母顏氏，也非常孝順。他父親的友人王觀光見到他，就對鄭芝龍說：「是兒英物，非爾所及也。」十五歲，入南安縣爲秀才，又考取廩膳生，由政府給錢讀書。十九歲，到福州參加鄉試，有相士見他，驚奇地說：「奇男子，骨相非凡，殆非科甲中人。」果然這年沒有考取擧人。第二年娶妻，生子經。

在他出生前後，明朝的外患，日見加重。囘國以後，流寇大起，內亂方殷。崇禎十七年（淸順治元年，一六四四年），鄭成功二十一歲，北京被流寇攻陷，明思宗自縊而死。福王在南京卽位（弘光帝），召他的叔父鄭鴻逵帶兵入援，他就隨同到達南京。慕錢謙益之名，願拜爲師。錢謙益替他取了大木」的名字，表示爲國棟樑之意。

錢謙益在南京担任禮部尙書，因爲和阮大鋮友好，參預朝廷大計。鄭成功建議要實行知人善任，招攜懷遠，練武備，決壅蔽，掃門戶六件事。錢謙益說他「少不更事」。他說：「行之者公等耳一度不能行，則去；能行而不我用，亦去。此時此地，豈徒貪祿位、事粉飾哉？能將將，伊、呂得一人而足；能將兵，虎賁三千足以橫行。設不能，多益擾，袵席間皆流寇也！」這位少年的見解終於折服了錢謙益，可是錢謙益卻不能採納他的主張。弘光元年（淸順治二年，一六四五年），淸兵渡江、南京淪陷。明禮部尙書黃道周、南安伯鄭芝龍、鎭海將軍鄭鴻逵等共奉唐王在福州卽位，改元隆武。由於鄭芝龍每年海船的收入，以千萬計，兵餉可以自給，所以南京的弘光帝，對鄭氏一族加意籠絡。現在的隆武帝，更要靠鄭家的支持。鄭芝龍、鄭鴻逵、鄭芝豹、鄭彩，都一一封爵升官。

鄭芝龍帶鄭成功晉見隆武帝，對答如流，擧止不凡，隆武帝大爲賞識，親切的撫著他的背說：「惜無一女以配卿；卿當盡忠吾家，毋相忘也！」遂賜姓朱，改名成功。據說是要鄭芝龍顧名思義。封成功爲御營中軍都督，儀同駙馬都尉。從此中外都稱他爲「國姓」。鄭成功得到隆武帝的知遇，於是矢志不二，盡忠明朝。

鄭芝龍並未受過良好教育，缺少國家民族觀念，也沒有人臣盡忠之禮，只知升官發財，貪戀利祿。看見清軍聲勢日大，同鄉洪承疇、黃熙胤爲滿淸從事招撫，鄭芝龍成爲爭取對象，派人來聯絡；生了異心。隆武帝得到訊息，常是悶悶不樂。成功因而跪奏：「陛下鬱鬱不樂，得毋以臣父有異心？臣受厚恩，義無反顧，願以死捍陛下矣！」

隆武二年（清順治三年，一六四六年），鄭成功晉忠孝伯，拜招討大將軍，賜尙方劍，便宜行事。在漳、泉等地，籌餉練兵，想恢復中原。但他的父親卻與淸軍約款，故意說有海寇入犯，將主力部隊撤退到故鄉安平鎭，二百里的仙霞嶺，防線無人防守，好讓淸軍進入福建。隆武帝在汀州被淸軍捉到，後來關禁在福州，不食而死。

第二節　鄭成功的恢復運動

淸軍統帥貝勒博洛，派人送信給鄭芝龍，說是鑄閩粤總督印等待芝龍，芝龍決定投降。平夷侯周鶴芝和吏部尙書張肯堂多人力勸不可，他都不聽。鄭成功也反覆痛陳天時地利人心，國事尙有可爲。

而且說：「夫虎不可離山，離山不武；魚不可脫淵，脫淵則困，願大人熟思之。」芝龍聽了惱怒，認爲是「稚子妄談，不知天時地勢。」成功告知叔父鄭鴻逵，他也去勸阻，可是芝龍仍是不聽。

鄭芝龍要鄭成功同到福州去見博洛。成功堅決拒絕：「從來父敎子以忠，未聞敎子以貳；今大人不聽兒言，倘有不測，兒只有縞素而已。」成功於是去了金門。芝龍無可奈何，只得嘆氣說：「他日爲清患者，必成功也！」就自行到福州投降了。

博洛見鄭芝龍大隊不來，認爲有意觀望，大宴三日之後，就將他扣留，送往北京。鄭鴻逵和鄭彩把軍隊撤到沿海一帶。鄭成功的母親翁氏（田川氏）在隆武元年（一六四五年）十月，從日本回到安平。芝龍投降後，仍在安平。博洛的馬步軍，到了安平刼掠，翁氏不堪受辱，拔劍割肚而死。

在君亡父降母死的情況下，據說鄭成功到文廟去，在至聖先師的牌位前宣誓。「成功惜爲孺子，今爲孤臣，向背去留，各行其是，謹謝儒衣，祈先師昭鑒。」他燒掉儒服，決心今後從事抗清運動。雖然他過去已掛招討大將軍印，但沒有忘卻儒生的身份，此後他成爲身心都武裝的一位統帥。

他率領親信陳煇、張進等九十多人，乘兩隻大船由安平入海，到南澳召集舊部數千人，做基本隊伍。又回師到鼓浪嶼，設立明太祖神位，舉行誓師典禮。他用忠孝伯招討大將軍名義來號令，自稱「罪臣國姓」，散發家財給將士。各方孤臣義士，紛紛來歸。

從隆武二年到永曆十四年（清順治三年到十七年，一六四六到一六六〇年），這十五年間，是鄭成功經營閩粵江浙沿海地區，和配合西南地區明軍，努力光復大陸的階段。初起時力量薄弱，永曆元年（順治四年，一六四七年）起，得到鄭鴻逵的帮助，進攻泉州、漳州和潮州一帶，力量漸漸加大。永曆四年（順治七年，一六五〇年），取得鄭聯、鄭彩所控制的中左所（廈門）和浯嶼（金門），統一了鄭家的軍隊，有了海島做根據地，聲勢大振。

永曆二年（順治五年，一六四八年）八月，林察從廣東來福建，鄭成功才知道永曆帝即位，於是改用永曆年號，派人到廣東去覲見永曆帝，上奏復興計劃，帝晉封成功爲威遠侯，從此成功擁戴永曆帝。永曆三年（一六四八年），晉封廣平公。

永曆四、五年之間（順治七、八年，一六五〇、五一年），奉永曆帝命，出師勤王，但廣州、桂林先後失陷，永曆帝從梧州逃奔南寧，清軍又一度攻陷廈門，掠去大量金銀、糧食，將士思回廈門，成功只得痛哭回師。

他到廈門後，追究廈門一度失守責任，賞施郎等三人，殺鄭芝莞三人，功罪分明。加强防務，向沿海地區進攻，徵集糧食。後來清閩浙總督陳錦集合大軍進攻，被鄭成功打敗，陳錦被家丁所殺。接着清派固山額眞金勵担任平南將軍，調集精兵數萬，也被成功打退。

清廷因爲用武力無效，威迫鄭芝龍寫信給成功，動以父子之情，誘以功名利祿，招撫成功。成功爲了父親和弟弟的安全，且乘機向沿海地區徵取給養，暫時對清廷採取敷衍態度。

鄭成功派池仕紳由陸路到永曆帝處告捷，並和支持永曆帝的李定國聯絡，計劃會師華南。永曆帝因成功大捷，晉封他爲漳國公。

永曆八年（清順治十一年，一六五四年），再晉封鄭成功爲延平王，辭謝不受。仍然用招討大將軍名義辦事。成功弟焱、鑫奉清廷命來勸降，焱長跪地上泣求，並說：「和議不成，全家性命難保。」成功不爲所動。寫信給焱說：「兄之堅貞自持，不特利害不能動其心，卽斧刃加吾頸亦不移吾志！何則，決之早而籌之熟也。」復給父親的信，更明白地說：「和議實非初心。……清朝外以禮貌待吾父，內實以奇貨視吾父，今此番之勅書與詔使之擧動，明明欲借父以挾子，一挾則無所不挾，而兒豈可挾之人哉？……萬一吾父不幸，天也！命也！兒只有縞素復仇，以結忠孝之局耳！」大義凜然，令人肅然起敬。

同一年，因爲李定國再來信，約請會攻廣東，於是出精兵數萬南下，並以姪女接受李定國的兒子求婚。接著，攻下漳州和所屬各邑及泉州六縣。可是進入廣東的軍隊，因爲李定國敗退梧州，在永曆九年（順治十二年，一六五五年），無功退還。

永曆九年（清順治十二年，一六五五年），因爲鄭成功的局面很大，事務繁多，遠處西南的永曆帝，授權置官用人，於是設吏、戶、禮、兵、刑、工六官，及其他機關，分理庶務，設六察官，「敷陳庶事，稽察利弊。」改中左所爲思明州，以示不忘明朝，永曆帝再派員來封，雖接受延平王册印，可是封印不用，仍用招討大將軍名義。軍事則分七十二鎭，設總理監營、左右協理監營、以統各提鎭、監督、監營，另有監紀、大餉司等官。禮遇明的宗室、故老遺臣，軍國大事，都和他們諮商。到這時，才有了完備的政治組織。

鄭成功執法如山，有功必賞，有過必罰，親族也不稍寬貸，叔父鄭芝莞，即因失守中左所而被殺。軍紀嚴明，禁止姦淫擄掠部隊訓練有素，時時曉諭恢復大業，報國救民的大道理。軍隊所到之處，民衆無不密切合作。他的部隊，最多時約達二十萬人。廈門、金門和閩南沿海，自難供給。於是在浙、閩、粵等省沿海，向富戶派徵，或由民衆樂捐，並對大陸和海外通商貿易。永曆十年（順治十三年，一六五六年），在兩京、蘇杭、山東的五家大商舖，雖被沒收，但日本、琉球、南洋的貿易，依然如昔，由戶官掌理稽察，財用不虞缺乏。

第三節　鄭成功的北伐

永曆三年（清順治六年，一六四九年），永曆帝命鄭成功北伐，光復南京。成功念念不忘此事。魯王抗清失敗後，部將張名振轉戰江浙一帶，成功也常配合他的行動。永曆九年（清順治十二年，一六五五年），南征廣東軍北還，加以和議決裂，成功派軍北伐，攻下舟山，由張名振、阮駿駐守。永曆十年，成功派軍進攻福建各縣。永曆十一年，鄭芝龍在獄中來信給成功勸和。成功仍然拒絕。又親自督師，攻下台州數縣，因閩安鎮失守，回兵。永曆十二年，積極訓練將士，設「虎衞」統率披甲的勇士，號爲「鐵人」。五月（六月），公布「出軍嚴禁令」十項，重申「恢復伊始，信義爲先。」「總爲報國救民。」命各將領「互相告誡，互相結護。」使「四方聞風向化，百姓壺漿迎師。」大軍出動北伐。六月（七月），連下平陽、瑞安，圍溫州。七月，暫駐舟山。八月（九月），艦隊到羊山，遇暴風，人船損失不少，成功的三位公子也溺死。於是回舟山整補，在象山取糧，攻下盤石衞、德清縣。

永曆十三年（清順治十六年，一六五九年）五月，經過半年多整備，再行北伐，誥諭將領：「此行我師一舉一動，四方瞻仰，天下見聞，關係匪細，各提督統鎮十餘年節沐辛勤，功名事業，亦在此一舉。當從恢復起見，同心一德，共勷大事。進入京都（南京）之時，……秋毫無犯，……總以收拾人心。」這次成功抱定必勝決心，將領家屬乘船，隨隊而行。五月十九日（七月八日），抵吳淞口。五月二十三日，又重申約束：「自古做大事以得民爲本……收拾民心，當與戰勳並重。」但軍隊不能無糧草，爲安撫江南人心，奪取江北物資，五月二十七日（七月十六日）嚴令：「江北准予取糧、坐船，江南務要一草一木不動，……微如米柴，亦就江北取供江南之用。」

鄭成功親自督戰，六月十六日（八月三日），克復瓜州。六月二十三日，攻下鎮江。和張煌言配合進攻。成功和諸將原擬由陸路兼程進攻南京，怎奈步卒鐵甲太重，炎暑難行。又逢大雨、道路泥濘，只得船行而上。七月七日（八月二十四日），始到達南京觀音門。清軍已有防備。這時，南京外圍的四府二十三縣，先後歸附，南京陷入重圍。成功主張招降，清江南總督郎廷佐、提督管效忠佯作願降，以緩攻勢，甘輝主張急攻，成功不聽。進行招降，戒備漸鬆懈。

七月二十二日（九月八日），清軍以外援將到，突出猛襲，第二天，各路潰敗，大將甘輝、余新被擒死，林勝、陳魁、萬禮等戰死，精兵損失甚多，於是向東退走。在南京以西的張煌言，也告敗績。光復南京之戰，不幸功敗垂成。

回到廈門以後，撫郵傷亡，奬懲功罪。廣行招集舊時散逸兵將，重加編整，修造船械，分配汛地，勤加操練，以圖再擧。永曆十四年（淸順治十七年，一六六〇年）。三月，淸軍準備進攻舟山、廈門，鄭成功爲集中兵力，只得放棄舟山。五月十日（六月十七日），福建總督李率泰、寧南將軍達素，分從漳州、同安兩港進犯，想一擧攻佔廈門。成功親自督戰，淸兵大敗，屍塡海港，被俘甚多。李率泰落水逃脫，達素回福州後，畏罪自殺。從此以後，淸廷無人再妄想用武力來消滅成功。

第四節　荷蘭對鄭成功的疑忌

當荷蘭人侵佔臺灣以後，還想在我國沿海地方佔一港口，曾經勾結海盜三次進攻廈門、漳州等處，都被鄭芝龍領兵打敗。芝龍受明廷招撫以後，衣錦榮歸，雖然負責海防，一時也未計及收復臺灣。但福建和臺灣的貿易，卻很發達。就是芝龍和成功軍隊的糧餉，除了政府和地方供給一部份外，大部份還是靠販運貨物，到東西洋出賣，賺錢來支持的。

永曆四年（淸順治七年，一六五〇年），鄭成功取得廈門、金門，爪哇巴達維亞的荷蘭東印度公司，覺得臺灣的情勢可慮，認爲應至少有一千二百名兵士駐守，以防意外。永曆六年（一六五二年），在臺灣的荷蘭傳敎士報告巴達維亞，國姓爺正注視臺灣，將策動在臺灣的華人起事。那年鄭成功連敗淸兵，在臺灣的華人飽受荷人虐待，必然宣揚其事，而郭懷一又在這年發動驅荷。所以荷蘭人疑心成功在臺灣有所活動。永曆七年（一六五三年），改建赤嵌城，防備華人。

永曆八年（一六五四年），總督維爾柏（Nicholss Verburg ）向巴達維亞東印度公司報告，他時刻不忘記中國人的想奪取臺灣。最近盛傳國姓爺正在練兵造船，待機而動，令人憂慮。

永曆九年（一六五五年），因爲國姓爺將來襲擊的謠言大起，新到任的總督凱撒（Caesar）加緊佈置防務，派人到澎湖偵察，沒有發現華船，但謠言仍然不斷。凱撒遂加强熱蘭遮城（紅毛城）的工事，儲存十個月的糧食燃料，並向巴達維亞請求速派援兵，添造礮臺。

由於荷蘭人對國姓爺的戒心，常常攻擊或干涉鄭成功派往南洋及臺灣的商船。對鄭軍的貿易，多所干擾。成功「遂刻示傳令各港澳並東西夷國州府，不准到臺灣通商。由是禁絕兩年（永曆九年到十一年，一六五五年到五七年），船隻不通。」（從征實錄）這一封鎖政策，果然生效；弄得臺灣的貨物漲價，荷人生病。

最後一任的荷蘭總督揆一（Frederick Coyert），在永曆十年（一六五六年）到任，仍然向公司報告國姓爺要進襲的消息，公司方面卻不重視。爲了解除封鎖的困難，揆一在永曆十一年六月（一六五七年七月），備具禮品書信，派代表往廈門（思明州）談判，並請漢人何斌（從征實錄作何廷斌）擔任通事（翻譯），在荷人每年繳納銀五千兩，箭柸十萬支，硫磺千擔的條件下，成功允許恢復通商。從郭懷一事件起，因數千華人被殺，來臺灣的中國商船大爲減少，後來又被成功禁絕。由於揆一的請求，到這一年，臺灣的貿易又告興盛。揆一也受到東印度公司的嘉獎。

何斌，是福建南安人，和鄭芝龍同鄉，曾追隨芝龍，後留居臺灣。頗爲聰明能幹，荷蘭人來後，學會荷蘭語文，荷人用爲通事。在臺灣華人中很有地位，身爲「鄉老」。又進入東印度公司担任會計。這次來廈門和成功商談貿易問題，舊誼鄉情，極爲融洽。成功知道他在臺灣華人中旣有地位，又得荷人信任，於是委託他在臺灣對來大陸的船隻，代征貨物出口稅。將來船到廈門，不再繳納，以免漏稅。每年許給紋銀一萬八千兩的酬報。何斌回到臺灣，便秘密辦理。憑著他的聲望，以及華人對成功的支持，都樂於照辦。

永曆十三年（清順治十六年，一六五九年）閏正月，荷蘭人發現了何、鄭合作的秘密。揆一長官立卽命人拘捕審訊何斌，由司法委員會取消何斌的一切公職，權益和榮典，沒收他從收稅中得來的酬報，還科以三百盾的罰款。何斌受到這一打擊，深感無法在荷人統治下的臺灣安居，不久從一鯤身西渡廈門，力說鄭成功來重建華人的統治權。

就在同一年，鄭成功北伐失敗，引軍南還，九月，回到廈門。何斌就在這時會見成功。他對成功建議：臺灣本來是公府上開發的舊地，爲何不去收回？這地方沃野千里，可以稱霸興王。有了這地方，可以爭雄長；派人耕種，就會有糧食。雞籠、淡水，出產硫磺。而且隔絕大海，四面可通外國。置船販運，各種物資，不愁缺乏。把各鎭將士民衆移來臺灣居住，十年生聚，十年敎訓，定可國富兵强，進攻退守，足可與清朝對抗。

說完，就把在臺灣早已繪好的臺灣地圖和水道圖送上。說出土番受荷人壓迫和水道變化的情形。

只要天威一指，定可垂手而得。荷蘭的兵力和防守情形，也一併詳告。成功聽了，不禁大爲高興說：這就是海外扶餘，是老天安排讓公給我的！

這個月以後，鄭成功進軍臺灣的消息大起，廈門集中了二百多艘海船，臺灣華人紛紛將財物運回大陸。永曆十四年（清順治十七年，一六六〇年）初，有華人鄉老密告揆一長官及公司，說國姓爺將在二月十五日（三月二十六日）起兵來攻。這時廈門禁止船隻東航，以備運兵。揆一於是和評議會商議，加强戒備，儲存軍火糧食，不許華人進赤嵌城，拘禁華人士紳於熱蘭遮城（紅毛城）。斷絕對外交通。又向爪哇東印度公司請求援兵。二月初五日（三月十六日），從澎湖來的船隻，帶來十八件華人信函，都說國姓爺就要東征，揆一再把華人集中在熱蘭遮城，情勢嚴重。三月上旬以後，華船又從廈門來臺，局勢轉趨緩和。因爲清福州將軍達素將攻廈門，鄭軍須以全力抵禦。

在荷蘭方面，揆一雖然屢次向爪哇東印度公司報警，請求加派援兵。公司不願多花軍費，且認爲鄭成功不會進攻，都未添兵。由於揆一長官這次的緊急請求，永曆十四年六月（一六六〇年七月），始派遣范德萊恩（Jan Van der Laan）領兵六百，乘船十二艘來援，如果臺灣無事，可以進攻澳門。兩個月後，范德萊恩到臺灣，見無問題，想去澳門，和揆一發生爭執。於是請評議會商定，派使者到廈門調查，由揆一寫信說明各方的謠傳，詢問鄭成功的態度。時在九月二十八日（十月三十一日）。

鄭成功盛陳兵衛，以禮接待使者；並在十月十九日（十一月二十一日）致函揆一。說明過去的友好關係，且力謀恢復，無意攻取臺灣，不過戰術尚詐，偶有聲東擊西之擧。俟驅除滿清，再重振商業。因而范德萊恩力主攻取澳門，遭揆一及公司人員反對。於第二年（永曆十五年，一六六一年）一月，離臺灣回巴達維亞，大事攻擊揆一。時屆春夏之交，北風季節過去，南風來臨，臺灣荷人也難以派船向巴達維亞求救，正是鄭軍進攻的好時機。

第五節　籌劃光復臺灣

鄭成功自從北伐金陵失敗以後，第二年（永曆十四年五月，一六六〇年六月），又經過金門、廈門的保衞戰，實力自然減弱。東南沿海地區，因連年戰爭，兵糧的補充，漸感困難。而清軍的再犯，也有可能。六月，鄭成功爲了謀求出路，決定實行前一年何斌的建議，恢復海島臺灣做根據地，待機反攻。於是集合將領謀士，商議這一計劃。

成功說：「攻江南一敗，清朝欺我孤軍勢窮，遂令南北舟師合攻，幸賴諸君之力，雖然已敗之，但恐終不相忘，故每夜徘徊籌畫，知附近無可住足。惟臺灣一地，離此不遠，暫取之，並可以連金、廈而撫諸外國，然後廣通諸外國，訓練士卒，進則可戰而復中原之地，退則可守而無內顧之憂。欲整師奪據之，諸君以爲何如？」

到過臺灣的宣毅後鎮吳豪回答：「臺灣前乃曠野，故太師（指芝龍）曾寄跡此間。今爲紅毛所踞，築城二座。一在赤嵌，一在鯤身，臨水設砲臺，又折沉甲板船數隻，紆徊曲折於內港，凡船欲入者，必由砲臺前經過，若越此，則船必觸犯沉甲板而破。堅固周密，將二十餘載，取之徒費其力。」商議沒有結論。不久又得知爪哇的荷蘭援軍來臺，加上糧米不夠，須待徵取，船隻損傷，應加修理。只得將東征計劃，再度暫時擱延。

永曆十五年（清順治十八年，一六六一年）正月，各處糧米先後運到，荷蘭的援軍又撤回爪哇。鄭成功乃毅然傳令大修船隻，候令出征。又集全體文武密議。

成功說：「天未厭亂，閏位（清帝）猶在，使我南都（永曆帝）之勢，頓成瓦解之形。去年雖勝達虜（達素）一陣，偽朝未必遽肯悔戰，則我之南北征馳，眷屬未免勞頓。前年（永曆十三年）何廷斌所進臺灣一圖，田園萬頃，沃野千里，餉稅數十萬，造船制器，吾民鱗集，所優為者。近為紅夷占據，城中夷夥，不上千人，攻之可垂手得者。我欲平克臺灣，以為根本之地，安頓將領家眷，然後東征西討，無內顧之憂，並可生聚教訓也。」（從征實錄）

因為成功的態度堅決，衆人不敢違，然頗有難色。惟有宣毅後鎮吳豪重申前言：「非豪之不用命，怎奈砲臺利害，水路險要，縱有奇謀而無所用，雖欲奮勇而不能施，是徒費其力也。且水土多病，風水亦不可，願藩主（成功）多所計慮及之！」前提督黃廷又說：「如吳豪所陳，紅毛砲火，果有其名，折沉船隻，又無別路可達，若必由砲臺前而進，此所謂以兵與敵也。」成功沒有接受他們的意見。

建威伯馬信贊成進攻。他說：「藩主所慮者，諸島難以久拒清朝。欲先固其根本，而後壯其枝葉，此乃始終萬全之計。至於信，北人也，委實不知其詳。但以人事而論，蜀有高山峻嶺，尚可攀籐而上，捲氈而下；吳有鐵纜橫江，尚可有火燒斷。紅毛雖狡黠，布置周密，豈無別計可破？今乘將士閒暇，不如統一旅前往探望，倘可進取，則併力而攻；如果利害，再作別商，亦未爲晚。」（臺灣外記）吳豪繼續勸阻，諸將議論不一。參軍陳永華說：「凡事必先盡之人而後聽之天，宣毅侯所言是身經其地，細陳利害，乃守經之見，亦愛主也。未可以爲不是。如建威伯之論，大興舟師前去，審勢度時，乘虛覷便，此乃行權將略也。試行之，以盡人力，悉在藩主裁之。」

戎政楊朝棟也倡言可行。成功意志遂決，著禮官選擇日期，而且說：「臺灣非吾親征不可。」當時明故老兵部尚書張蒼水得知此事，不以爲然，派人帶信勸說：「入臺灣則中左所（廈門）、金門兩島不可守，是辜天下之望也。」成功仍不動搖東征之志。後來煌言又作詩諷勸，有「中原方逐鹿，何暇問虹梁！」「寄語避秦島上客，衣冠黃綺總堪疑。」實在是不了解成功收臺灣爲復興基地的苦心。

永曆十五年二月（一六六一年三月），鄭成功提師移駐金門城，修理船隻，積極準備。將所部官兵分成二程，成功率文武官員在首程。三月初一日（三月三十日），成功率文武官員、將士祭江，正式誓師，宣佈東征目的：

「本藩矢志恢復，念切中興，前者出師北討，恨尺土之未得；既而舳艫數萬還，恐孤島之難居，故冒波濤，欲闢不服之區，暫寄軍旅，養晦待時，非爲貪戀海外，苟延安樂。自當竭誠禱告皇天，並達列祖，假我潮水，行我舟師。爾從征諸提鎭營將，勿以紅毛炮火爲疑畏，當遙觀本藩鷁首所向，銜尾

而進。」（臺灣外記）

於是留世子經守思明州（廈門），金門和金廈兩島外圍，都派將士防守。三月初十日（四月八日），命令各鎮衞艦船將士，都集中料羅灣候風。三月二十三日（四月二十一日）午刻，天時開朗，進軍開船。三月二十四日。大小船隻四百，官兵二萬五千人，都到達澎湖馬公，分駐各嶼。

三月二十六日，成功親自祭禱海岳，並巡視附近島嶼；對衆將領說：「臺灣若得，則此爲門戶，以保障臺灣。」隨卽分撥將士留守澎湖。

大軍東征時，因何斌稱：「數日到臺灣，糧米不竭。」因此沒有多帶米糧。由於阻風數日，糧食不夠。在島上搜索二日，由於各島並無田園可種禾粟，所得蕃薯、大麥、黍稷約一百餘石，不足當大軍一餐之用。成功憂慮缺糧，決意冒風險進軍，遂在三月三十日（四月二十八日），傳令準備進發。命洪喧領艦船先導引港，當時風浪未息，陰霧迷朦，管中軍艦船蔡翼、陳廣等請求暫候風雨，稍歇出發，成功說是「天意若付我平定臺灣，今晚開駕後，自然風恬浪靜矣，不然官兵豈堪坐困斷島受飢也。」

當晚一更東進，風雨間停，但波浪未息，非常驚險。三更後，天氣明朗，各船循序順風而進。四月初二日（四月三十日）黎明，鄭成功的船到臺江外沙線的附近，接著各船魚貫到達。辰時天亮，到達鹿耳門港外，因水淺沙多，大船無法深入，荷蘭人遂未設防。臺灣外記說，鄭成功將到鹿耳門時，命設香案，冠帶叩祝曰：「成功受先帝眷顧恩重，委以征伐，奈寸土未得，孤島離居。今而移師東征，假此塊地，暫借安身，俾得重整甲兵，恢復中興。若果天命有在，而成功妄想，即時發起狂風怒濤，全軍覆沒。苟將來尚有一線之脈，望皇天垂憐，列祖默佑，助我潮水，俾鷁首所向，可直入無礙，庶三軍從容登岸。」適潮水驟漲，忽然加高數尺，成功親下小哨船，由何斌引導，按圖迂迴前進。過午，大船也接連到達。停泊在禾寮港，數千華人前來迎接，搬運輜重上岸。登岸紮營後，派宣毅前鎮陳澤督虎衞將以銃船守鹿耳門，兼防北線尾。荷蘭守卒不多，無法抵抗，火燒赤崁街而逃。於是派戶都事楊英前往看守。四月初三日（四月三十日），將所得糧粟分發各鎭，可供半個月食用。（進鹿耳門登陸日期，採用張菼鄭成功紀事編年一書。）

第六節　初次光復臺灣

荷蘭人在四月初一日黎明，即發現鄭軍大隊船隻乘風東來，以爲一定要航行過熱蘭遮城下，正好用大砲轟擊，豈料鄭軍竟在淤淺的鹿耳門登岸。截斷在一鯤身島上的熱蘭遮城（紅毛城、臺灣城）和本島的交通。一千一百名守軍和四隻兵艦，無法阻止鄭軍登岸。

四月初三日（五月一日），揆一派上校隊長拔鬼仔（Thomas Pedel），選精銳荷兵二百四十人進攻北線尾，又派上校艾爾道普（Aeldorp）領兵二百人，駕砲艦，從三鯤身阻禦進臺江的先鋒艦隊，四隻兵艦也參加海戰。熱蘭遮城上開砲，掩護荷軍。

經過四小時猛戰，拔鬼仔和士兵四分之三被陳澤所部殲滅。最大戰艦赫士亞（Hector）號被燒毀，小船也燒掉不少。艾爾道普見勢不敵，退回一鯤身。熱蘭遮城（紅毛城、臺灣城）和本島的普羅文蒂亞（赤嵌城），都被鄭軍包圍。華人紛起響應，各要地及鄉閭番社，已入鄭軍掌握。

普羅文蒂亞城建築不佳，守將貓難實叮（Jan Van Valcken）率兵三、四百人，閉城堅守，鄭軍切斷水源，用火攻城。守將派其弟及婦出城求援，被鄭軍俘獲，解見成功，成功好言有加，派人送回，並招降貓難實叮。四月初四日（五月二日），貓難實叮派人來洽降，四月初六日，獻城投降。

四月初四日，成功派戎政楊朝棟、通事及貓難實叮派來人員，同往熱蘭遮城勸諭荷人投降，保證其生命安全。揆一和公司人員會議，知道無力抵抗，決定求和，願付賠款，請成功退兵。如果不成，保留熱蘭遮城，以便自由貿易。

四月初五日（五月三日），揆一派小快艇向巴達維亞報警。又派使者二人來見成功，詢問進兵原因。成功告以取回臺灣，爲抗清復明基地。臺灣本是中國故土，爲汝等佔據有年。今日恢復故土，豈謂師出無名？財貨不足重視，土地必須收回，爾等若退出臺灣，仍可保持舊誼。否則，難免玉石不分，後悔莫及。荷使還爭說明天啓四年（一六二四年）已准許佔據臺灣。而且揆一要與城共存亡。荷使又把揆一來信說明，如果成功退兵，每年繳納餉稅，和相當土產貨物，並以銀十萬兩勞軍。成功斷然拒絕。成功告知荷人，在明晨決定降戰，降則豎藩旗，戰則豎紅旗。又派人引導荷使，到處參觀鄭軍隊伍。

四月初六日（五月四日），揆一在熱蘭遮城豎紅旗應戰。四月初七日，鄭軍分路向熱蘭遮前進，成功也移營到一鯤身。荷軍在城上砲擊，居住一鯤身的荷人，遷入城內，閉城而守。在城外放火，阻擾鄭軍。可能爲了缺糧，暫時呈膠著狀態。

四月二十二日（五月二十日），命戎政楊朝棟、戶都事楊英，偕通事何斌，查究各社荷人存糧，得糧六千餘石，糖三千餘擔。四月二十五日（五月二十三日），遣荷蘭敎士亨伯魯克（Hambrouck）進城招降，揆一不聽。成功於是部署攻城。四月二十七日（五月二十五日），鄭軍架大砲二十八門，攻熱蘭遮東城，別部繞城南進，鄭軍因無掩護，荷軍出襲，鄭軍失利。於是退卻，改用長距離包圍方法，樹柵挖壕築壘，以困荷軍。五月初五日（六月一日），熱蘭遮城對外陸路交通，全被截斷。

當四月初六日，普羅文蒂亞荷軍投降時，成功用鼓樂歡迎，聲聞遠近。赤嵌街附近的各番社頭目，紛紛到鄭軍求見，成功厚宴款待，送給帽靴袍帶。南北路番社得到消息，接連前來，都加以款待厚賜。四月十二日（五月十日），成功巡視蚊港，安撫四社番人。所到地方，番民歡迎塞途。成功賜以酒食，番人無不歡欣而去。成功的處置得當，番人都心悅誠服，荷人無法利用。

爪哇東印度公司對揆一素不滿意，援臺司令范德萊恩又加以抨擊，五月二十五日（一六六一年六月二十一日），將揆一免職，改派客倫克（Hermanus Clenk）繼任，前往臺灣。兩天後，由臺灣航行五十天的小快艇到達，報告國姓爺大舉來攻情形。總督及文武大驚，撤回揆一免職令，編集戰艦十艘，載兵七百人。由卡烏（Jacob Caeuw）率領，於六月初十日（七月五日）出發。客倫克於七月初五日（七月三十日）到達臺灣海岸，看見岸上軍容壯盛，不敢上岸，數天後開向日本。路過雞籠停泊，荷蘭兵民一百七十人，隨同離去。七月十八日（八月十二日），卡烏戰艦到達，因連日風浪大作，無法近岸，四天後始連續登岸，進熱蘭遮城，與揆一及各將領籌劃反攻策略。鄭軍亦嚴加戒備。

閏七月二十三日（九月十六日），卡烏反攻，戰況激烈，荷艦二艘、小艇三隻被俘，荷一艦長及一將領，兵士二十八人戰死，鄭軍也有損失。荷軍甲板船從此不敢再犯。八月間（九、十月），荷蘭陸軍曾兩度出城進攻，荷艦也往奪鄭軍糧船，都被擊退。城內缺乏鮮肉菜蔬飲水，疾病大起。九月中旬，荷軍在城周海岸植立木柵，以防鄭軍接近。九月十五日（十一月六日），揆一得清閩浙總督李率泰來信，商請合作進攻鄭軍，決定同意派戰艦合攻閩南的鄭軍，使鄭軍首尾不能相顧。卡烏大爲贊成，堅請自往。結果乘機逃走，帶走一部份軍火糧食，前往暹羅，轉回爪哇。城內更感困難。

十月二十五日（十二月十六日），荷蘭軍曹雷狄斯（Hans Jurgen Radis）率十二人來降，告以城內可戰守軍不足四百人，缺食多病，急攻一晝夜可下。於是改圍爲攻。永曆十五年十一到十二月（一六六二年一月），鄭軍以砲隊三，各附大砲二十八門，於十二月初六日（一月二十五日）分自東面、南面三處猛攻，旁晚攻克友屈列區堡，逼近熱蘭遮城。揆一召集會議，主張堅守待援，但多人認爲無法堅守。決定遣使投書請降。

十二月十三日（二月一日）成立協議十八條，荷方將公家倉庫財物銀兩及火葯，全部交出，私人所有珍寶銀、及必需用品，均可帶走，互換俘虜。揆一率領殘衆分乘八船離去。淪陷三十八年的臺灣，遂告光復。鄭成功祭告天地山川神祇，立明宗社，改臺灣爲東都。

第七章　明鄭的經營臺灣

第一節　鄭成功治臺方針

鄭成功是決心要光復臺灣的。登陸後僅一個月，在明永曆十五年五月（一六六一年六月），即開始建設臺灣的工作，首先劃定行政區域，以臺灣爲東都，設承天府，治普羅文蒂亞城（臺南市赤嵌樓），派楊朝棟爲府尹。設兩縣，天興縣治北路，轄現今嘉義以北地方，萬年縣治南路，轄現今高雄以南地方。派莊文烈知天興縣事，祝敬知萬年縣事。改熱蘭遮城（紅毛城、臺灣城）爲安平鎮，挖長壕包圍該城，等待荷蘭人的投降。

當時在閩南的軍民陸續抵臺，爲了安置文武官兵數萬名，擬訂妥善辦法，在五月十八日（六月十四日），向全體官民頒諭：「東都明京，開國立家，可爲萬世不拔基業。本藩已手闢草昧，與爾文武各官，及各鎮大小將領，官兵家眷，總必創建田宅等項，以遺子孫計。但一勞永逸，當以己力經營，不准混侵土民（番人）及百姓（華人）現耕物業。茲將條款開列於後，咸使遵依，如有違越，法在必究。著戶官刻板頒行。特諭。」

條款共分八點，一、二、三、五點內，規定，暫建都於承天府安平鎮，文武各官及總鎮大小將領家眷，暫住於此，隨人多少圈地，並設立衙門。文武各官，可隨意選擇田地，創置莊屋。將領官兵，則派撥汛地，蓋屋耕田。都可永爲世業，但均「不許混圈土民及百姓現耕田地。」四、六點規定，文武各官圈地的山林陂池，應具備圖說來定賦稅；將兵汛地的山林陂池，也該報告，但免賦稅。都要照管愛惜，不可斧斤不時，竭澤而漁。七點規定，沿海現有網位罟位，委官徵稅外，其餘分與文武各官大小將領照管，不許混取，候定賦稅。八點規定，官員開墾田地，必須事先向鄭成功報明畝數，百姓則事先向承天府報明。如有先墾後報，報少墾多，察出定將田地沒官，仍從重究辦。

六月，鄭成功遣發各鎭營，紮北路新港仔、竹塹及南路鳳山、觀音山屯墾，頒發文武官，照原給額各六個月俸役銀。等到荷蘭人退走以後，部署就緒，率領何斌、馬信、楊祥、蕭拱辰，帶銃手、牌手、弓箭手各三百人，備具十日口糧，在各地察看山川形勢，訪問民情風俗，撫慰番民，經過新港、目加溜灣、蕭壟、麻豆等處而回。

鄭成功巡視以後，發現臺灣土地肥沃，然後大會諸提鎭參軍議事。他先說明足食足兵的重要性：

「大凡治家治國，以食爲先，苟家無食，雖親爲父子夫婦，亦難以和其家；苟國無食，雖有忠君愛國之士，亦難以治其國。今上托皇天垂庇，下賴諸君之力，克有茲土。豈敢爲晏安之計？然而食之者衆，作之者寡；倘一日匱餉，師不宿飽，其雖興邦固國，恐亦難矣！故余連日躬身踏勘，揆審情形，始知臺灣土厚泉甘，膏壤未闢，當用寓兵於農之法，庶可以足食而後足兵。兵多糧足，然後靜觀釁隙而進取，以謀光復。」

黃安詢問：「其法如何？」成功指出歷史經驗和實施辦法說：「古者量人授田，量地取賦，……兵民無分。……今臺灣乃開創之地，雖地處海濱，安敢忘戰？故行屯田之法，僅留勇衛侍衛二旅，以守安平承天。其餘諸鎮，按鎮分地，按地開墾。日以什一者瞭望，相接相應，輪流更迭，是無閑丁，亦無逸民。插竹爲社，斬茅爲屋，圍生牛教之以犂。使野無曠土，而軍有餘糧。……其鄉仍曰社，不必易，其畝亦曰甲，以便耕。……照三年開墾，然後定其上中下則，以立賦稅，但此三年內收成者，借十分之三以供正用。農隙則訓以武事，有警則荷戈以戰，無警則負耒以耕。而後可以圖長治也。」

馬信代表諸鎮將說：「寓兵於農，實萬世良法，自當凜遵而行。」諸將即照所劃定地方，從事開墾。等到有收成時，臺地糧食始告充裕，兵民相安。

鄭成功率所部到臺灣後，卽感糧食不足。據戶都事楊英從征實錄所記，永曆十五年（一六六一年）七月，「戶官運糧船不至，官兵乏糧，每鄉斗價至四、五錢不等。令民間輸納雜子蕃薯，發給米糧。」八月，「戶官運糧船猶不至，官兵至食木子充飢，日憂脫巾之變。藩（成功）心憂之，大書於座前云：戶決先定罪。遣府尹同戶都（事）楊英往鹿耳門守候糧船，並官私船有東來者，盡行買糧給兵。」八月二十二日，「遣戶都事楊英押米船前往二林、南社，接洽兵糧，並同李胤察訪兵心何如，回報。時糧米不接，官兵日只二餐，多有病沒，兵心嗷嗷。」八月二十八日，「藩令戶都事楊英持金十錠，同楊戎政馳往四社買糴禾粟，接洽兵糧，計可給十日兵糧。」以後楊英因染病，未再記載。可見當時缺糧情形嚴重。留守思明州、金門之鄭泰、洪旭，不願來臺，不發一船東來，成功因而痛恨戶官鄭泰。

其時，反對東進的大將宣毅後鎮吳豪，到臺灣以後竟敢放縱士卒，刼掠百姓，監發軍糧，盜匿粟石，成功即處死刑。接著擁護東征的楊朝棟，本是成功親信，授爲承天府尹，主持軍糧分配。與萬年知縣祝敬、斗給陳伍，以小斗發糧，多尅扣，被將士告發，也處死刑。當時糧政最爲重要，不得不嚴。

成功治臺方針，完全依法而行。僞鄭逸事記：「成功立法尚嚴，雖在親族，有罪不少貸，有功必賞……撫卹傷亡將士尤至。故人皆畏而懷之，咸樂爲用。其立法，有犯姦者，婦人沉之海，姦夫死杖下。爲盜，不論贓之多寡，必斬。」不免有人批評他刻薄寡恩，嚴刑峻法。大將馬信因而勸成功用寬典。成功告以：「立國之初，法貴於嚴，庶不至於流弊，俾後之守者，易爲治耳。是故子產治鄭、孔明治蜀，莫不用嚴。況臺灣新創之地，非嚴無以治軍，非嚴無以統衆，唯在制宜而已。」

與鄭成功同時之名史學家黃宗羲，撰成功傳，讚美其在臺設施，「立興法，辟刑獄，起學宮，計丁庸，養老幼，恤介特，險走集，物土方；臺灣之人，是以大集，鄭氏遂安。」因爲成功的嚴明公正，直到鄭氏政權結束後，「臺灣市肆，百貨露積，無敢盜者。」（僞鄭逸事）可見治安情形的良好。

鄭氏叛將黃梧，曾向清廷建議「剿海五策」，一云：「金廈兩島彈丸之區，得延至今日而抗拒者，實由沿海民走險，諸物無不接濟。若沿海民盡徙內地，設立邊界，布置防守，不攻自破也。」二云：「將沿海船隻燒燬，寸板不許下水；溪河豎樁柵，貨物不許越界。違者，死無赦。如此半載，船無修葺，糧草不繼，自然瓦解，此所謂不用戰而坐看其死也。」清兵部尚書蘇納海等議定：「令將山東、江、浙、閩、廣濱海民盡遷內地，設界防守，片板不許下水，粒貨不許越疆；民免鋒鏑之虞，寇無所掠，則海上食盡，鳥獸散矣！」清廷准行。

當鄭成功入臺不久，清廷派蘇納海到福建實行遷界，沿海三十里居民一律內遷，築界墻，派兵防守，越界者死。沿海各省都派滿官督遷，百姓流離失所，被迫死者有若干萬。身强力壯的則憤而東渡，投靠成功，參加抗清工作。

成功聽到清廷壓迫民衆內遷，感慨地說：「吾欲留此數莖髮，累及桑梓人民，田廬邱墓無主，寡婦孤兒，望哭天末。且以數千里膏腴魚塩之地，百萬億衆生靈，一旦委而棄之，將以得計乎？徒殃民而已！吾若不決志東征，苟徇諸將意，株守各島，豈不笑吾英雄爲其束縛。今當馳令各處，收沿海之殘民，移我東土，闢草萊以相助耕種，養精蓄銳，整甲而西，恢復迎駕，未爲晚也。」在成功派人招致情形之下，漳州、泉州、潮州、惠州，流離失所的民衆，大量移入臺灣。

鄭成功除招徠流亡以外，更撫慰番族，進一步施以敎化。撰寫從征實錄的戶都事楊英，特別注意番族農耕方法。他認爲臺灣「土地膏饒沃。惜乎土民耕種，未得其法，無有人敎之耳。」他在永曆十五年（一六六一年）四月，隨成功到達蚊港，路經新港、目加溜，蕭壠、麻豆四社，頗知土民風俗。八月又到南社，適逢秋收，「目覩禾稻遍畝，土民逐穗採拔，不識鈎鎌割穫之便，一甲之稻，去採數十日方完。」至於開墾，不知使用犂鋤，一甲之園，要一個月才能開出。他建議對於歸順各社，「每社發農夫一名，鐵犂耙鋤各一副，熟牛一頭，」教授用牛犂耙之法，播種五穀割穫之方。技術改良，番民必樂於接受。官員應「用心撫綏，家喻戶曉，恩威教導，墾多力耕者有賞，怠玩少作者有罰。」按各家男女人數授田，然後計畝徵輸。進而敎之以禮義榮辱。由於他們注重番政，所以鄭成功入臺灣後，南北各路番社，莫不歸附聽命。

第二節　鄭成功之死與鄭經的繼立

鄭成功入臺與荷人苦戰的當年（永曆十五年，一六六一年）九月，清廷實行降將黃梧的剿海五策，其五爲挖掘鄭氏祖墳。淸吏並將屍骸收入監獄。十月初三日（十一月二十四日），又將被禁於北京的鄭芝龍及子與家屬十一人殺掉。成功得到父死消息，初則叱爲妄傳。但半夜常常悲泣，憂鬱失常。後來在永曆十六年正月，得到確信，望北痛哭說：「父若聽兒言，何至殺身？然得以苟延至今日者，亦不幸之幸也。」隨令文武官員掛孝。又聞黃梧奏請挖掘祖墳，向西切齒痛罵：「生者有怨，死者何仇？敢如此結不共戴，倘一日治兵而西，吾不寸磔汝屍，枉作人間大丈夫！」他爲了忠於明朝，以致父親兄弟被殺，祖墳被挖，精神負担，是非常的沈重。

由於荷人退出，臺灣全部光復。永曆十六年（一六六二年）正月，命思明將領陸續遷眷屬來東都。而戶官鄭泰、兵官洪旭，前提督黃廷，皆不欲行。當時，成功調監紀洪初闢十數人，來臺灣主持新歸附各番社。洪旭等留住不遣往臺灣。竟然違抗成功命令。

成功光復臺灣後，呂宋之華人前來聯絡，成功派使者到呂宋招降西班牙人。華人也打算乘機而動。西班牙人遂大殺華人近萬，時在永曆十六年三月。成功旣痛心近萬華人之被殺，又憤恨西人之兇殘，增加內心的抑鬱。

永曆十六年四月，永曆帝的兵部司務林英，從雲南逃到廈門，再到臺灣見成功。報告去年（永曆十五年）十二月，由於吳三桂的進逼，緬甸人刼持永曆帝全家及官員們，送到吳三桂軍中。成功感歎永曆帝不從李定國的建議，前來臺灣爲失策。大將馬信請成功發喪，更改朔號。成功說：「皇上遇害與否，英亦未知其確也；審而後發喪，擇宗室之賢者而立之，改朔未遲也。」事實上叛臣吳三桂於四月在雲南殺害永曆帝，但成功無從知悉。永曆帝的被俘，對成功十七年來枕戈泣血的抗淸復明心願，爲一極嚴重的打擊。

當成功東征荷人時，令諸將輔佐長子鄭經，留守金、廈。經性情謙恭仁慈，其妻是尙書唐顯悅的孫女，但夫妻間無感情，因與四弟乳母陳氏私通，生一男孩。唐顯悅寫信給成功，罵鄭經禽獸不如。並責成功治家不正，安能治國？成功一向嚴正，恪守禮、義、廉、恥。派部將到金門，將世子經、陳氏母子及董夫人處死，金、廈諸將只允斬陳氏母子，以鄭泰爲首，拒殺世子經及董夫人，與臺灣形成對峙局面，這事發生在永曆十六年（淸康熙元年，一六六二年）四月。

成功一向是令出如山，金、廈的抗命，有損威嚴。而且金、廈不發一船來臺，調遣來臺的將領也未來到，消息斷絕，形同封鎖。加上前述接二連三的不幸事件，憤鬱萬分，身體抵抗力減弱，由於氣候不正，在永曆十六年五月初一日（一六六二年六月十六日）感受風寒，病勢日見沈重，竟於五月初八日（六月二十三日），齎志而歿，只有三十九歲。臨終之前，還拿著望遠鏡，登上將臺，遙望大陸，不忘故國河山。回家穿戴衣冠後，拿出明太祖祖訓來讀，讀到第三帙，長歎說：「自國家飄零以來，枕戈泣血十有七年，進退無據，罪案日增。今又屏跡避荒，遽捐人世；忠孝兩虧，死不瞑目。天乎！天乎！何使孤臣至於此極，吾又何面目見先帝於地下乎？」說完，以手抓面，滿懷沉哀，一腔孤憤而逝。成功之死，對民族革命運動和臺灣的開拓，都是無可補償的大損失。

成功逝世以後，臺灣方面有人擁立成功之弟鄭襲爲東都主，但黃安不贊成，暗中派人與金、廈聯絡。當時廈門得知成功逝世消息後，已奉鄭經嗣延平王位，仍奉永曆年號。東都對抗情形出現，於是準備東征。清福建總督李率泰得到成功逝世及叔侄爭王位消息，遂乘機派人向鄭經說降。鄭經迫於無奈，只得與清方假意談和，拖延時日，積極整軍東向。

鄭經派瞭解臺灣形勢的周全斌出任五軍都督，陳永華爲諮議參軍。集兵澎湖。十月底到達岸邊。永曆十六年十一月初一日（康熙元年，一六六二年十二月十一日），凌晨大霧，大軍登陸激戰，過午霧散，得勝，誅殺首謀數人。鄭經見到鄭襲時，相抱而哭道：「幾爲奸人離間。」鄭經率領周全斌往南北二路巡視撫綏後，加以安排。十二月，接廈門來報告，派往北京洽降的使者楊來嘉，回到廈門，說是清廷「必欲剃髮登岸」，招撫之事不成。仍率領周全斌、陳永華等人及大隊舟師，在永曆十七年正月十一日（一六六三年二月十八日）回廈門駐節，處理急務。

鄭經到臺灣時，發現駐守金門的伯父鄭泰與臺灣的叛將黃昭有密謀。於六月用計捕殺，泰之弟鳴峻及部將降清，由於清廷用爵祿誘降，投降將領加多，金、廈防務，感受威脅。

永曆十七年（康熙二年，一六六三年）十月，清福建總督李率泰會同荷蘭戰船及其他將領，分三路圍攻，據守十四年的基地－廈門、金門陷清。鄭經率衆退守銅山島。這時軍心不穩，李率泰派人來說降，實施分化誘降政策，各鎮將領紛紛降。洪旭、陳永華、馮錫範，見勢不佳，勸鄭經整軍歸臺灣。明宗室寧靜王、瀘溪王、巴東王、魯王世子、明遺臣王忠孝、辜朝薦、沈佺期、郭貞一、盧若騰、李茂春等人，也一同來臺。鄭軍抗清的基地，只得暫時以臺灣及澎湖爲限。

清軍當時無力渡海進攻，繼續將閩、粤、浙沿海的民衆，遷入內地，民不堪命，紛紛冒險逃來臺灣，鄭經分別加以安置。永曆十九年（康熙四年，一六六五年）二月，清將施琅率大艦隊出海進攻，遇颶風吹散未成。直到永曆二十八年（康熙十三年，一六七四年）春，雙方未曾發生戰爭。

第三節　鄭經治理臺灣

鄭經自退守臺灣後，集中力量，從事全面建設。以劉國軒管軍事，陳永華掌政治。永華，福建泉州同安縣人，鄭成功在思明州時，和永華長談後，稱他爲「今之臥龍」，授爲參軍，待以賓客之禮。隨鄭經來到臺灣後，他和洪旭兩人，竭忠盡心。鄭經一切措施，無不和永華磋商。

由於清廷禁海遷界，逃來的人加多，永曆十八年（康熙三年，一六六四年），規劃行政區域，改東都爲東寧，天興、萬年二縣，因戶口繁多，並升爲州。南北路和澎湖，分設安撫司。澎湖爲軍事要地，加派大將鎭守。東寧初建，都城（今臺南市）街道參差，衙署民居簡陋，永華爲壯觀瞻，在柴頭港（今臺南市北區大甲里）建窰，敎工匠燒磚瓦，派兵民上山入林，砍伐竹木，建造衙署房舍，設立圍柵，承天府建十字街，分四坊，名東安、西定、寧南、鎭北，坊置簽首（等於今之區長），鄉鄙劃爲二十四里，里設里正。坊里編制，以十戶爲牌，設牌首；十牌爲甲，甲置甲首；十甲爲保，保設保長。這些坊里，都是華人所居。至於土番部落散布在各里者，仍爲社，社設鄉長，由社中頭目担任，以理番務。

鄭成功寓兵於農的辦法，仍繼續推行。鄭經又命文學之士，製作歌曲，敎民衆習唱，表示要生聚敎訓，使軍民安心，努力從事生產工作。

勇衛黃安病故，鄭經卽晉升陳永華爲勇衛，權責更大。永華曾不辭勞苦，親往南北各社，巡撫土番，慰諭各地屯田將士。勘度地勢，改進屯田辦法，分諸鎭開墾，多建村落，兵民合作，種植五穀，積穀備荒。又在農暇訓練武事，使人人都能戰鬥。當時荒地漸闢；田畝加多，一歲三熟，兵民土番，糧食豐足，莫不相安。高燥的農地，則敎民衆種蔗製糖，除了自用，運銷日本、呂宋等處，每年可賺數十萬銀兩。當時製塩方法，係荷蘭人的煎煮法，塩質苦澀。永華在海邊開闢塩場，敎民衆依照福建同安製法，引海水進入塩場，利用陽光晒製，塩質改良，產量增多，旣可利民，又可增加政府稅收。惟有布帛，因爲臺灣不出產棉花，比較昂貴，需要從大陸設法。永華請鄭經收編鎭海衛太武山江勝的部衆爲水師，駐屯廈門。廈門自鄭經回臺後，淸廷也未派人管理。江勝在廈門建造房屋，開設市場，聯絡清廷沿海邊將，收買大陸布帛，推銷臺灣物產。居然使內外相安。海上貿易，仍然繼承鄭芝龍和鄭成功時代做法，以增加收入。

國計民生問題，得到解決後，進而要教化民衆。除嚴禁賭博，究治盜賊外，永曆十九年（康熙四年，一六六五年）。永華對鄭經說：「開闢業已就緒，屯墾略如成法。當速建聖廟，立學校。」鄭經以爲是不急之務，「荒服新創，不但地方促狹，而且人民稀少，不妨待之將來。」永華不以爲然，加以解釋說：「非此之謂也，昔成湯以百里而王，文王以七十里而興，豈關地方廣濶？實在國君好賢，能求人材以相佐理耳！今臺灣沃野數千里，遠濱海外，且其俗醇，使國君能擧賢以佐理，則十年生長，十年教育，十年成聚，三十年眞可與中原甲乙，何愁促狹稀少哉？今旣足食，則當敎之！使逸居無敎，何異禽獸？須擇地建聖廟，設學校，以收人材；庶國有賢士，邦本日固，而世運日昌矣！」鄭經接受了他的意見，於是擇地建造。永曆二十年（康熙五年，一六六六年）正月，聖廟在承天府落成，旁爲明倫堂。又令各社設學，勸子弟就讀。訂定科考制度，兩州三年兩試，考試儒童。州試列名送府，府試列名送院，院試列名，准入太學，按月有月課，三年取中式者補爲六官內都事，陸轉擢用。陳永華出任第一任學院，葉亨爲國子監助敎。從此普知禮樂，文敎漸漸昌明。

土番曾受荷蘭人以拉丁字母所編蕃語敎育甚久，永華對土番敎育，甚爲重視，招聘中土文士，分赴各番社，設立學塾，敎育番童，授以簡易文史，敎以禮儀，改移風俗，大有效果。

經濟安定，敎化漸進，洪旭恐民衆習於安樂，一旦有事，無以應付。建議加强武備，以防外侮，且可待機光復失土，鄭經亦以「居安思危，古之明訓；習勞講武，治軍之則。」遂令各提鎮在兵士墾耕之暇，加强操練。設廠製造軍器和戰船，充實武備。

臺灣位居東亞海上要道，爲國際貿易的良好場所。鄭成功和鄭經時代，莫不重視國際貿易和對外關係。在對臺有關係的外國中，處於敵對狀態，則爲荷蘭。

荷蘭在亞洲經營殖民地的代表，爲巴達維亞的東印度公司。清順治十三年（一六五六年），荷蘭曾派使臣到北京，清廷視爲貢國，准其八年一次來朝。鄭成功光復臺灣後，東印度公司願助清軍進攻鄭軍。康熙元年（一六六二年），荷蘭海軍統領巴爾特（Bathasar Bort），曾到達閩江口，派人與靖南王耿繼茂、福建總督李率泰，商談合作未成，巴爾特自行襲擊鄭軍。康熙二年（一六六三年），巴爾特多帶兵艦前來，清廷允其二年貿易一次，於是聯合攻下鄭軍的厦門、金門。但清軍不願渡海進攻，以免荷人重佔臺灣，而酬以三千兩紋銀，數十疋綢緞，及兩道褒獎敕諭。巴爾特對鄭軍作戰，李率泰僅以兩隻蓬船相助。

康熙四年（永曆十九年，一六六五年），巴爾特採通事楊宗九建議，攻佔雞籠，駐兵二百人，以待時機。康熙七年（永曆二十二年，一六六八年），爲鄭軍逐退。後來鄭經乘三藩之亂，取得閩南，最後仍堅守海澄、厦門。清閩浙總督姚啓聖，派使者到巴達維亞，邀荷人出兵助戰，荷人未允。

與荷人同時來東方通商的，爲英國人。英國東印度公司，在明崇禎十年（一六三七年），首次派船到過廣州。後因葡、荷的阻撓，直到康熙三年（一六六四年），才二次派船來粤，仍遭葡人阻撓及地方官勒索，通商未成，遂轉向臺灣通商。永曆二十四年五月初七日（康熙五年，一六七〇年六月二十三日），湯浦遜（Withompson）和克利斯浦（Ellis Clisp），率領兩船，自蘇門答臘的班丹（Bantan）到東寧（臺南市），五月初十日（六月二十六日），謁見鄭經，呈遞英王查理國書，表示願意對臺灣通商，派人駐紮。七月二十七日（九月十日），成立協議二十條。准英人有買賣、雇用通事、行動、攜帶現金出口、販運鹿皮往日本、呂宋之自由，可隨時晉見國王，進口貨稅百分之三，出口免稅；每次船應運進火藥、鎗砲、鐵器及紡織品，並留下修理鎗砲工匠一人。如有損害之事，應互相賠償。

永曆二十六年（康熙十一年，一六七二年），英船由倫敦到臺灣，鄭經曾致函英王，請英人來臺貿易。永曆二十九年（康熙十四年，一六七五年），正值鄭經參加吳三桂的反淸聯軍，英船帶來鎗砲、火葯，極受歡迎。鄭經並向英人訂購銅砲，向英船借調兩位砲手，訓練砲隊。允許英人到厦門貿易。永曆三十年（康熙十五年，一六七六年），英國東印度公司卽派船到厦門，設立商館（分公司），運來軍火，運走銅類。永曆三十三年（康熙十八年，一六七九年），英船二艘前來。永曆三十四年，鄭經再退出厦門。是年有一英船到臺，運來火葯二百桶、毛瑟火槍六箱，及紡織品。永曆三十五年（康熙二十年，一六八一年），鄭經死後，臺灣情勢不穩，東印度公司商館關閉。鄭氏與英國的經濟關係，到此終止。

比荷蘭人先到東方貿易的，爲西班牙人。早在明嘉靖四十四年（一五六五年），占領菲列濱群島，當時閩南人在呂宋者甚多，遭受西人虐待，明萬曆三十一年（一六〇三年）西班牙人在呂宋屠殺華人二萬五千多名，明崇禎十二年（一六三九年），在呂宋再屠殺華人二萬一千多名，明廷都未能問罪。鄭成功在閩南時，已和呂宋有貿易關係。光復臺灣後，諸將請求取呂宋爲外府，旣固臺防，又可解救在西班牙壓迫下的閩南人，成功遂決定經略呂宋。

永曆十六年三月二十三日（康熙元年，一六六二年五月十日），成功派原在厦門傳敎的義大利敎士李科羅（ Victorio Ricci ），率領兵艦十二艘，出使馬尼剌，要求呂宋總督輸誠入貢。並暗中聯絡華人，相機行事。華人自然爲之興奮思動。西班牙人心存恐懼，於是暗中佈置，準備大殺華人。四月初八日（五月二十五日），實行桃釁，華人苦戰數回，死於礮火之下以萬計，有逃於山谷仍被殺者，有冒險駕小船出海被溺斃者。這一惡耗傳到東都，成功大怒，將領們也憤慨，準備興師問罪。不幸因成功病逝，南征之事，只得作罷。

永曆二十年八月（康熙五年，一六六六年九月），西班牙呂宋總督，派敎士爲代表，來臺灣通好。敎士本有建造敎堂和傳敎的使命，陳永華堅持不允，但約定：商船到呂宋交易，應予保護；每次船來，要進貢舵桅。鄭經也再派李科羅赴菲報聘。

永曆二十六年正月（康熙十一年，一六七二年二月），臺灣有六、七年的安定，民殷物豐，統領顏望忠、楊祥請求領兵進征呂宋，向外發展，侍衞馮錫範反對，認爲不可妄用無益之兵。據十一年後中書舍人鄭德瀟的追述，永曆二十七年（康熙十二年，一六七三年）鄭經決定起兵南征，因耿精忠的邀約，移兵往廈門，而南征作罷。

永曆三十七年（康熙二十二年，一六八三年），清將施琅攻下澎湖，臺灣情勢危急，實際主持政務的馮錫範，奉鄭克塽大會文武，商議戰守大計。建威中鎮黃良驥建議，將大小船隻配載眷口兵士，取呂宋爲基業。提督中鎮洪邦柱力表贊成，願任先鋒。中書舍人鄭德瀟出示地圖，並說呂宋之外國人常大殺唐人，名爲洗街，而且他們得國，非以信義，故以議取呂宋爲上策。連馮錫範也以爲然，請鄭克塽動員。主持軍事的大將劉國軒則認爲時勢已非，衆志瓦解，反對南征。鄭氏三世經略呂宋的企圖，終未能實行。

至於日本，鄭芝龍的興起與日本有關，芝龍受明廷招撫後，仍每年有商船到日本貿易。鄭彩曾派人用藥材絲絹向日本交易武器衣甲、火葯。鄭成功出生於日本，外祖母爲日人，自然熟悉日本情形，易於接近。也每年派船到日本貿易。據日人記載，永曆二年（清順治五年，一六四八年），成功曾有信向日本請求借兵。永曆五年（清順治八年，一六五一年），因兵多糧少，器械不備。參軍馮澄世建議與日本通好，成功卽令鄭泰等造大艇，前往販運鉛、銅，鑄銅、盔甲、器械及永曆錢。永曆十二年（清順治十五年，一六五八年），成功致函德川幕府，表示修好。後來鄭泰担任戶官，管理東西洋貿易，每年派船到長崎貿易。永曆十七年（康熙二年，一六六三年），鄭泰因交通臺灣叛將被殺，鄭經查閱賬册，發現鄭泰有銀貨私存長崎。鄭經寫信向長崎奉行索取，屢經交涉，到永曆二十九年（康熙十四年，一六七五年），才取得七十一萬兩中的二十六萬兩。餘爲鄭泰之孫鄭奎等索去。

鄭經時代，仍重視海外貿易。據英人記載，鄭經平均每年有商船五十艘前往日本。輸往日本的主要物品，爲砂糖、鹿皮，外有獐皮、米穀、葯材。在日本製造銅熕、倭刀、盔甲，並鑄永曆錢。對於南洋的貿易，也像過去一樣，貿易遍及暹羅、交阯、東京、廣南、柬埔寨、馬來半島的大泥（北大年）、柔佛、滿剌加及咬𠺕吧（爪哇）。所以在淸軍進入臺灣後，鄭氏部將，有不少人移居南洋。

第四節　淸鄭的和談與鄭氏的降淸

孫子曰：「不戰而屈人之兵，善之善者也。」加上淸廷因水師不及鄭軍，總想以招降的方式來解除鄭氏的反抗。淸廷從順治九年（永曆六年，一六五二年）到順治十六年（永曆十三年，一六五九年），曾多次對鄭成功和談招撫，成功只是將計就計，以便籌借糧餉。成功東征以後，淸廷下沿海遷界令，又殺鄭芝龍，和議中止。淸康熙元年（永曆十六年，一六六二年），鄭成功病死，臺灣鄭襲爭位。淸靖南王耿繼茂、閩浙總督李率泰以爲有機可乘，派人到厦門對鄭經進行第一次說降。鄭經爲了準備東平內變，借和議爲緩衝，以照朝鮮不削髮例回復耿、李。等到鄭襲之事解決，和談中止。永曆十七年，淸軍攻取金門、厦門，但無法進攻臺灣。永曆十九年，舟師又遇颶風吹散。淸使不絕於途，想瓦解鄭氏軍心。李率泰又正式遣使招撫，鄭經仍以照朝鮮事例，不肯削髮。永曆二十一年（康熙六年，一六六七年），淸廷又派總兵孔元章到臺，進行第三次和談，鄭經仍以照朝鮮例不削髮爲言。當時原爲鄭將後降淸的施琅，任福建水師提督，旣欲立功，又欲報鄭氏殺父之仇，上疏力請進剿，淸廷以用兵不便，召施琅進京，裁水師提督缺，焚燒戰船，仍進行誘降政策。永曆二十三年（康熙八年，一六六九年），特派刑部尚書明珠、兵部侍郎蔡毓榮到福建泉州，與靖南王耿繼茂，會商招撫，遣興化府知府慕天顏、都督僉事季佺到臺，鄭經派禮官葉亨，刑官柯平隨淸使往閩，仍堅持如朝鮮例不削髮，世守臺灣，稱臣納貢。明珠再派慕天顏，季佺到臺，要鄭經削髮易服，鄭經同信不允，請休兵息民。第四次的和談，遂告結束。

永曆二十七年（康熙十二年，一六七三年），淸廷有撤藩王收兵之議，鎭守福建的靖南王耿精忠，於八月派人到臺相約會師。十月，鄭經卽令整備船隻士卒。十一月，平西王吳三桂據雲南、四川、貴州反淸。永曆二十八年三月，耿精忠也公開反淸。鄭經以陳永華爲留守東寧（臺灣）總制使，自率侍衛馮錫範、左武衛薛進忠、右武衛劉國軒等進軍廈門。當時吳三桂邀約擧兵的信也到達，勸鄭經雪家門之恨，以舟師進攻金陵或天津。但鄭經主張復明，而吳三桂只是反淸，二人的目的並不相同。事實上鄭經當時的舟師，也無足夠力量去北征的。

鄭經在廈門發佈文告，號召抗淸。密令黃興、楊信到漳、泉招兵，派李德到日本鑄永曆錢和腰刀等軍用品。耿精忠在起事之初，恐怕兵力不夠，一旦出師進入浙江，難免有後顧之憂，於是將漳、泉二府許與鄭經。等到他占有全閩，而且進入浙南、贛東，不免輕視鄭經，拒絕合作。鄭經進攻閩南，鄭氏舊部，多望風歸順，取得漳州、泉州，南入廣東，攻下潮州。精忠一再失利，得吳三桂調解，致書請和。永曆二十九年（康熙十四年，一六七五年），重歸於好。鄭經於是進攻廣東。永曆三十年，平南王尙可喜兵敗勢窮，其子之信投降吳三桂。於是鄭經的勢力只能南及惠州，北抵泉州楓亭。爲打開局面，企圖西入江西，與吳三桂會師，於是進取了耿精忠的汀州。

淸廷得知耿、鄭失和，就以全力進攻耿軍，耿精忠反淸的意志本不堅定，淸廷又招降在先，現在處於兩面夾擊之下，痛恨鄭經，於是向淸廷投降。永曆三十年十月初五日（康熙十五年，一六七六年十一月十日），淸軍入福州，耿軍爲前導，從當年十二月到第二年二月，連陷邵武、汀州、興化、漳州、泉州五府。近二十萬的鄭軍，因欠餉大都潰散。鄭經退回金門、廈門。不久潮州守將薛進忠叛，劉國軒撤出惠州；尙之信也以廣東降淸。鄭經因人謀不臧，終於失去七府之地，優勢喪失，至爲可惜。

這時，無能的馮錫範勸鄭經撤回臺灣，廈門的百姓號哭挽留，其母董太夫人又加以切責，只得屯兵沿海，就地取糧。永曆三十一年（康熙十六年，一六七七年），淸康親王傑書，致函遣僉事道朱麟進行第五次招降。鄭經復信，嚴詞拒絕。同年七月，康親王復遣使來作第六次的招降，允照朝鮮事例，惟須讓回各島，鄭經則請索閩南四府爲互市。接着寧海將軍喇哈達寫長信相勸，允「自處以海外賓臣之列」，受否封爵聽便，可歲時通奉貢獻，通商貿易。鄭方堅持「邊防海島悉爲我有，資給糧餉」和議未成。

劉國軒因廣東局勢不利，從惠州回到廈門，鄭經委以軍事全權。永曆三十二年（康熙十七年，一六七八年），鄭軍機動出擊，連下沿海十餘縣。但兵力最高只及三萬，久攻泉州不下，淸軍雲集，鄭師損失甚大，大陸上僅保有海澄一城。新任閩浙總督姚啓聖派人到厦門，提出第七次招撫，要求退還海澄，鄭經拒絕。

接著清廷繼續令沿海遷走民衆，建築長墻，施行經濟封鎖。永曆三十三年（康熙十八年，一六七九年），姚啓聖在漳州設「修來館」，進行政治分化。不少鄭部動搖份子降清，軍餉不足，軍心動搖。康親王遣使到厦門進行第八次招撫。鄭經不允退出金門、厦門，要求以海澄爲互市公所。姚啓聖因事非出己意，極力反對。

從此姚啓聖採取攻勢，劉國軒盡力抵禦。但鄭軍糧餉艱難，苛派加重，百姓不滿。鄭經意氣消沈，部將不穩。永曆三十四年（康熙十九年，一六八〇年），姚啓聖及水師提督萬正色水陸猛攻，劉國軒棄海澄，退守厦門。二月二十七日（三月二十七日），鄭經率諸將倉皇退回臺灣，水師損失甚多。

鄭經離臺西征，由陳永華留守臺灣。永曆三十三年（康熙十八年，一六七九年）四月，陳永華因留守責重，請以世子克壓監國。克壓娶永華女，爲人剛斷果決，有祖父遺風。永華任留守的六年內，方正敢爲，西征糧餉，供應無缺。但馮錫範、劉國軒返臺後，永華爲彼等解去兵權，於永曆三十四年六月，鬱抑而歿，其他老成如柯平、楊英也先後死去，襄贊之人日少。八月，清貝子賴塔第九次致書招撫，許不削髮，也不必朝貢。鄭經同意，但索海澄爲互市之地，姚啓聖堅不同意，遂未成議。鄭經心無壯圖，令長子克壓監國，縱情花酒，致身體日壞。於永曆三十五年（康熙二十年，一六八一年）正月逝世，僅三十九歲，遺命由克壓繼位。

克壐在監國時，上至董國太諸叔，下及鎮將兵民，都以禮法約束，結怨頗多，自不爲弄權的馮錫範所喜。何況又是政敵的女婿。他先得到劉國軒的諒解，再聯絡失意的克壐之叔鄭聰、鄭明及軍人等，一致鼓動董國太，收監國印，克壐擁兵自衛。公議說克壐爲乳母所生，不宜承王位，縊殺克壐，其妻陳氏自殺。以十二歲的克塽繼位，實際上由馮錫範掌握大權，軍事則由劉國軒主持。

鄭經死後，清廷傳旨：「鄭錦（經）既伏冥誅，賊中必乖離擾亂，宜乘機規定澎湖、臺灣。」經內閣學士李光地及閩浙總督姚啓聖力保，再授施琅爲福建水師提督，積極準備攻臺。永曆三十五年（康熙二十年，一六八一年）冬，施琅上疏，定來年三、四月進兵，出鄭氏之不意；用間諜以亂其黨羽。永曆三十六年二月二次上疏，宜趁南風進攻。五月，整船練兵就緒。時清廷主愼重，姚啓聖主張趁北風，力持從緩。八月，施琅三次上疏，力主從早進攻，臺內部不穩，請求獨任東征之責。康熙帝遂授以全權。但正逢秋冬北風來臨，施琅主用夏季南風，只得等待來年。姚啓聖於當年（永曆三十六年）十二月，進行第十次的招撫，遣副將黃朝用到澎湖，見劉國軒，許不削髮，只稱臣入貢。但到東寧，馮錫範及兵官陳繩武以細故不從。鄭清和議之不成，主要原因，爲鄭氏志在反清復明，大陸未光復前，自無和議可言。

至於臺、澎的防務，澎湖十餘年未曾設防。鄭克塽繼任，始派兵防守，及知施琅再任福建水師提督，始由劉國軒加強設防。另以何祐爲北路總督，以防清軍來雞籠、淡水。內部情勢，則日趨惡劣。軍需財政困難，則加重民衆捐派。天旱米貴，民不聊生。北部因迫令番人築城，南路爲採金問題，引起番人反抗。劉國軒、馮錫範持威妄殺，人多不安。施琅密派心腹離間；有不少人動搖降清，在內部不能一心一德，犧牲衞國的情形下，如何能抵抗敵人的進攻。

永曆三十七年（康熙二十二年，一六八三年）五月，康熙帝因招撫不成，下詔催施琅進攻。六月十一日（七月五日），施琅下令東征。六月十四日（七月八日），施琅率領大小戰船二百餘艘，官兵二萬餘人，自銅山（東山島）出發，進攻澎湖。當時武平侯正總督劉國軒，率兵二萬餘，船二百艘防守澎湖，因値颱風時節，未料到敵人敢起兵來犯。六月十五日（七月九日），清軍抵澎湖海面。六月十六日（七月十日），會戰終日，互有死傷。六月二十二日（七月十六日），施琅以船隊分三路猛攻，雙方炮火猛烈，水成紅色，清方總兵降將朱天貴戰死，鄭方高級將領陣亡多人。鄭軍大敗，清軍損失亦重。國軒率殘兵逃回臺灣，施琅遂佔領澎湖。

澎湖失敗以後，臺灣人心惶惶，馮錫範奉克塽大會文武，會商對策，有的主張南取呂宋，有的主張死守，有的主張投降。劉國軒以爲軍心渙散，軍械糧食都感不足，南進戰守，均非其時，施琅又在對國軒招降，北路總督也派人到澎湖納款。於是以克塽名義修表投降，另函施琅，希望仍留臺灣，使守先祀，但爲施琅拒絕。只得俯首聽命，派員送上降表文稿，繳出延平王、招討大將軍金印各一，將軍銀印五，及土地戶口府庫軍實册籍，於七月十五日（九月六日），在澎湖面見施琅投降。明宗室寧靜王朱術桂和五位姬妾，聞克塽決定降清，均自縊而死，爲明室盡節，明祀絕滅，臺灣歸清版圖。自成功起義到克塽投降，延續明正朔三十七年，恢復明室大業，雖然失敗，但抗清運動，依然方興未艾。

第八章　清代前期的統治

第一節　消極的治臺政策

十七世紀以前，中國雖已有不少經營臺灣的事實，但祇是民衆的經濟性活動。東吳與隋朝的登陸臺灣，只是曇花一現。元明的設官治理，亦僅限於澎湖。明末，顏思齊、鄭芝龍等人率衆入墾臺灣，漢人移臺始漸增多。明亡之後，國姓爺鄭成功驅逐荷蘭人，正式建立漢人的政府，大規模的移墾，有計劃的開發，於焉開始，臺灣因此成爲明鄭反清復明的根據地。從此，海島與大陸成了明清不兩立的敵對狀態。

當明鄭入臺之初，滿清已控有大陸，因海戰非滿人所長，故無法對明鄭發動攻擊。彼時，鄭氏在名義上仍奉明帝正朔，然並無立國之君，沒有一個名正言順的中央政府，直至康熙二十二年（一六八三）清廷平定臺灣，臺灣始與大陸（內地）名實成爲一體，密不可分。

清平臺灣後，在清廷說，可以說是消除了多年的邊患，也是完成了統一中國的最後一步，所以對攻臺將領的論功行賞，特別優渥；平臺福建水師提督施琅封靖海侯世襲罔替，此外的人員也都爵賞有差。然清廷因中原初定，正傾注全力經營大陸，對臺灣則以爲打垮明鄭便算了事，對新入版圖的國土之處理，並無固定的方針，亦無興趣。故當施琅在澎湖接受鄭克塽的降表，奏請臺灣的棄留應有決定時，清聖祖始命令各大臣討論奏聞，同時命令在福建的特派大臣侍郎蘇拜會同當地的總督巡撫提督酌議具奏，然大家所議不一，未能獲得結論。翌年，施琅奏請設置臺灣鎮守官弁，棄留的問題重新提出來，清聖祖於是又命令大學士等會同議政王大臣九卿詹事科道，再行確議具奏，可是他們不敢作確切的建議，祇覆奏請行令福建的總督巡撫提督再行討論。當時朝內只有大學士李霨主張留臺，但大多數却持相反的意見，不是說臺灣孤懸海外，容易變成賊藪，便說臺灣未有建設，「有山則蔓草頑翳，有水則洪濤鹵浸，」尚屬蠻荒世界，領臺無益；所以主張只要扼守澎湖作爲東南的藩籬，先前移民臺灣者全部遷回原籍，臺灣一地則置諸版圖之外。

在群臣忽視臺灣之中，只有東征統帥施琅對臺灣的認識深切豐富，知道臺灣的重要性。因此，施琅的單銜入奏，詳細剖析利害，最爲有力，實爲有關臺灣開發史的重要文獻。其文云：

> 臺灣地方，北連吳會，南接粵嶠，……乃江浙閩粵之左護。……原爲化外土番雜處，未入版圖，然中國之民潛至生聚於其間者，已不下萬人。鄭芝龍爲海寇時，以爲巢穴。及崇禎元年（？），芝龍就撫，將此地稅與紅毛，爲互市之所。臣奉旨征討，親歷其地，備見野沃土膏，物產利溥，耕桑並耦，漁鹽滋生，滿山皆屬茂林，遍處俱植修竹，硫磺、水籐、糖蔗、鹿皮，以及一切日用之需，無所不有。向之所少者布帛耳，玆則木棉盛出，經織不乏，且舟帆四達，絲縷踵至，飭禁雖嚴，終難杜絕，實肥饒之區，險阻之域。……此誠天以未闢之方輿，資皇上東南之保障，永絕邊患之禍

，豈人力所能致哉？

「夫地方既入版圖，土番人民皆屬赤子，善後之計，尤宜周詳。此地若棄爲荒陬，復置度外，則今臺灣人民稠密，戶口繁息，農工商賈，一行徙棄，安土重遷，失業流離，殊費經營，實非良策。況以有限之船，渡無限之民，非閱數年，難以報竣。使渡載不盡，苟且塞責，則該地深山窮谷，竄伏潛匿者，實繁有徒，和同土番，從而嘯聚，假以內地之逃軍流民，急則走險，糾黨爲祟，造舟製器，剽掠濱海，此所謂藉寇兵而齎盜糧，固照然較著者。

「甚至此地原爲紅毛聚處，卽不貪涎，亦必乘隙以圖。一爲紅毛所有，則彼性狡黠，所到之處，善能鼓惑人心。重以夾板船隻，精壯堅大，從來海外所不敵。未有土地可以托足，尙無伎倆，若再得此地數千里之膏腴，附其依泊，必倡合黨夥，竊窺邊場，逼近門庭，此乃種禍後來，沿海諸省，斷難宴然無虞。至時復動師遠征，……恐未易再建成效。

「如僅守澎湖而棄臺灣，則孤懸海中，土地單薄，界於臺灣，遠隔金廈，豈不受制於人而能一朝居哉？是守臺灣卽所以固澎湖，臺灣澎湖，聯爲臂指，沿海水師，汛防嚴密，各相犄角，聲氣關通，應援易及，可以寧息。況昔鄭逆之所以得負抗逋誅者，以臺灣爲老巢，以澎湖爲門戶，四通八達，游移肆虐，任其所之，我舟師往來有阻。今地方既爲我得，在官兵星羅碁布，風期順利，片帆可至，雖有奸萌，不敢復發。……部臣（蘇拜）撫臣（金鋐）未履其地，不敢造次。臣閱歷周詳，不敢遽議輕棄者也。

「伏思皇上建極以來，仁風遐暢，聲威遠播，……以斯方拓之土，奚難設守，以為東南之籬藩。且海氛既靖，內地溢設之官兵，盡可陸續汰減，以之分防臺灣澎湖兩處。臺灣設總兵一員，水師副將一員，陸師參將二員，兵八千名；澎湖設水師副將一員，兵二千名。……然當此地方初闢，該地正賦雜餉，殊宜蠲豁，見在一萬之兵食，權行全給，三年之後，開徵可以佐需，抑且寓兵於農，亦能濟用，可以減省，無庸盡資內地之轉輸也。

「蓋籌天下之形勢，必求萬全，臺灣雖屬外島，實關四省之要害，勿論彼中耕種，猶能少資兵食，固當議留，卽為不毛荒地，必藉內地輓轉運輸，亦斷斷乎其不可棄。……棄之必釀大禍，留之誠永固邊疆。」

在棄臺的爭議中，施琅可說是獨具卓見，貢獻最大。由於他的力爭，康熙二十三年四月十四日（一六八四年五月二十七日），清廷詔設臺灣府（原承天府），領臺灣、鳳山、諸羅三縣，澎湖設巡檢，置臺廈兵備道及總兵，隸於福建省，臺灣與大陸自此同為一體。由於清廷確定統一全島名稱為「臺灣」，故臺灣從此別無異名。

施琅的消滅明鄭，並力主保留臺灣，就民族主義的觀點而言，他實為一罪人；然從國家統一觀點而論，其力爭臺灣之斷不可棄，則於民族與國家均為有功。否則，千餘年來漢人流血流汗所經營的臺灣，勢將落入外國之手。蓋十七世紀晚期以後，正值歐洲國家積極在東方掠奪領土之時，臺灣早為荷蘭、西班牙、英國所垂涎，其形勢之重要，其物產之豐富，豈能被他們輕易放過？

可惜的是，施琅的對臺政策乃是消極的，其力主保留臺灣，純由海防著眼，僅求東南海域的安定，並無積極開發臺灣之意，故清廷亦只採納其設官置兵之建議，消極的保留臺灣而已。此外，施琅復懷狹小的畛域觀念，藉口「惠潮之地，素爲海盜淵藪，而積習未忘也。」而奏請嚴禁惠潮之民渡臺；同時又將原居臺灣的官民內遷，鄭克塽和他的族人，劉國軒、馮錫範等及各眷口，明宗室監國魯王世子朱桓、瀘溪王朱慈、巴東王朱江等，以及「僞文武官員丁卒，與各省難民，」均被遷入內地，還籍安插，因而造成臺灣「人去業荒」的景象。而清廷對於內地人民渡臺，雖非絕對禁止，但限制頗嚴，不但須執有官府發給的「印單」，始可自廈門東行，到臺之時，復行查驗，嚴禁夾帶；而且不許携帶眷口，祇准隻身來臺，以內地父母妻子兒女爲人質，處處嚴防內地人民之來臺等。清廷上述的種種消極措施，對臺灣經濟的早日開發，影響很大。

第二節　前期的建置

臺灣的建置，應以鄭成功爲創始時期。明永曆十五年（一六六一）三月，鄭成功率領兩萬五千軍隊自澎湖來臺，四月初一日（陽曆四月二十九日），在鹿耳門登陸。鄭軍先攻克赤嵌城，後迫臺灣城（熱蘭遮城），荷蘭人出降，遂於同年十二月十三日（一六六二年二月一日），結束荷蘭在臺三十八年的占領。鄭氏旣光復臺灣，改荷蘭人之熱蘭遮城爲安平鎭，赤嵌樓爲承天府。南路置萬年縣，北路置天興縣，以東都統名臺灣全島。另設安撫司以治臺澎湖。永曆十八年，鄭經改東都爲東寧，天興、萬年爲州，在南北兩路及澎湖各設安撫司治理。鄭氏光復臺灣，設官分治，編組里社，推行屯墾。鄭成功曾招漳、泉、惠、潮大部份受清廷遷界令所迫的流民來臺開墾。其後移民日衆，永曆十八年鄭經亦率明遺臣及官兵眷口六七千人來臺，故所墾面積，先後達一萬八千四百五十四甲。當時土地的開拓，已由點及面，遍及今臺南縣南北，二十餘年間，漢人人口增至十二萬以上。

清康熙二十二年（一六八三）七月，清領臺灣。二十三年四月，設置府縣，隸福建省。臺灣既設府縣，同年文武官員均至臺就任。兵防方面，設總兵一員，轄兵八千人；澎湖設副將一員，轄水師二千人，受臺灣總兵之節制。其後續增，總額達一萬四千人，儼然成爲海東重鎭。至於兵員之分配，澎湖、安平兩地各居其半，平日陸巡與出洋巡哨，皆以媽宮澳爲中心，安平水師設中左右三營，船五十二號，澎湖水師則設左右兩營，船三十六號，設有分總巡哨之法，每年二、三、四、五月爲一巡哨，六、七、八爲一巡哨，輪撥本營將備一員，帶領四兵船，分巡所轄洋面。副將統領四兵船，督察各營所巡洋面。蓋此時視臺灣爲國防重鎭，以防荷人的再來。

滿清乃邊疆部族，其入主中原，本無政治制度可言，故基層社會制度，亦仿自前代。我國自古爲農業國家，人民安土重遷，以宗族聚爲鄉村，借宗法的關係實行鄉自治。城市只是政府設治的所在或工商業類集的地方；在政治組織以外，仍有自治性質。鄉的名稱，各處也不一致，名目共有二三十個，例如里、區、社、坊、鎭、集、墟、圩、村、莊、都、保、牌、堡、團、營、寨等是。大小範圍不定，可說是基層社會的自治單位。其首領不是當地的鄉紳，便是一族的長老，公選而出，照例由地方政府承認。亦有隨便叫一人出面應官，實際上另有主持人。名稱有的叫長，如鄉長、區長、社長；有的叫頭，如莊頭、牌頭；有的叫正，如里正、保正；有的叫主，如寨主；有的叫董，如區董、團董；有的叫總，如營總。

中國因習慣相沿，鄉治組織的原則，大體如下：一、每村一長，或數村一長，或一村數長。二、村長多由族長兼任，有處決私事和爭訟之義務，如官府訟獄案件大爲減少。三、村之戶數，少者數家，多者百餘家，以數十家者爲多。四、村名常以本姓或大姓而得名。五、村與村可以聯合。鄉鎮比村莊大，堡寨比鄉村大。

清代所行的保甲，幾乎與鄉治合而爲一，其用意卽在壓制漢人，藉以相保而互察非爲，卽便於觀察民間動靜，尤便於役使民力，故嚴於內省而疏於邊屬。然漢人傳統的鄉自治，反借此得以保存。清代保甲制度的演變，約分爲三期：自順治至康熙四十六年，是保甲法的雛型草創期；自康熙四十年至乾隆二十二年，是保甲制度的確立期；自乾隆三十七年以後，是保甲法組織的逐漸廢弛期。

順治元年，清廷尚未奄有大河以南，卽初行總甲法，這是一般漢奸和洪承疇等的獻計，當時通令各州縣所屬之鄉村，十家置一甲長，百家置一總甲，若有盜賊匪人奸宄等事，自鄰右報知甲長，甲長報知總甲，總甲申告於府州縣衙門，府州縣衙門審知其事實，申告於兵部。若一家有隱匿盜賊及其他犯罪者，鄰右的九家甲長總長，不具報告，雖再申報，俱以罪論。此法僅施行於京畿附近。順治三年，更定里甲制。「各處人民，每百戶內議設里長一名，甲首十名，輪年應酉勾攝公事。」是十戶爲甲，百戶爲里。仍以賦役征課爲主，偏重於戶政。「十七年，……有里長社長之名，惟八旗莊田，以設領催不便，改設里長。南省地方，以圖名者有圖長，以保名者有保長。其甲長又曰牌頭，以其爲十家牌之首。十牌卽爲甲頭，十甲卽爲保長，又曰保正。」皇朝掌故彙編中說：「保甲之制，因地方之情況而異，其設里社之處，有里長社長之名，其設圖保之處，有圖長保長之名。」由此可知，里、社、團、保皆爲一鄉的下層單位，再下爲甲、牌，都是十戶一小組的異名。此雖非正式的保甲制，而實亦爲保甲制的變名。因南北風俗不同，新舊雜稱，或堡或里，重審重衞，規模便不劃一。

清康熙二十三年在臺灣設官，便利用鄭成功時代的鄉村基礎，推行順治三年所更定的保甲制。到了康熙四十七年，申令保甲之令，里社等制的精神，漸融會於保甲的組織中，保甲名稱，從此確立，規模制度，亦稍異於前代。皇朝文獻通考中說：

「四七年中行保甲之法，部臣議奏：弭盜良法，無如保甲，宜仿古法，而用以變通。一州一縣城關各若干戶，戶給印信紙牌一張，書寫姓名丁男口數於上，出則注明所往，入則稽其所來。……十戶立一牌頭，十牌立一甲頭，十甲立一保長。村莊人少，戶不及數，卽就其少數編之。無事遞相稽查，有事互相救應。保長牌頭，不得藉端魚肉衆戶，客店立簿稽查，寺廟亦給紙牌，月底令保長出具無事甘結，報官備查。違者罪之。」

此種規定，依十數進位，編戶建立牌、甲、保的制度，與從前「其甲長又曰牌頭，以其爲十家牌之首也。」已有顯著的不同。因爲一則是甲卽牌，十家共立一門牌，甲長卽是牌頭。再則是一甲爲十牌，一牌爲十戶，卽一甲共一百戶，一保爲一千戶。清代官書對此常混淆不清，如前引皇朝文獻通考謂甲長卽牌頭，又謂十牌爲甲頭。甲長甲頭，混爲一體。清初似未有十牌一甲的規定，因甲卽是牌，牌卽是甲。後來以十牌爲甲，作者誤爲引入，致令人對牌與甲究竟是一是二？有疑莫能明之感。中國保甲制度一書，對此點亦未作詳細的說明，而清人論保甲制者，又率從古制，以十家爲甲，或十戶輪充甲長之法，因此對牌與甲常苦無從辨別。

清代保甲是「爲民各治其鄉之事，而以職役於官。」「以士大夫治其鄉之事爲職，以民供事於官爲役。」此種精神，始終維持不衰，故實際任鄉治的首領，都是一鄉中的耆宿，爲人民所擁戴；而保甲長執賤役以供事於官，正如梁啓超所說：「保長以應官，身分甚卑，不得列席耆老會議。」所以鄉治乃政治以外的社會組織，而保甲只是形式上的鄉村制度而已。清代臺灣所推行的鄉里保甲制度，正是此種形式鄉村制度的保甲制。

第三節　漢族的移民

近代西方國家的拓殖移民，均由政府提倡獎勵，給予種種方便。然我中華民族却無此福氣，不論在大陸或海外的移民，完全是私人的活動，甚至被視爲非法的活動，不但得不到政府的扶助與保護，且隨時有遭受懲罰取締的可能。清初的限制內地人民渡臺，就是顯著的一例。當時內地人民之渡臺，祇准人民隻身，不許携帶眷口，實在說不上是移殖。

然渡海赴臺，開發荒島，乃我中華兒女奮鬥發展的天性，儘管政府消極，而人民則頗爲積極。臺灣的能夠開發，就是靠這種民族的偉大力量。不過，當時人民的積極擴殖，則大多由於生活的需要，以臺灣爲膏腴饒土，謀生較爲容易之故。因政治的手段很難制服經濟的力量，經濟的因素往往壓倒政治的干阻，故最後政治仍須跟著經濟前進。臺灣的經營開發，卽是如此。

關於漢族移民的數量，根據各方面的估計，在荷佔時期的末年，臺灣已有漢族移民十萬人左右。鄭成功佔領臺灣後，臺灣的人口又有大量增加，其情形大致可概括如下數類：

㈠軍隊—鄭成功自己帶到臺灣的軍隊有二萬五千人，後來金廈棄守，鄭經又帶數千軍隊至臺。

㈡隨軍遷臺的人民。

㈢官員及其眷屬。

㈣軍眷。

以上二至四項如亦以二萬五千人計，則因鄭成功佔領臺灣而增加的中國移民，總數大概是五萬人左右。但這只是臺灣在明鄭時代的初期情況，以後仍有很大變化。鄭成功經營臺灣，其目的在希望將臺灣建設爲反清復明的海上根據地，所以他計劃在臺灣多闢土地，增產糧食，因此需要甚多的人力。臺灣外記說，鄭成功在佔領臺灣後，曾經下令「收沿海之殘民，移我東土，開闢土萊，相助耕種。」這一政策，在鄭經時代亦曾努力執行。臺灣通史說：「鄭經棄金廈，沿海人民航海而至者十數萬人。」這大概便是鄭經撤守金廈到再度出兵福建的時間內，所努力招徠的結果。三藩之亂，鄭經乘機出兵福建，一方面徵發泉漳人民充鄉勇，一方面將他們的眷屬送來臺灣安置，另外又將罪犯放逐來臺。有這幾種原因，臺灣的人口，到了鄭氏末年，至少已有二十五萬人。

以上所記，乃是根據史實所推算的結果。雖不一定精確，却不致去事實太遠。但是，見諸清代官方的資料，就太使人難以置信了，與此一說法相左的，是有人認爲，鄭成功父子先後挈去臺灣約四萬人，其說絕不可靠。荷蘭侵入之時，漢人已達十萬，此後陸續增加，明鄭時代，應在五、六十萬左右，否則決無力維持二萬人以上的軍隊。後來施琅力爭臺灣當留不當棄時，他又說「臺灣人居稠密，戶口繁息，農工商賈，各遂其生。」與其主張進攻臺灣時，只說有二、三萬人，動機不同，所報的戶口情況亦大有出入。但二者都認爲：臺灣府縣志所載的戶口數，其不可靠，一如官書上所記的清初中國人口。

清康熙二十二年，臺灣收入清代版圖。當時官方統計全臺人口，共計「丁口」一萬六千八百二十人。不但遠比鄭氏末年的實際人口爲少。甚至還不及荷佔時代臺灣漢人的五分之一。連雅堂懷疑這一數字的可靠性，以爲當時臺灣的人口如果確祇此數，則連內地大縣的一個鄉還抵不到，如何能夠在平臺之初，便設立一府三縣的建制？這誠然是極大的疑問，然而滿清官方似乎並不在意。

康熙初年臺灣的戶口申報不實，當是由於老百姓匿報人口的老習慣使然。康熙五十年，清聖祖下了一道詔諭，全國戶口丁銀以五十年的冊籍爲常額，永不加稅。換一句話說，此後加丁不加稅了。但雍正年間的戶口統計，依然有極多的隱匿。大概是法令初行，老百姓還不敢十分相信政府，所以還照舊虛報，靜看風色。至於雍正時臺灣人口究有多少？由於沒有資料可查，所以無從知道。

臺灣人口之能大量增加，因雍正十年（一七三二年）准臺灣居民搬携家眷，及乾隆二十五年（一七六〇）禁令之廢止，說起來實一大德政。在嚴禁時期，爲渡臺而寃枉犧牲性命者，不知有多少人。據乾隆九年（一七四四年）六十七等人奏報，內地人民以格於成例，「甘蹈偸渡之愆，不肖客頭奸梢將船駛至外洋，如遇荒島，詭稱到臺，促客登岸。荒島人烟斷絕，坐而飢斃，俄而洲上潮至，群命盡歸魚腹，」不過平安到達者，當然是多數。吳士功謂「例禁雖嚴，而偸渡者接踵，」據他的報告，自乾隆二十三年十二月起，至二十四年十月止，七個月間，共盤獲偸渡民人二十五案，老幼男婦九百九十九名，均爲偸渡未成而被害，或出港遇風而追回者。未被查獲者，及行賄放過者，當十倍或數十倍於這個數目。換言之，每年偸渡者當以萬計。這祇是福建一省，廣東尙不在內。自乾隆二十五年（一七六〇年）正式允可搬眷過臺，此後前去者爲數自然愈衆。名義雖是限於臺灣原居之民，然而確已開了方便之門。因爲眷屬的範圍包括甚爲廣泛，從直系的祖父母、父母、妻妾子女、子婦、孫男女到同胞兄弟，其中頗有通融餘地。在無所謂戶籍行政之時，極易冒名頂替。必要時祇略施金錢之力，或私人情面，順利東渡，當無大阻難。乾隆二十五年實臺灣開發史上劃時代的一年。據一般約計，康熙、雍正之時，臺灣的漢人當在六十萬以上。

雍正乾隆之後，自彰化以南的南部臺灣差不多已全部開發。北部則許多沿海地區也都漸有移民的村鎭。根據乾隆二十年左右的統計，全臺灣的戶口，這時已將及一百萬。乾隆年間的全國戶口統計大致可靠，臺灣的戶口統計，當然也可以相信。但是這一資料與康熙二十二年所查得的資料相差五十倍以上，增加了九十八萬人。這九十八萬人當然不會全都是新來的移民（因爲當時對移民臺灣定有嚴格禁令）。然則舊資料亦如雍正二年的戶口統計，乃是無法相信的。

嘉慶十六年，全臺灣的戶口統計是二百萬零三千餘人。到了光緒十三年臺灣建省，這數字又增加到三百二十餘萬。如果以鄭氏末年全臺總人口爲標準，則臺灣在二百多年中所增加的人口是二十六倍左右。人口的增加，意味著社會發展的迅速，由此亦可約略看出二百多年中臺灣發展情形的大概趨勢了。

第四節　臺灣的開發

清代臺灣的開發，雍正一朝（一七二三—一七三五年）是轉變的關鍵。清領臺灣之初，因政府的消極治臺政策，故開發遲緩。然至康熙末年，因北部已漸開發，遂有擬劃諸羅縣境以北之地，另成一縣之議；又鑑於淡水一帶形勢之重要，亦擬另設行政機構。尤其自康熙六十年朱一貴事變後，爲籌善後之策，因於雍正元年（一七二三年）劃諸羅縣北境百餘里地方，東截虎尾，北抵大甲，分設一縣，即彰化縣，縣治設在半線，其四界：東至平林仔莊七十里，西至大海二十五里，南至虎尾溪與諸羅縣北交界七十里，北至大甲溪與淡水廳南交界五十里，東不盡內山，西不盡大海，東北至東勢角莊六十餘里，東南至水沙連堡六十餘里，西北至大甲溪海岸五十餘里，西南至舊虎尾溪北海豐堡海岸七十餘里；

大甲以上，另設淡水廳治，設捕盜同知駐淡水。

雍正六年（一七二八年）二月，清廷改臺廈道為臺灣道，臺灣與廈門至此分治，各為一道。本來臺廈道原係半年駐臺，半年駐廈，此後則專駐臺灣。同年，清廷有條件地准許臺灣居民搬眷至臺，搬眷問題雖非全部解決，然對臺灣的開發，亦有相當之影響。臺灣自康熙二十二年（一六八三年）隸清之後，搬眷入臺之問題，歷來廷臣疆吏迭有議論，雍正二年（一七二四年）朱一貴反清事件之後，藍鼎元曾提出一套積極治臺的方案，他認為如能使「民生各遂家室，則無輕棄走險之思，」而客莊居民從無眷屬，既「無家室宗族之繫累，欲其不逞也難矣。」他主張「凡人民欲赴臺耕種者，必帶有眷口，臺民有家屬在內地者，願搬取渡臺完聚，許具呈給照。」（論治臺事宜書）。福建當局亦感覺過去祇許人民隻身去來，「迨後海禁漸嚴，一歸不能復往，其立業在臺灣者，既不能棄其田園，又不能搬移眷屬。」不是妥善辦法，奏請予以變通，惜當時未奉批准。

雍正九年（一七三一年），增置萬丹縣丞，治鳳山。另移淡水廳治至竹塹，對竹塹的早日開發，影響頗大。

雍正十年（一七三二年），繼藍鼎元的建議之後，又有大學士鄂爾泰等亦認為此數十萬閩粵人如終年群居而無家室，則其心不靖，難以久安，因題奏「凡有田產生業，平日守分循良之人，情願携眷入籍者，准其搬携入臺。」奉准以已經在臺居住者為限。翌年，復准調臺官員酌量携眷。

惟至乾隆之後，清廷治臺政策又稍趨消極。乾隆元年（一七三六年），清廷重申禁內地人民偷渡之令。乾隆五年（一七四〇年），以臺灣留寓民眷，均已自內地搬取，停止給照，不准搬移。但是偷渡者仍舊不少，寃死者尤多。乾隆十一年（一七四六年），因巡視臺灣給事中六十七及閩省督撫等之上奏，又修正禁令：「嗣後臺民如有祖父母及妻子欲赴臺侍奉就養，仍准給照搬養。」不過這只是短期的規定，翌年清廷從總督喀爾吉善之請，定限一年之後，不再給照，故自乾隆十三年（一七四八年）起，携眷復遭禁止，所有渡臺民人，禁絕往來。

清廷這種不合理的政策是絕對行不通的，徒爲害人民，便利奸徒。乾隆二十五年（一七六〇年），福建巡撫吳士功在「題准臺民搬眷過臺疏」內，對搬眷問題論得極爲痛切明白。他說：

自乾隆十三年停止給照搬眷入臺，十有餘年，凡有渡臺民人，禁絕往來，不能搬移。現在臺地漢民已逾數十萬，其父母妻子身居內地者，正復不少。十年長養，凡向之孑身飄流過臺者，今已墾闢田園，足供俯仰。向之童稚無知者，今已少壯成立，置有產業。若棄之而歸，則失謀生之路，若置父母妻子於不顧，則又非人情所安。故其思念父母繫戀妻孥，冀圖完聚之隱衷，實有不能自己之苦情，以致急不擇音，甘受奸梢之愚弄，冒險偷渡，百弊叢生。臣一載以來，留心察訪，緣事在汪洋巨浸，人跡罕到之地，被害者已沒於巨波，倖免者亦緣於有干禁令，莫敢控訴。故例禁雖嚴，而偷渡者接踵。……在海洋被害者，不知凡幾。

以下他說明允許携眷的有利無弊，及開禁的必要與辦法，實臺灣開發史上的有價值文字。

伏念內外民人，均屬朝廷赤子，向之在臺灣爲匪者，悉出隻身之無賴，若安分良民，既已報墾立業，有父母妻子之繫戀，有仰事俯育之辛勤，自必顧惜身家，各思保聚。……蓋民鮮土著，則有輕去之思，人有室家，各謀久安之計。乃因良民之搬眷，禁以奸民之偷渡，致令在臺者身同羈旅，常懷內顧之憂，在籍者悵望天涯，不免向隅之泣。以故內地老幼男婦，煢獨無依之人，迫欲就養，竟至鋌而走險，畢命波濤。……

「臣既知臺民之搬眷，事非得已，而奸梢之偷渡，貽害無窮。合應仰懇勅部定義，嗣後除隻身無業之民，及無嫡屬在臺者，一切男婦，仍遵例不許過臺，有犯即行查拏遞回外，其在臺有業良民，果有祖父母妻妾子女婦孫男女，及同胞兄弟在內地者，許先赴臺地該管廳縣報明造册……移明內地原籍查對相符，給予路照，搬接過去。其內地居住之祖父母等如欲過臺探視相依完聚者，先由內地該管州縣報明造册，移明臺地查確，再行給照過臺。」

這次所定章則，仍是以已經在臺的居民搬眷爲限，並非允許由內地人民自由携眷入臺。此後政府雖未再積極的倡導，祇是跟著民衆所製造的已成事實去決定方針與設施。

然儘管乾隆禁止移民來臺，臺灣的開發仍在與日俱增。乾隆初年，距琅嶠（今恒春）四十里的枋寮已是「商民聚夥，軍匠輻輳，居然樂土。」北部的新莊、艋舺（今萬華）、板橋、海山堡、新店溪一帶，有漳州人林成祖、郭元汾，永定人胡焯猷、張必榮、大興水利，從事農墾。胡焯猷且創建明志書院，嘉惠學子。淡水河口左岸之八里坌，已成爲臺灣北部門戶。

乾隆二十年（一七五五年），將萬丹縣移治阿里港，其東南卽爲「寬廣兼衍沃，氣勢亦饒雄」「魚房海利，貨賄甚多的琅嶠（今恒春）；乾隆二十四年（一七五九年）淡水都司移設艋舺，因其地已成爲貨物集散地。

乾隆三十一年，剿撫生番後，總督蘇昌等又奏准將淡水、彰化、諸羅一廳二縣所屬之番社，設立北路理番同知一員，駐彰化縣，凡有民番交涉事件，悉歸其管理。乾隆三十一年十一月，又謂當時以內地泉州府西倉同知，地方綏靖無事，乃裁改爲臺灣府理番同知。嘉慶一統志謂同知三員，舊設捕盜一員，駐淡水，海防一員，駐鹿耳門。雍正元年移淡水同知駐竹塹。乾隆三十一年移海防同知駐府城，兼南路理番銜，增設北路理番一員，駐彰化縣。乾隆三十二年（一七六七年）八里坌巡檢遷至新莊，改爲新莊巡檢。

乾隆五十三年（一七八八年），來往噶瑪蘭（今宜蘭）貿易的漳州人吳沙，受地方官之命，防堵林爽文的餘黨。臺灣知府楊廷理力主協助吳沙墾殖，惜福建巡撫以經費無出，不允奏辦。吳沙仍以個人之力，用醫藥救活患痘番人，番人感戴，分地付墾，吳沙於是招漳、泉、廣三地流民，編組鄉勇，大事經營。同年，新莊巡檢陞爲新莊縣丞。恒春地區，自乾隆五十三年莊大田之亂後，閩粵人士，往者愈多。鳳山熟番，亦有樂於遷往者。

乾隆五十七年，臺灣北部的八里坌，正式開口通商，艋舺（今萬華）愈加繁榮起來。

清代前期在臺灣開發的成績，據近人羅香林客家研究導論一書指出：「臺灣一島，亦因初爲清廷克復，舊日鄭氏部衆一多半逃亡南洋群島，因致全臺空虛，人烟寥落，嘉應屬客家，得此良好機會，又復向臺灣經營。其初數目無多，然因臺地生活較易，客人受經濟引誘，其後愈來愈衆，愈殖愈繁。直到光緒中日甲午戰爭以後，客家僑民，因起而籌謀抗日獨立，屢爲日人虐殺，其人口始日見其少。而淡水一帶，以分撥千總一員，領兵分防後，業戶開墾往來漸衆。其間人口分佈，澹水以南，悉爲潮州客莊，如桃園、新竹境內，多屬潮嘉一帶移民，婦女操作至勤，多天足，與臺北異，爲客家本色。大抵臺中住民，以張、賴、林三大姓爲多。駐軍開墾之外，又設學校，臺灣府設府學，臺灣、鳳山、嘉義、新化設縣學，淡水設廳學。又自康熙四十三年至乾隆三十年後，先後在各縣設海東（府治）、崇文（府）、南湖（府）、玉峯（嘉義）、白沙（彰化）、明志（淡水）等書院。人口則嘉慶一統志稱，原額人丁一八、八二七，今滋生男婦大小共一、七八六、八一三名口，計二二四、六四六戶。又稱田賦田園四七、三四五甲八分有奇，又二、〇二九頃八八畝有奇，共額徵粟一八八、四八四石二斗七合一勺。續報升課田園六一二甲一分三釐有奇，額徵銀三八三兩九錢二分二釐。人丁餉稅額徵銀一三、六五三兩八釐。自康熙二十五年，以逮乾隆之初，臺灣墾闢，頗著成效，人口既增，物產豐富。凡諸羅等三縣之地，皆稱沃壤，水土各殊，臺縣俱種晚稻，諸羅地廣及鳳山、澹水等社近陂田，可種旱稻，然必晚稻豐稔，始稱大有之年，千倉萬箱，不但本島足食，並可資贍內地。其時北路米由笨港販運，南路米由打狗販運，依臺海使槎錄記雍正癸卯，浙江饑，運米一萬石，甲辰補運四萬石，每商船載米五百石，運費每石二錢。又云，海船多漳、泉賈，貿易於漳州，則載絲綿、漳紗、剪絨、紙料、煙、布草蓆、甎、瓦、小杉料、鼎、鐺、雨傘、柑、柚、青果、橘餅、柿餅，泉州則載磁器、紙張，興化則載杉板、甎、瓦，福州則載大小松料、乾筍、香菰，建寧則載茶（按以上皆入口）。同時並載米、麥、菽、豆、黑白糖、錫、番薯、鹿肉（以上皆出口），售於廈門諸海口。或載糖、靛、魚翅至上海，小艇撥運姑蘇行市。船回則載布匹、紗緞，枲縣、淳暖帽子、牛油、金腿、包酒、惠泉酒（入口）。至浙江則載綾、羅、緜、綢、綿、紗、湖帕、絨線，寧波則載緜花草蓆（入口）。至山東販賣粗細盌碟、杉、枋、糖、紙、胡椒、蘇木（出口或販運）。回日則載白蠟、紫草、藥材、繭綢、麥、豆鹽肉、紅棗、核桃、柿餅（入口）。關東販賣烏茶、黃茶、綢、緞、布匹、盌、紙、糖、麵、胡椒、蘇木（出口）。回日則載藥材、瓜子、松子、榛子、海參、銀魚、蟶（入口）。海壖彈完，商旅輻輳，器物暢通，實有資於各地。」至此，臺灣在物質上已達到反哺祖國之時。康熙五十三年使者奉命繪畫地圖，勘丈里數，斯爲臺灣開闢後破天荒之擧，實測結果：「臺灣縣南至三贊行溪、鳳山縣界，二十一里，北至烏松溪，諸羅縣界，一百一里，北至大雞籠，六百五里。南北延袤一千一十七里，而道里遠近乃定。

至於教化番民，清廷治臺官吏，益承鄭氏治臺方針，壯其波瀾，收其後果。蓋修文德，施教化，爲中華民族一貫的對各宗族之和平政策，則對臺灣番民，蓋亦莫能外是。黃叔璥於使臺之餘，觀風各地，記乾隆以前臺灣番民漢化與傾慕的情況，已斐然可觀。彼曾「歷其境，止其舍，目擊其飲食動息，與中土人民無二。」郁永河於清收臺入版圖後渡臺，過新港諸社，知當道於四大社子弟，能就鄉塾讀書者，蠲其傜役，以漸化之。諸羅志載稱，四社「地邊海空濶，諸番饒裕者，中爲室，四旁列種果木，廩囷圈圉，次第井井，環植荆竹至數十畝。」依臺海使槎錄所稱，諸羅番東螺、貓兒干間，有讀書識字之番，有能背誦毛詩者，其他各社番童，能讀論語、孟子、大學、中庸、左傳、漢書者，實繁有徒。黃氏並有紀事云：「肄業番童，拱立背誦，句讀鏗鏘，頓革咮離舊習。陳觀察大輦有司教之責，語以有能讀四子書習一經者，復其身，給樂舞衣巾，以風厲之。癸卯夏，高太守鐸申受各社讀書番童，余勞以酒食，各給四書一帙，時憲書一帙，不惟令奉正朔，亦使知有寒暑春秋，番不記年，或可漸易」云云。更殿之以「漢塾」一詩曰：「紅毛舊習篆成蝸，漢塾今聞近社皆。謾說飛鴞難可化，泮林已見好音懷。」番民同化之深且遍，由此可見。

由於漢人辛勤的開發，胼手胝足，流血流汗，使臺灣海島，東西南北，均呈現一片新氣象。而原本於遠古期即由大陸長江以南的越濮（或越獠）族移居來臺的番人，在久久封閉與外界隔絕的文化停頓之生活中，又得接受漢民族所創造的高水準文化，重又投入中華民族的大家庭。

但無可諱言的，清代官吏的治臺，勵精圖治者，固不乏其人，而沿自大之習，爲攘利之圖者，亦不乏其人，如對番民的差遣供應，誅求無饜，「凡長吏將弁遠出，番爲肩輿，行笥襆被，皆其所任，疲於奔命久矣。」郁永河論社商有云：「……郡縣有財力者，認辦社課，名曰社商。社商又委通事，夥長輩，使居社中，凡番一粒一毫，皆有籍稽之。射得麋鹿，盡取其肉爲脯，並取其皮，二者輸賦有餘，然朘削無厭，視所有不異己物。平時事無巨細，悉呼男婦孩穉供役。且納番婦爲妻妾，有求必與，有過必撻，而番人不甚怨之。……予論教化番人，必如唐韋臯、宋張詠之治蜀，久任數十年，不責旦暮之效然後可。噫，蓋亦難言矣！然又有暗阻潛撓於中者，則社棍是也，謀長、夥長、通事，熟識番情，復解番語，父死子繼，流毒無已。社商有虧折耗費，此輩坐享其利，社商率一、二歲更易，此輩雖不移。利番人之愚，又欲番人之貧，愚則攫奪惟意，貧則力不敢抗，卽有以寃訴者，番語侏離，不能達情，通事顚倒以對，番人反受呵譴，是舉世所當哀矜者，莫番若矣。」故康熙二十八年（一六八九年），乃有谷霄、淡水之亂。通事之害，在中國主族與各宗族的交涉歷史中，比比皆是，實爲中華主族與各宗族間的友善之蠹。然稍有文敎修養的國人，未嘗不哀矜而思所以更張之。至如殺身成仁的番通事吳鳳，深諳番性番俗，爲番民辨曲直、明是非、釋紛爭、消仇怨，時常爲勸喻葛藤，聲淚俱下，因而得以化戾氣爲祥和，消頑囂於無形之中，深受阿里山一帶四十八個番社番民的愛戴，最後爲革除番民以人頭祭神的惡俗，不惜犧牲性命，雖不多見，要以說明開化番民之不易。

第九章　民族革命運動

第一節　天地會的反清組織

天地會係指天爲父，指地爲母。入會者皆稱弟兄，噛臂盟血，踐義抱仁。這是中國文化「乾稱父，坤稱母，」（張載釋易經）「四海之內，皆兄弟也，」（論語）「殺身成仁，捨身取義」的思想凝鑄而成的一種組織。當滿清入主中國時，他們以「反清復明」爲宗旨。

天地會的名稱迭有演變，計有洪門會、三合會、三點會、哥老會之多種稱呼，又訛稱洪門爲紅幫，另有安慶幫訛爲青幫。

國父　孫中山先生在「建國方略」中指出：「洪門者創設於明朝遺老，起於康熙時代。蓋康熙以前，明朝之忠臣烈士，多欲力圖恢復，誓不臣清，捨生赴義，屢起屢蹶，然卒不救明朝之亡。迨至康熙之世，清朝之勢已盛，而明朝之忠烈，亦死亡殆盡。一二遺老，見大勢已去，無可挽回，乃欲以民族主義之根苗，流傳後代，故以『反清復明』爲宗旨，結成團體，以待後有起者，可藉爲資助也。此殆洪門創始之本意也。」又在「民族主義第三講」指出說：「明朝遺民有一派富有民族思想的，覺得大勢去矣，就想出方法來結合。他們的眼光是很遠大的，思想是透徹的，觀察情形也是很清楚的。」

「因為異時明朝的遺老看見滿清開博學鴻詞科，一時有知識有學問的人，差不多都被收羅去了，便知道那些有知識的階級靠不住，不能藏之名山，付之其人，所以要在下流社會中藏起來，便去結合那些會黨。」

滿清入關後，順治三年卽開科取士，對於熱中利祿的知識份子，自是一大誘惑，耐不住隱居生活之苦的，便紛紛參加考試，故有「一隊夷齊下首陽，西山薇蕨已吃光」的嘲諷詩句。但是滿清究竟是文化水準低的邊疆民族，統治漢人，不知「入境問俗」，順應自然，以「樂其俗」，却要施行高壓政策：一、嚴行薙髮令，以摧挫民族性。二、圈佔民田，以給旗人。三、凡抗拒清兵的地方，大加屠殺，如順治年間，揚州殺了十天，嘉定屠了三次；江陰十萬人抗清，幾乎全死。殺戮來歸明代藩王十二人，和不少降臣。四、各重要城市，派旗兵駐防，來監視漢人。五、摧殘士氣，嚴密士民上書言事，集會結社。六、仇視士紳，不准士紳結交權勢，干與詞訟。

滿清的薙髮易服令，是以夷變夏，且雷厲風行，有「留髮不留頭，留頭不留髮」之說。這與孔子的「微管仲，吾其披髮左衽矣」的民族立場，是不同的。滿清殺戮知識份子，手段亦甚嚴酷。順治末年，浙江吳興人莊廷鑨，因為補編并刊刻明朱國楨的史稿（明史），內有指斥清室文字，奉明年號。康熙二年，被革職知縣吳之榮告發，廷鑨戮屍，作序、校刊、刻字、買賣書等人，共殺二百二十一人，妻女發邊為奴。因玄燁方立，鰲拜專政，欲借以立威，而犧牲知識份子之人頭。這種慘案，自然使有良心的知識份子怒忿填胸。王船山在讀通鑑論中說：「可禪，可繼，可革，而不可異類間之！」「

夷狄者，殲之不為不仁，奪之不為不義，誘之不為不信，非我族類，不入我倫。」「即使桓溫輩成功而篡，猶賢於戴異族以為中國主。」呂留良「題如此江山圖」的詩，更為沉痛的說：

「其為宋之南渡耶？如此江山眞可耻！其為崖山以後耶？如此江山不忍視。吾今始悟作畫意，痛哭流涕有若是。以今視昔昔猶今，呑聲不用枚銜嘴。盡將皐羽西臺淚，研入丹青提筆泚。所以有畫無詩文，詩文盡在四字裏。嘗謂生逢洪武初，如瞽復瞳跛可履。山川開霽故壁完，何處登臨不狂喜。胡為犂眉覆踣詩，亡國之痛不絕齒，此曹豈云不讀書，眞是未明大義耳。興亡節義不可磨，只此一番不與亡國比，不特元亡不足悲，宋亡之恨亦雪矣。」（東莊詩存倀倀集）

又作「錢墓松歌」說：「其中雖有數十年（指元代），天荒地塌非人間，……不妨架漏如許日，何況短景穹廬天。」（眞臘凝寒集）

明末知識份子，對南宋與帝昞崖山之耻，有重感山河瘡痍之痛，要歸功於南宋鄭思肖所著「鐵函心史」一書之影響。鄭思肖目擊元蒙入主中原，虐殺漢人，血流漂杵，乃著心史，以抒亡國之恨。生前以鐵罐盛之，沉於姑蘇寺院之水井中，至崇禎亡國前二年，因寺僧修水井塌陷處乃經掘獲，啓白圭視之，墨瀋如新。尋由復社人士刋印五百部流傳於社員之中。復社是明末知識份子最大的組織，目的本在復興古學。最初祇是太倉七郡的七百多人參加，後來參加的有二〇二五人，同志遍佈大江南北，黃河下游。滿淸入主中國，這許多士人集團，却變成了民族意識的結合體。好像東越諸社，三湖諸社，西湖八子，西湖七子，南湖九子，南湖五子等社和別的詩社，都借作文賦詩的機會，顯露出民族的悲哀，喚起大家國破家亡的沉痛回憶。所以清廷屢次下詔嚴禁結社。

明末知識份子，慨然以「天下興亡，匹夫有責」為念。史可法殉難揚州，黃道周，顧炎武，均曾起兵勤王，學者抗清，奮鬥而死的很多。剩下來生存的學者，看到政治上完全絕望，只得另找出路。像方以智等人，出家當和尚，在「俗降僧道不降」的原則下，保留明代服裝。呂留良等人，行醫謀生。顏元、孫奇逢等人，從事農耕。黃宗羲浙東講學，修史著書。王船山、李顒等人，卻隱居著書。李塨等人，則做幕客。張揚園等人，則教書授徒。這些行徑，影響了學術文化的延續性。為了保持民族精神，也只有這幾條路可走。可是他們卻暗中傳佈民族思想。尤其顧炎武自勤王失敗後，數度浪遊長江、運河、黃河之沿岸，在山東、山西都曾集衆墾田。陝西、山西的錢莊票號制度，可能卽由他和傅青主確立的。因李闖賊兵擄掠遍天下，吳三桂冲冠一怒為紅顏，引清兵入關，追擊得闖兵西竄山西、陝西，賊兵恐清兵追上搜去身上金銀，乃沿途埋於農田，留下記號而去。待農人耕作，忽獲巨金，藏於家中，不知運用。顧、傅二大儒，乃為確立運用之策，使山、陝票號，遍佈全國，一旦興兵反清，也可就地借餉。顧炎武屢被清廷召應博學鴻詞科，避而不就。在山東墾田時，被人告以反清罪名，下獄後經其甥徐元文、徐乾學向清廷擔保，始獲救出。可見明末這群知識份子，都是在暗中傳佈民族思想，鼓吹革命。

天地會的革命組織，學界中多以為鄭成功所倡。連橫的臺灣通史中卽說：「天地會者，相傳延平郡王所設，以光復明室為旨，閩粵之人多從之。」據考證：一、天地會相傳之首領為萬雲龍，黃梨洲所作鄭成功傳，有記集衆與軍曾行結盟之事。小腆紀年等書，記有張禮、郭義、蔡祿入盟時，并改姓萬。二、結盟儀式，鄭成功可能仿自其父芝龍爲海寇時之結盟訂交。且成功曾入南京太學，與蘇州東林黨人有往來，此黨中卽有復社諸君子。成功受此影響，有組會可能。三、順治十八年，鄭成功卽在臺灣推行「漢留」之組織，開山立堂，山名金臺山，堂名明倫堂。洪門中相傳之「海底」，卽爲鄭成功所留盟約沉於海中，後經漁民撈獲，乃得廣傳中土。洪門「根本交接傳」中，有「會合賢能鄭成功，文武全才與漢山」之句。「香堂總令」末段也有「生出一子鄭成功……後有子姪鄭君達，少林寺中計劃精」之句。

陶成章著「教會源流考」中說：「明室內亂，滿洲乘之，再蹈亡國之慘。志士仁人，不忍中原之塗炭，又結秘密團體，以求光復祖國，而洪門之會設焉。何謂洪門？因明太祖年號洪武，故取以爲名。指天爲父，指地爲母，故又名天地會。始倡爲鄭成功，繼述而修整之者，則陳近南也。」

連橫氏言「天地會者，相傳延平郡王所設，」而未言陳近南其人。蕭一山氏推論陳近南卽陳永華之化名。陳近南死於康熙十九年，則天地會必當在陳死以前成立。羅香林氏以爲「鄭成功雖志切復明，然生前實無組織秘密反淸團體之必要。」

天地會起於康熙年代，已是不爭之論，究起陳永華生前抑死後？是否鄭成功所創？連橫氏在「臺灣通史」中說：「吾聞延平郡王入臺之後，深慮部曲之忘中國也，自倡天地會而爲之首，其義以光復爲歸。延平旣歿，會章猶存，數傳之後，遍及南北，且橫渡大陸，浸淫於禹域人心，今之閩粵，猶昌大焉。」這說明了鄭成功在生前有倡立天地會的可能。既有人倡於前，必有贊於後，鄭成功於康熙二年逝世，陳永華繼之，也有可能。乾隆「大清律例」明載：「臺灣不法匪徒，潛謀糾結復興天地會名目。」足徵天地會與臺灣有深的關係。天地會發展於大陸之時間，依陶成章所說：

「明之亡也……起義逐滿者，要皆爲江南之人。其戰爭之最劇者，又莫如浙閩兩粵。……浙江義師熸於僞帝康熙三年，福建終於臺灣。臺灣之亡，乃在僞帝康熙二十二年。當時浙閩義師，相依爲唇齒。閩之戰爭，又劇於浙，故滿政府設總督於其地以控制之。浙爲閩援，故滿政府又令閩督兼統浙地。福建既反抗滿州最烈，其受殺戮最深，故仇滿之心，亦因之最切。於是洪門之秘密團體組織興，而天地會乃出於其間也。明末之世，浙閩義師相連絡，故洪門之傳佈，由閩而先入於浙，浙人廣爲傳佈，以達於江蘇，遂及於江西。僞帝康熙中業（康熙四十五年），有張念一者，別稱念一和尚，以浙東之大嵐山爲根據地，聯絡浙西天目山及太湖之黨徒，與鄱陽之戈陳，不幸而中道失敗，不克竟其志。既遭挫敗，僞康熙乃大施淫威，於是天地會之黨徒遂絕跡於浙江、江蘇、江西。其在福建者，滿政府反不及知。於是福建之洪門，乃改其方向，流入於粵，號曰三點。或又嫌其偏而不全，非吉祥之端，乃取『共』之義而連稱之，又號曰三合。於是由粵而贛而桂，三點三合之勢大著也。」

陶氏所言浙軍，係指張煌言奉魯王監國紹興，魯王於順治二年兵敗逃亡廈門。所言閩軍，係指黃道周、鄭芝龍擁立唐王隆武帝，順治二年，芝龍降清，隆武帝敗死，鄭成功不肯隨父降清，退據廈門，嚙臂盟血，團結義士，當在斯時。順治十六年，清軍逼永曆帝由滇入緬，鄭成功連絡張煌言之浙軍大舉入長江，破鎮江，薄南京，旋敗退。順治十八年攻入臺灣，次年逝世。張煌言亦於康熙三年九月七日被執刑死。

滿清據有江南，是在順治十七年，秘密社會組織之發展，當以敵人佔領下之土地，始有其必要。這其間，鄭成功的部下固有爲之策劃傳播的可能，然若要使之「遍及南北」，則必有一足跡南北之人物爲之傳佈。陶成章氏「教會源流考」，指出由臺灣傳佈出去的天地會，只以閩、浙、江蘇、江西爲範圍。張煌言答郎廷佐書中，有「今何時乎？兩粵先聲，三楚露布，以及八閩羽書，奚啻雷霆飛翰！」正與此範圍相當。而把天地會傳遍南北的，只有一個足跡遍中國的顧炎武，始有可能。顧炎武曾爲唐王職方郎，與張煌言同在舟山處過一段時期。他是復社中人物，結交遍天下。一生中曾遊遍長江、黃河、淮上之地，曾出山海關，策馬往來諸邊塞。於代州墾田，使門人掌之。直至康熙二十年始死於山西曲沃。

中國幫會名稱，除天地會及其衍變的三合會、三點會、三合會、哥老會外，尚有所謂青幫的安慶幫。洪門之內以山頭爲區分，以弟兄相稱，以洪爲姓。青幫則以碼頭爲區分，以師徒相稱，以潘爲姓。青幫相傳發源於山西，其碼頭名稱以黃河、淮河、長江、運河之碼頭爲主。言顧炎武發展中國大陸各地幫會，近已有可靠證據，卽商務印書館出版帥學富氏「清洪述源」一書，帥氏乃幫會中之人，其師乃中國北方幫會首領已故國大代表張樹聲氏。由幫會中自行公開其秘密，自比外人之猜測來得可靠

國父　孫中山先生也曾參加洪門會之致公堂，自然熟悉個中秘密，　國父所言洪門乃明末二三遺老所倡，而不專言是鄭成功所倡，自有所本。且明末遺老，可包括鄭成功、顧炎武等人均在其內。較執一之論，尤爲妥當。

天地會所揭櫫的「反淸復明」旗幟，是鮮明的。凡入會者，必由番主先道演詞，其略如下：

天地萬有，回復大明，滅絕胡虜。吾人當同生同死，倣桃園故事，約爲兄弟，姓洪名金蘭，合爲一家。拜天爲父，拜地爲母，日爲兄，月爲姊妹，復拜五祖及始祖萬雲龍等與洪家之全神靈。吾人以甲寅（康熙十三年）七月二十五日丑刻爲生時。凡昔二京十三省，當一心同體。今朝廷王侯非王侯，將相非將相，人心動搖，卽爲明朝恢復，胡虜剿滅之天兆。吾人當行陳近南之命令，歷五湖四海，以求英雄豪傑。焚香設誓，順天行道，恢復明朝，報仇雪恥，歃血盟誓，神明降鑒。

三點革命詩的內容是：三點暗藏革命宗，入我洪門莫通風，養成銳勢復仇日，誓滅淸朝一掃空。

三合會答詞內容有：小會創始在三河，結義會盟兄弟多，正是天本團圓日，大家齊唱太平歌。

三合會員腰憑上刻詩內容有：五人分開一首詩，身上洪英無人知，自此傳得衆兄弟，後來相認團圓時。

又云：初進洪門結義兄，當天汨誓表眞心，長沙灣口連天近，渡過烏龍見太平。松柏二枝分左右，中節洪花結義亭，忠義堂前兄弟在，城中點將百萬兵。福德祠前來誓願，反汨復汨我洪英。

由於天地會有這種反淸復明的鮮明旗幟，所以臺灣的反淸革命運動，均與天地會有關。連橫氏在

「臺灣通史」中指出：

天地會者，相傳延平郡王所設，以光復明室爲宗旨，閩粵之人多從之。故爽文率以起事，而八卦會者，環竹爲城，分四門，中設香案三層，謂之花亭，上供五祖，中置潮春祿位，冠以奉天承運大元帥之號，旁置一几，以一貴、爽文爲先賢而配之，入會者爲舊香，跣足散髮，首纏紅巾，分執其事，凡入會者納銀四錢，以夜過香，十數人爲一行，叩門入，問從何來？曰從東方來。問將何爲？曰：欲尋兄弟。執事者導跪案前，誓曰：「會中一點訣，毋對妻子說，若對妻子說，七孔便流血。」宣示戒約，然後出城，張白布爲長橋，衆由橋下過，問：「何以不過橋？」曰：「有兵守之。」問：「何以能出？」曰：「五祖導出。」又授以八卦隱語，會衆相逢，皆呼兄弟，自是轉相招納，多至數萬人，而潮春遂藉以起事矣。

這說明了朱一貴、林爽文、戴潮春的反清運動，均由天地會之組織發展而成。

中國大陸的反清仇滿運動，莫不均由天地會發動。陶成章「教會源流考」指出：

「朱九濤者，三合會之首領，傳其天地會之緒於洪秀全、李秀成、李世賢等，知大仇未復而大勢已去，甚爲痛心疾首。逆知嗣後湘軍必見重於滿政府，……乃隱遣福建、江西之洪門弟兄，投降於湘軍以引導之。復又避去三合三點之名稱，因會黨首領有老大哥之別號，遂易其名曰哥老會。凡湘軍所到之處，無不有哥老會之傳佈，爲滿政府一大鉅患，是故三點會也，三合會也，哥老會也，無非出於天地會，故皆號洪門，別稱洪幫。」

清廷方面，對天地會恨之入骨，其嚴禁結社之令，並不能稍抑天地會組織之秘密發展。只好由效忠清室的漢人，設法把會黨化爲擁護清廷的力量。國父孫中山先生曾指出說：

華僑在海外的會黨極多，有洪門、三合會、致公堂，他們原來的宗旨，本是反清復明，抱有種族主義的。因爲保皇主義（指梁啓超思想）流行到海外以後，他們就歸化保皇黨，專想保護大清皇帝的安全，故由有種族主義的會黨，反變成了去保護滿清皇帝，把這一件事看來，便可證明中國的民族主義完全亡了。

又說：

中國的民族主義，清初以來，保存了很久，從左宗棠做了大龍頭之後，知道其中的詳情，就把碼頭破壞了，會黨的各機關都消滅了。

但是，由洪門會演變而生的哥老會，一直在民間發展。蕭一山氏指出：

「是會在太平天國亡後，其勢大盛，蓋流移之民，裁撤之兵，迫於生計，相率投入會中。」「黃興、馬福益等之華興會，陶成章、沈英、張恭等之龍華會，則皆以哥老爲基礎，而孫中山先生與鄭士良等，亦皆洪門中人。國民黨發源於興中會，又藉兩會爲其重要份子；以故三點五祖之說，罔不與辛亥革命有啓承之關係。而明末遺民之排滿思想，至武昌起義，始發揮而光大之焉。」

又說：

「國父孫先生卽受洪秀全的影響而奮起革命，他所憑借的海外華僑致公堂，完全是洪門組織；他最初結納的鄭士良、尤烈，就都是會黨人物，黃克强、馬福益在湘贛組織的華興、同仇、洪江等會，更不用說了。辛亥革命爲什麼能在兩三個月內，就把滿清的帝國推翻呢？歐美人皆訝其事之速，其實就歷史來講，眞也算太慢了。自康熙十三年天地會創立，至太平天國覆亡，爲民族革命第一階段，自海防運動至北伐成功，爲民族革命第二階段，自對日抗戰至反共抗俄，爲民族革命第三階段。」天地會支持了中華民族求生存的奮鬥精神，迄今仍在繼續發展之中。

第二節　朱一貴的反清運動

臺灣於鄭氏時，爲明祀延一線，堅持不削髮之義，衣冠相率歸之，先後二十餘年，蔚爲反抗滿清表現强烈民族文化精神的根據地。鄭氏覆後，臺灣尤爲秘密結社及反清復明的中心。

因清廷平臺以後，並沒有積極的建設臺灣，他們素來將臺灣看成一塊不祥之地，棄之恐生患，守之又嫌煩。因此對臺灣的傳統政策便只有封閉，使之與大陸隔絕，聽其生滅，很少加一點人爲的力量。

然臺灣雖然平定，臺灣的民衆並未就此屈服，他們不甘心做滿清的順民，時時圖謀恢復。所以在臺灣平定後的第十三年（康熙三十五年，公元一六九六年），吳球便在新港首起反清，沒有成功。五年後劉却又在諸羅反清，也失敗了。但是康熙六〇年（一七二一年）朱一貴在岡山發動壯烈的反清運動，却好似燎原的大火，在一個星期中，便燃遍整個的臺灣了。爲首的朱一貴，是福建長泰人，小名祖。有人說是鄭氏部將。明亡後，居羅漢門內，養鴨爲生，其地遼遠，政令莫及。其鴨旦暮編隊出入，居民驚異。本性任俠，所往來多故國遺民、草澤壯士，以致奇僧劍客，留宿其家，宰鴨養酒，痛談亡國事，每至悲歔不已。因結會拜盟，欲圖光復。

因當時的臺灣知府王珍稅斂苛虐，濫捕結會及私伐山木之民二百餘，淫刑以逞，故民心怨恨。於是鳳山居民黃殿、李勇、吳外等乘此機會，奉朱一貴為王，焚表結盟，在四月十九日夜晚，襲取岡山。從此節節勝利，過了幾天，便攻陷臺灣府城。清鑑易知錄記載戰事的經過云：

「鳳山民黃殿、李勇、吳外等謀變，以一貴朱姓，可託明裔，奉以為主；率衆數□，夜刼岡山塘汛。岡山距府城三十里。遊擊周應龍以兵四百及四社土番四百往，行五里卽止營，次日再進十五里。一貴刼掠椰林汛，戕把總，掠軍械；應龍隔一水不能救。一貴旁掠四出，於是南路民杜君英等亦蠭起應之。應龍遇敵岡山，一交綏，敵卽敗走入山，應龍又不追，而縱兵番焚掠近村落時，各鄉煽動，樹幟響應。南路民衆攻參將苗景龍於淡水，景龍敗死。府城大震。總兵歐陽凱、游擊劉得紫、副將許雲躍馬陷陣，敵大敗。適水師游擊游崇功以兵援鹿耳門，一貴、君英又合隊來，歐陽凱、許雲、游崇功逆戰於春牛埔。把總楊泰遽為內應，刺歐陽凱墜馬死，官兵潰。劉得紫引兵還救，馬踣，被執。許雲、游崇功皆力戰死。臺廈道梁文煊、知府王珍等俱潛出鹿耳門，渡海走。周應龍亦遁。臺灣府城遂陷。同日，北路民衆賴池、張岳等，又攻陷諸羅；戕殺參將羅萬春。凡七日而臺地全陷。一貴自稱中興王，號永和。」

據臺灣通史所記：四月十九日，李勇、吳外、鄭定瑞、王玉全、陳印等五十二人，遂就黃殿莊中，奉一貴焚表結盟，各招黨羽，得千數百人。立幟書大元帥朱，夜出岡山，襲埳塘汛；揭竿荷耰，無多器械。岡山距府城三十里，總兵歐陽凱聞警，集衆議，游擊劉得紫最知兵，請行不許。而令游擊周應龍以兵四百，及四社土番數百隨之往。應龍龐軀，有口，實無能，行五里，卽止營；次日，再行十五里。一貴夜出檳榔林汛，戕把總，掠軍器，應龍隔一溪不救。一貴旁掠四出，於是南路杜君英等亦蠭起應之，約攻臺灣府。周應龍遇一貴於岡山，千總陳元等，奮力掩擊，一貴敗走入山，應龍收兵不追，而縱番兵焚掠附近村。於是各鄉皆煽於朱黨，樹幟響應。南路叛衆，攻參將苗景龍於淡水營，周應龍聞報，復行十五里，翌日，遇敵赤山，方合戰，應龍遽以後隊遁歸府城，陳元戰死。一貴大隊隨之，而君英等別攻鳳山縣，苗景龍敗死，府城大震。官吏居民，盡室登舟，人無固志。總兵歐陽凱，游擊劉得紫，副將許雲，率師千五百人出禦之，中夜自驚擾，黎明稍集；而一貴等至，許雲躍馬陷陣，清兵繼之，一貴敗屯笨津林。時水師游擊游崇功出哨笨港，聞報，亦以兵還入鹿耳門，赴援。五月一日，一貴、君英，合兵數萬進攻，劉得紫以兵截中路口，歐陽凱、許雲、游崇功迎戰春牛浦。而把總楊泰通敵爲內應，刺歐陽凱墜馬死，清兵大潰。劉得紫率兵還救，馬踣被執；許雲、游崇功血戰至日中，矢礮俱盡，各手刄數十人以死。於是水師游擊張彥賢、王鼎等率兵千餘，戰艦四十，揚帆出澎湖。臺廈道梁文煊、知府王珍等，盡驅港內商船漁艇出鹿耳門渡海；而周應龍亦遁回內地。是日，一貴等破臺灣府，掠倉庫，復開紅毛樓，卽荷蘭人所築之赤嵌城也。鄭氏以貯火藥軍器，四十年來，莫有啓者，一貴等疑爲金銀庫，故發之。得大小礮位，刀、鎗、硝、磺，銅、鐵、鉛彈無算。北路賴池張岳等亦於同日破諸羅，戕參將羅萬春。初，一貴欲起事，有僧異服怪飾，周遊街巷，詭稱天帝使告臺民，四月杪當有大難，難至，如門設香案，以黃旗書「帝令」二字，插於香案可免。及一貴至，家如僧言，官兵見者，以爲民心已附，多敗走，凡七日而全臺皆落黨人手。一貴自稱中興王，建元永和，布告中外曰：

「在昔胡元猾夏，竊號神州，穢德彰聞，毒痛四海。我太祖高皇帝提劍而起，群士影從，以恢復區宇，日月重光，傳之萬世。闖賊不道，弄兵潢池，震動京師，帝后殉國，地坼天崩，椎心泣血。東南忠義，再造邦基，秣馬厲兵，方謀討賊。何圖建虜乘隙而入，藉言仗義，肆其窮凶，竊據我都邑，奴僇我人民，顛覆我邦家，殄滅我制度，長蛇封豕，搏噬無遺，遂使神明胄子，降爲輿臺，錦繡河山，淪於左衽。烏乎痛哉！延平郡王精忠大義，應運而生，開府思明，經略閩粵，旌旗所指，喋血關河，使彼建虜，疲於奔命。則有熊羆之士，不二心之臣，戮力同仇，效命宗國。南京之役，大勳未集，移師東下，用啓臺灣，率我先民，以造新邑，遙奉正朔，永戴本朝，蓄銳養精，俟時而動。雖張堅之王扶餘，田橫之居海島，史策所載，猶未若斯之烈也。天未厭禍，大星遽殞，興王之氣，猝爾銷沈。然東都片壤，猶足以抗衡海上焉。嗣王沖幼，輔政非人，大廈將傾，一木難柱，以故權奸竊柄，偷事宴安，叛將稱戈，甘爲罪首，滄海橫流，載胥及溺，茫茫九州，無復我子孫託足之所矣！哀哉！夫盛衰者時也，强弱者勢也，成敗者人也，興亡者天也。古人有言，炎炎之火，可焚昆岡，是以夏后一成，能復故國，楚人三戶，足以亡秦；況以中國之大，人民之衆，忠臣義士之眷懷本朝，而謂不足以誅建虜者乎？不佞世受國恩，痛心異族，竄逃荒谷，莫敢自遑，佇苦停辛，垂四十載。今天啓其衷，人思其舊，揆時度勢，否極泰來，爰擧義旗，爲天下倡。群賢霞蔚，多士雲興，一鼓功成，克有全土，此則列聖在天之靈，實式以憑，而中興之運，可操左劵也。夫臺灣雖小，固延平郡王肇造之土也，絕長補短，猶方千里；重以山河之固，風濤之險，物產之饒，甲兵之足，進則可以克敵，退則可以自存，博我皇道，宏我漢京，此其時矣。唯是新邦初建，庶事待興，引企英豪，同襄治理。然後獎帥三軍，橫渡大海，會師北伐，飲馬長城，擣彼虜廷，殲其醜類，使胡元之轍，復見於今，斯爲快爾！所望江東耆艾，河朔健兒，嶺表孤忠，中原舊曲，各整義師，以匡諸夏，則齊桓攘夷之業，晉文勤王之勞，赫赫宗盟，於今爲烈。其或甘心事敵，以抗顏行，斧鉞之誅，罪在不赦。夫非常之原，黎民所懼，救國之志，人有同心，敢佈區區，咸知大義，二三君子，尚克圖之。」

於是大封群臣，以王玉全爲國師，王君彩、洪陣爲太師，公侯大將軍總兵以千計。優伶冠服，炫煌於道，民間爲之謠曰：「頭戴明朝冠，身穿清朝衣，五月稱永和，六月還康熙。」人心已知朱一貴倉卒擧兵，必不可久。

先是，劉得紫被擒，朱一貴素重其名，不殺他，且任他收瘞死難諸將的屍體後，把他禁在學宮。七日不食，諸生林皐、劉化鯉爲言朱一貴可滅狀，才接受食物，謀求恢復。當時逃官難民，皆至澎湖，澎湖協副將，倉皇不知所措，亦盡室登舟，將渡廈門。百姓婦女爭舟雜沓，聲震海岸。守備林亮厲聲說：「朝廷以海外封疆付我等，正爲援急倚賴，非徒昇平食祿已也。今鋒刃未血，而相率委去，他日駢首市曹，豈能免乎？丈夫不死則已，死則死忠義耳。請整兵配船，守禦要害，俟賊至，決一死戰。戰不捷，走未遲也！」因馳赴海濱，拔刀驅官民家屬登岸，衆心始固。是時，水師提督施世驃在廈門，聞警，卽調兵渡海。總督覺羅滿保疾馳至廈門，世驃已先二日率師出港。初，廈門居民聞臺灣猝變，疑且長驅澎廈，而漳泉山僻無賴，囂然有揭竿嘯聚之謀。居郡邑者，攜眷遯深山；居鄉村者，入郡邑。又聞各路徵兵，恐所至騷擾，米價騰貴，市里驚惶。及總督覺羅滿保至，從容鎭靜，民乃晏然。召丁壯游手隸軍中，伏莽略盡，所徵兵多從海船赴廈，陸行至者，亦處之舟中，禁兵上岸。復檄運浙粵之米數萬石，而米價頓平。當時，臺灣朱黨內訌，其勢漸衰。先是，杜君英入臺灣，欲立其子杜會三爲王，衆皆不服，杜君英故恚甚，每事驕蹇，掠婦女閉營中。朱一貴出示禁止淫掠，違者殺之。杜君英所掠女，有吳外戚屬者，吳外請求釋放，杜不聽，吳怒欲相攻。朱一貴遣人問之，反爲所縛，朱一貴怒，密使李勇等圍攻杜君英，杜敗；乃率數萬遁至貓兒壚，剽掠村社。而淡水營守備陳策，團練義勇，固守要害；諸羅民陳徽等，亦起兵攻復縣治，旋復陷。陳策遣人赴澎廈請兵，滿保、施世驃先後發兵一千七百人赴援。六月，滿保調南澳鎭總兵藍廷珍至廈，使統帥渡臺水陸兵八千，船四百艘出港。七日，會施世驃於澎湖，共兵萬二千餘人，大小船六百餘艘，一切軍需，皆滿保自廈整備。適值施世驃獲間諜吳良等十二人，搜獲僞箚百道。吳良本爲清廷把總，投降朱一貴代爲謀取澎湖，世驃加以窮訊，盡知臺灣內亂狀況。清軍士氣驟奮。滿保議三路進攻，廷珍與世驃言：「南風已盛，南路不可泊舟，北路去府百餘里，餉運艱難；度敵必屯聚中路，宜直擣鹿耳門。」而廷珍復言於世驃曰：「群盜皆穿窬烏合，畏死脅從，一攻卽靡。其衆至三十萬，不可勝誅，且多殺無益，止殲巨魁數人可也。餘令自新，勿有所問，則人人有生之樂，無死之心，可不血刃平也。」施世驃同意所言，因戒將士無妄殺，對降者縱放他去，門口書：「大清良民」者，卽以良民待之。到此時征臺之議始定，距朱一貴起事破府城已有四十餘日。

六月十日，施世驃等發澎湖，以守備林亮、千總董芳爲前鋒，並率善水者十餘，駕小舟於鹿耳門，表識沙路，並載旌幟伏南北港。時朱一貴將蘇天威以大礮扼險迎拒，林亮董芳以六舟冒死直進；遙望礮臺，火藥積纍，專以礮注攻，轟發如雷，死者無算。清軍齊集兩港，遂揚帆直渡鯤身，膠淺不能行大舟。是日，海潮忽漲，清艦皆薄岸，天威遁保安平鎭，列兵迎敵。林亮、董芳復先登陷陣，廷珍率大隊繼之，天威敗走。清兵入安平，日猶未落。當晚，施世驃亦乘潮至鹿耳門，次日抵鎭。朱一貴遣兵八千來擊，清兵迎戰於四鯤身，而別遣小舟沿岸夾擊，遂北至七鯤身瀨口，復以火舟燒其戰艦。十六日，朱一貴復遣李勇、吳外等數萬衆來攻，駕牛車列盾爲陣，冒礮火死突。廷珍親督戰於二鯤身，而林亮等別以小舟附岸夾攻，斬溺無數，朱一貴始退保臺灣，不敢再出，惟沿岸列礮，晝夜固守。世驃因如廷珍議下令軍中，戒勿妄殺。於是遠近脅從，望風瓦解。有西港仔民某，載家屬爲質，願引清兵從西港登岸，逕攻臺灣。世驃卽密遣林亮、董芳等以千二百兵往。次日，廷珍聞之，急告世驃白：「聞賊多在蕭壠麻豆間，西港仔乃其治下，且距府不遠，呼召立應。又多竹林，可埋伏，彼若以數千人分佈要害，四面掩擊，亮等一軍危矣！」世驃曰：「奈何？」廷珍曰：「請急以大隊進，而別進遣將分攻各港牽制之，使不得兼顧。」廷珍因率舟師五千五百，夜指西港仔，黎明登岸。令諸舟悉回安平，示軍士必死；而林亮等方與敵鏖戰。廷珍分兵八隊，設伏而進，前鋒遇敵，左右奇兵繞後夾攻，伏兵突出竹林，朱軍大敗。廷珍料其夜必來刼營，初更撤帳捲旗，露刃伏芒蔗間，敵至，不見一人，大驚，伏起衝擊，復大敗之。至是，朱軍不復有鬥志。十九日，廷珍督師直搗府城，一貴率衆數萬遁；而施世驃亦分敗西南兩角之敵，同日抵城。自鹿耳門至是，凡七日。復分遣大兵勦撫南北二路，而劉得紫亦乘間來歸，募丁壯爲嚮導。陳策率援淡之兵，南下諸羅，與大軍合。北路朱軍潰散略盡，一貴走溝尾莊，爲村民楊石、楊旭、楊雄等擒獻。王玉全、翁飛虎等隨之。旭縛一貴解赴世驃營，廷珍會訊，叱跪，一貴岸然而立。廷珍罵曰：「朝廷深仁厚澤，待汝不薄，汝何反？」一貴曰：「孤爲大明臣子，興師光復，何言反？汝等堂堂漢人，甘心事虜，乃眞反爾！」廷珍怒，命捶其足，至不能立，乃伏地而號，顧飛虎曰：「大丈夫死忠義耳，事之不成，天也，卿其無懟！」對曰：「君有所命，敢不勉從！」於是檻送廈門，滿保命解赴北京。而吳外、李勇、陳正達等亦次被擒。惟杜君英、杜會三、陳福壽、江國論等尚未獲，廷珍購得一二，皆善待之，使轉招其黨。旬日，先後出降。與吳李等皆檻送京師，磔死，黃殿亦被誅，臺灣遂平。而世驃亦因風災驚悸，卒於軍。

綜觀此次反清運動之成敗得失。其成功原因：一、事之短期成功，要在稱明裔以爲號召，割辮髮以爲記認。二、朱一貴平居好客，有小孟嘗之稱，客之過者，除善款之外，並每曉以滿族入主中原，以異族凌我漢人，應思所以推翻之，言輒流涕，聽者動容，足徵臺民民族思想浸染之深。其失敗原因：一、朱一貴不知兵，未能制衆據險，且竟目光短小，攻下府城之時，只注意搶掠府庫，大封群臣，沒有乘勝直取澎湖，使漳、潮一帶準備響應民衆，也被覺羅滿保所鎮壓住，給了清軍以準備反攻的機會。二、局面未定，內部爭權奪利，自相殘殺。三、臺灣閩粵人互爭長雄，番漢間亦多不睦，清吏加以挑撥利用，遂為所乘。

臺灣偉大的革命運動，雖然在很短的時間內便被鎮壓下去，但此仆彼起，星星之火，猶繼續燃燒了一兩年。藍鼎元平臺紀略總論云：「去年平臺，大定之後，尚有佈散流言，嘯聚巖谷，復謀作亂者數次，屢經撲滅，至歲餘始殄。」又說：「雖平臺僅在七日，而拔盡根株，東擒西剿，亦有兩載艱難。」兩載艱難，只鎮壓住了臺人有形的反抗。然而憤怒藏在心裏，仇恨永遠不會遺忘。只要時機一到，便又揭竿而起。

第三節　林爽文的反清運動

朱一貴的反清運動雖告失敗，臺灣的革命火種並未就此熄滅，仍在潛燃暗中燃燒。臺灣自康熙六十年（一七二一年）到乾隆五十年（一七八五年）的六十多年中，漢人所發起兩次反抗運動—雍正九年（一七三一）的吳福生之變，乾隆三十五年的黃效之變—都迅速地被撲滅了。但乾隆五十一年，林爽文的反清運動却瀰漫全臺，清廷也為之震動，直到五十三年才漸平定。

林爽文，彰化縣人，他住的地方叫大里杙地勢險要，民風强悍。他們因清廷官吏，無法平息住在臺灣的泉州人和漳州人的械鬥，而輕視清廷的官吏；更因那批官吏的偏袒泉州人，而大爲憤慨。他們目睹清吏的腐敗無能，加以民族仇恨，遂決定推翻清廷的統治。林爽文是大里杙的豪富，又深得人望，遂被擧爲首領。於是他和他的同志莊大田等開始組織的工作，結成天地會；南自臺南，北及新竹、淡水，都有廣大群衆。乾隆五十一年，臺灣知府孫景燧及知縣兪峻、副將赫生額、游擊耿世文等率兵往捕，大隊駐紮在離大里杙五里的地方，强迫村民擒獻林爽文，並焚燒附近村莊，致民怨沸騰。林爽文於是率領民衆，攻入清營，清兵大敗逃走。乾隆五十一年的林爽文反清運動遂爆發了。

五十一年十一月二十七日，林爽文攻陷彰化縣，十二月六日攻陷諸羅縣，知縣、同知等都被殺害。此時南路的莊大田軍隊也攻陷了鳳山縣。於是爽文率領大軍直搗府城，爲總兵柴大紀的軍隊所阻於鹽埕橋。五十二年正月，水師提督海澄公黃仕簡、陸路提督任承恩、副將徐鼎士也各帶所部救援來了。然而當中除了柴大紀的軍隊攻復諸羅堅守以外，任承恩屯兵於大里杙四十里外的鹿港地方，不敢越雷池一步。林爽文的革命勢力遂日益膨脹。清廷非常震驚，乃命閩浙總督常青自行督師，以李侍堯代理總督，調廣東兵四千、浙江兵三千，駐防滿兵一千援臺。又命江南提督藍元枚與福州將軍恒瑞同往臺灣，參贊軍務；分別駐於府城、鹿港二處。然而，常青懦弱無能，藍元枚在臺灣三月卽病卒。因之清軍只能守府城，不敢交鋒。林爽文自己領一部攻諸羅縣。常青與恒瑞胆怯，數次疏請增兵，均被駁斥，臺灣益陷於緊急狀態。因柴大紀的部隊能固守諸羅（後乾隆皇帝命改名嘉義縣），府城始得穩定。五十二年八月，清廷鑒於臺灣局勢的嚴重，有加無已，乃派協辦大學士福康安領侍衞內大臣海蘭察，調川、湖、黔、粵四省之兵征臺。十月二十八日，福康安大兵抵鹿港海口，帆檣列數里。十一月八日，清兵與林爽文部相遇於崙仔嶺，大敗林爽文部，遂乘勝直搗大里杙。此時林爽文已攜眷屬逃到集埔去了。集埔前臨大溪，後通生番隘口，形勢險要。林爽文乃就溪之高岸，壘石為陡牆，率衆防守。十二月五日，又為清兵所敗，遂與同志數十人逃入箐石，結果仍被擒去。不久，莊大田也由牛莊敗走，逃入臺灣最南端的郎嶠，也為清兵所擒。綿亘三載的反清運動，遂被平息。

林爽文的反清運動失敗，柴大紀應居首功。但他得罪了福康安，福康安是傅恒的四子，傅恒是乾隆的小舅子，傳說福康安就是乾隆的私生子。柴大紀因自恃有功，不肯對福康安執禮惟謹，致被福康安參上一本，砍掉了柴大紀的腦袋，這也是漢奸為虎作倀的可憐下場。

林爽文的反清運動之所以失敗，其原因：一、在於林為漳籍，而泉人以數與彰人械鬥，不附，且反助清軍以戰。二、反清之旗幟未能鮮明。三、軍士盡屬烏合之衆，不堪作戰。四、清廷總兵柴大紀堅守諸羅，致全臺不能盡行佔領。

第四節　清廷對臺政策的檢討

清廷素對臺灣採消極政策，稀少的幾次郡縣的建置與荒蕪的開闢，完全是出於不得已，頻受刺激的結果。這刺激引起建設臺灣的動力。刺激的根源便是鄭克塽投降以後，不願做滿清奴隸的漢人所陸續爆發的反清運動和鴉片戰爭以後反對帝國主義的運動。每一次大的反清運動以後，清廷對臺灣有一次建設；每當帝國主義者侵寇臺灣一次以後，清廷對臺灣也有一次的建設。所惜者，當清廷深知臺灣在東南國防上的重要而銳意建設的時候，臺灣已非我所有了。

清廷對臺地民變，可謂銜恨入骨。朱一貴之反清起事時，臺地民衆卽受到殘酷迫害，清軍於規復各地，恣意殺戮。雖亂事不兩月而定，但反側終不可以卽安，蓋清軍欲以威力相逼迫，以消滅革命種子，要屬不可能之事。老子云：「民不畏死，奈何以死畏之。」清廷卽昧於此理。

清廷於朱一貴事平後，漸重視臺灣防務。總督、巡撫、提督均上奏請添兵（參看東華錄）。康熙六十年十月，清廷有移臺灣總兵官於澎湖，而更設副將之議，經藍鼎元之反對而止。藍鼎元又建議劃諸羅縣以北，於半線地方另設一縣，管轄六百里；淡水設巡檢一員，佐半線縣令之不足。又代其兄藍廷珍覆制軍臺疆經理書中亦說：「諸羅地方遼濶，鞭長不及，應劃虎尾溪以上，另設一縣，駐箚半線，管六七百里。」按：藍鼎元爲藍廷珍之族弟，又在其幕中，其覆制軍臺疆經理書，當卽代其兄擬撰。藍著平臺紀略總論雖未註明作於何時，而一則曰：「至我皇帝卽位。」再則曰：「去年平臺，大定之後，尚有布散流言，嘯聚巖谷，復謀作亂者數次，屢經撲滅，至歲餘始殄。」終則曰：「雖平臺僅在七日，而拔盡根株，東擒西勦，亦有兩載艱難。」考康熙六十年五月朱一貴之變起，六月平之，六十一年十一月帝崩，雍正帝卽位，明年爲雍正元年，藍氏此作，當在康熙六十一年之末，雍正元年之初。自康熙五十四年（一七一五年）依閩浙總督覺羅滿保的奏請，開山撫番政策確立了以後，漢人便由臺灣南向臺中、臺東、臺北等地發展，臺灣的富藏也日漸開闢，爲了統治的便利，於郡縣方面，更不能不有所增置。所以在雍正元年（一七二三年）八月，巡視臺灣御史吳達禮奏請在諸羅縣內，增設彰化縣及淡水廳。雍正五年（一七二七年）改臺廈道爲臺灣道，又增設一澎湖廳，並以臺灣府通判駐之。乾隆三十一年（一七六六年），剿撫生番後，又將淡水、彰化、諸羅一廳二縣所屬的番社地方，設立北路理番同知一員，駐在彰化縣，辦理一切民番交涉事件。

林爽文事變後，淸廷懼怕臺民的剽悍，又極富於民族意識，乃設法鎭壓。並建平臺功臣的生祠於臺灣，以儆戒臺民，乾隆帝並賜詩一首，刋於祠中。詩曰：「三月成功速且奇，紀勳合與建生祠；垂斯琬琰忠明著，消彼萑符志默移。臺地期恒樂民業，海灣不復動王師；曰維曰毀似殊致，崇實斥虛政在玆。」

乾隆帝並將平臺列入十全武功之一，與平準噶爾回部及大小金川，看爲同等重要；並欲積極治理臺灣。可惜爲其一貫的「防臺」政策所限制，臺灣的建設只限於改土城竹城爲石城一事而已。

當嘉慶九年（一八〇四年），蔡牽未攻入臺灣的時候，曾經數次想攻佔蛤仔難（後改爲噶瑪蘭）。蛤仔難在臺灣東北部，淡水背後。其地水土豐腴，地勢平曠，爲番人所據有。自臺灣開闢以後，漢人見其土地肥沃，逐漸往移殖。到乾隆嘉慶時，在一位名叫吳沙的領導下，內設鄉勇，以防生番；外招墾農，以闢榛莽，蛤仔難遂日漸開發了。嘉慶時，蔡牽想由蘇澳侵犯蛤仔難，爲當地居民所敗走，於是來蛤仔難的人，日漸加多。迨海寇蔡牽及朱濆復相繼窺伺，其民急欲入官，間見郡守入山，遮道攀轅，歡聲雷動。嘉慶十四年督臣阿林保等查奏蛤仔難地勢番情，說：「居民數萬，協力備禦，幫同殺賊，實爲深明大義，自應收入版圖，況其地膏腴，素爲賊匪覬覦」等語，清廷乃令福建督撫籌議，十五年蛤仔難墾目吳化請於總督方維甸轉奏願入版圖，乃以遠望坑迤北而東至蘇澳止，計一百三十里，設噶瑪蘭通判。廳治五圍，十六年栽九芎樹爲城。自是政令及於山後。

清廷因滿族人數較少，統治漢人須用不同方法，時而高壓，時而安撫。在安撫政策方面，其與臺灣有關者，如康熙時減免錢糧，舊欠和漕運附加等。晚年又下令「盛世滋生人丁」永不加賦。雍正時，對奏章親自批答，廣用偵探，暗察臣下行動；臣下小心謹慎，不敢爲非。封明裔朱之璉爲侯，加封孔子先世爲王爵。減浮糧，興水利，把丁銀攤入地畝；整理財政，把火耗化私爲公。嚴罰貪污舞弊官員，修明吏治。乾隆時代，標榜中道治國，寬嚴相濟，早年很是勵精治，惜晚年志得意滿，信任和坤，弄得政治腐敗，內亂一發，便不可收拾了。

清廷於雍正七年九月，爲消滅漢人反清的民族革命思想，特刊刻「大義覺迷錄」頒行天下說：

> 自古帝王之有天下，莫不由懷保萬民，恩加四海，膺上天之眷命，協億兆之懽心；用能統一寰區，垂庥奕世。蓋生民之道，惟有德者可爲天下君。……又豈因何地之人而有所區別乎？我國家肇基東土，列聖相承，保乂萬邦，天心篤祐，登生民於衽席，遍中外而尊親者，百年於玆矣。夫我朝既仰承天命，爲中外生民之主，則所以蒙撫綏愛育者，何得以華夷而有殊視？而中外臣民，既共奉我朝爲君，則所以歸誠效順，盡臣民之道者，尤不得以華夷而有異心。乃逆賊呂留良好亂樂禍，私爲著述，

妄謂德佑以後，天地大變，亘古未經，於今復見。而逆徒嚴鴻逵等，轉相附和，備極猖狂，餘波及於曾靜，幻怪相煽，恣爲毀謗，至謂八十餘年以來，天昏地暗，日月無光。在逆賊等之意，徒謂本朝以滿州之君，入爲中國主，妄生彼疆此界之私，遂故爲謗訕詆譏之說耳。不知本朝之爲滿州，猶中國之有籍貫，舜爲東夷之人，文王爲西夷之人，曾何損於聖德乎？……若以戎狄而言，則孔子周遊，不當至楚應昭王之聘；而秦穆之霸西戎，孔子刪定之時，不應以其誓列於周書之後矣。蓋從來華夷之說，乃在晉宋六朝偏安之時，彼此地醜德齊，莫能相尙，是以北人詆南爲島夷，南人指北爲索虜。在當日之人，不務修德行仁，而徒事口舌相譏，已爲至卑至陋之見。今逆賊等於天下一統、華夷一家之時，而妄判中外，謬生忿戾，豈非逆天悖理，無父無君？……且自古中國一統之世，幅員不能廣遠，其中有不向化者，則斥爲夷狄。如三代以上之有苗、荊、楚、玁狁，卽今湖南、湖北、山西之地也，在今日而目爲夷狄可乎？……我朝入主中土，君臨天下；並蒙古極邊諸部落，俱歸版圖。是中國之疆土開拓廣遠，乃中國臣民之大幸，何得尙有華夷中外之分論哉？……從前康熙年間，各處奸徒竊發，動輒以朱三太子爲名，如一念和尙朱一貴者，指不勝屈。近日尙有山東人假稱朱姓，託於明之後裔，遇星士推算，有帝王之命，以此希冀蠱惑愚民，見被步軍統領拿獲究問。從來異姓先後繼統，前朝之宗姓，臣服於後代者甚多；否則隱匿姓名，伏處野草，從未有如本朝奸民，假稱朱姓，搖惑人心，若此之衆者！似此蔓延不息，則中國人君之子孫，遇繼統之君，必至於無噍類而後已；豈非奸民迫之使然乎？況明繼元而有天下，明太祖卽元之子民也，以綱常倫紀言之，豈能逃篡竊之罪？至於我朝之於明，則鄰國耳。且明之天下，喪於流寇之手，我朝統一萬方，削平流寇，出薄海之人於湯火之中，而登之袵席之上，是我朝之有造於中國者，大矣至矣。……朕思秉彝好德，人心所同，天下億萬臣民，共具天良，自切尊君親上之念，無庸再爲宣諭。但檢邪昏亂之小人，如呂留良等，胸懷悖逆者，普天之下，不可言止此數賊也。用頒此旨，若平日稍有存此心者，當問天捫心，各發天良，詳細自思之。朕之詳悉剖示者，非好辯也。……此古今時勢之不得不然者。……天下後世，自有公論，著將呂留良、嚴鴻逵、曾靜等悖逆之言，及朕諭旨，一一刋刻通行，頒布天下各府州縣遠鄉僻壤。俾讀書士子及鄉曲小民共知之。並令各貯一册於學宮之中，使將來後學新進之士，人人觀覽知悉。

這篇文字，可能出於漢奸之手，滿人恐無此能力。雍正僅敢將呂留良等之文字刋刻通行，是否敢將「揚州十日記」一併刋行？滿洲之君，在用人政策上，有無「妄生彼疆此界之私？」有沒有眞作到「懷保萬民、恩加四海？」孔子作春秋，本無血統種族之分，只有文明野蠻之別。滿洲人文之「揚州十日」「嘉定三屠」，何其野蠻殘毒？其「文字獄」之故入人罪，殃及三族，又何其狡毒刻薄？所以，儘管雍正著「大義覺迷錄」，漢人本來「不迷」的革命志士，仍持「反清復明」宗旨，在臺灣及大陸各地，迭次發起反清運動。直至西洋列强覬覦中國，危機日深，臺灣的反淸革命運動，始稍和緩而暫停活動。

第十章　清代後期建設

第一節　沈葆楨的積極建設

清同治十三年（一八七四年），日軍犯臺，引起清廷對臺灣防務與地位的重視，因派船政大臣沈葆楨到臺灣籌防，並負經營臺灣之全責，從此清廷的治臺態度，乃由過去的消極態度轉爲積極的態度。其後，歷經丁日昌、劉銘傳等的繼續經營，臺灣乃於光緒十一年（一八八五年）奉准建省。

沈葆楨（一八二〇—一八七九年），字幼舟，福建侯官人，早年服官，以翰林出署江西廣信府，太平軍之役，與妻林氏乞援守城，由是知名。後任江西巡撫，政聲卓著，兵略吏治，均其所長，且肯力任艱巨，爲同治中興名臣之一，與曾國藩、左宗棠、李鴻章齊名。同治六年，閩浙總督左宗棠調任陝甘總督負責西北軍務時，薦葆楨爲船政大臣，督辦福州船政局。沈葆楨由同治六年至十三年任船政大臣達七年之久，福州船政局舉凡設廠造船，以及成立學堂，編練新式水師諸事，皆其一手規畫經理。日軍犯臺後，他以欽差大臣資格主持全局，除應付外交，治防備戰外，並從事基本的經營，增置郡縣、開山撫番、移駐巡撫、整頓軍政、採掘煤礦、弛禁移民、振勵民氣等，均是他的重要措施。

當沈葆楨入臺之初，臺灣僅設一府四縣，而寄其權於巡道。地既遼遠，民又孳生，守土官但求無事，不敢稍議更張。沈葆楨以爲臺灣北部日益開闢，墾務日興，於是奏請添設臺北府縣以資治理，略曰：「臺灣固海外荒島，康熙年間，收入版圖，乃設府治，領臺灣、鳳山、諸羅三縣。諸羅卽今之嘉義。而鳳山以北，尚未設官。郡南北各一百餘里，控制綽乎有餘，厥後土地漸闢。雍正元年，乃設彰化一縣，並置淡水同知，九年移治竹塹。起自大甲溪，至三貂嶺下之遠望坑而止，計地三百四十五里有奇。嘉慶十五年，復自遠望坑迤北，東至蘇澳，計地一百三十里，設噶瑪蘭通判以治之。則人事隨天時地利之轉移，雖欲因陋就簡，固不可復得者也。然自噶瑪蘭抵郡，須十三日始達。政令皆統於臺灣府，淡水設廳之時，淡北三貂等處，榛莽四塞，卽淡南各社，亦土曠人稀。今則村莊北連，荒埔日闢，舊志稱東西相距僅十有七里，今乃或五六十里，或七八十里。蘭廳建治以後，自三貂嶺繞至遠望坑，復增地數十里有奇。其土地之日闢，古今不同有如此者。臺北海岸，昔時僅有八里坌一口，往來之船，不過數隻，餘叉港支河，僅堪捕魚。今則八里坌淤塞，而新添各港，曰大安口，曰後壠，曰香山，曰滬尾，曰雞籠。滬尾港門宏敞，舟楫尤多，年來夾岸帆檣林立，洋樓客棧，闤闠喧囂，其口岸之岐出不同，有如此者。前者臺北幅員雖廣，而新墾之地，土著既少，流寓亦稀；百餘年來，休養生息，前年編查戶口除噶瑪蘭外，已是四十二萬有奇。近頃各國通商，華洋雜處，睚眦之怨，卽啓釁端，而八里坌一帶，從教漸多，防範稽查，尤非易事。其人民之不同，有如此者。臺灣土產，以鹽煤茶腦等爲大宗，皆出自淡北。比年荒山窮谷，栽種愈盛，開採愈多，洋船搬運，客民叢集，風氣浮動，嗜好各殊，且淡南大甲一帶，毗連彰化，習俗尤悍。如淡水同知，半年駐竹塹衙門，半年駐艋舺公所，相去二十里，奔馳廢曠，勢所必然。況竹塹南至大甲溪尚百餘里，而艋舺北至滬尾雞籠亦尚各數十里，命盜等案，層見迭出，往往方急北轅，旋憂南顧，分身無術，枝節橫生。公事積塵，巨案遷延，均所不免。督撫如知其難任，必擇循吏能士，以膺是選。而到任之後，賢聲頓減，不副所望。是地勢之所使然。其駕馭之難周，有如此者。淡蘭文風遜於全臺，歲科童試，應考四五百人，而赴道考則不及三分之一。路途險遠，寒士乏資，著鞭難至。又如詞訟，則四民均受其害，刁健之徒，詞窮而遁，揑造府控，一奉提供。累月窮年，被誣之家，昭冤有期，家已爲破。欲矯其弊，因噎廢食，概免廳提，則廳案爲胥吏之所把持，遂失控訴之路。而械鬪之端，則萌於內。至徒流之刑以上，擬定罪名，復須提郡轉勘，需費繁多，歲月淹滯，賠累難償，故不得不隨之抹殺，官既苦之，民尤苦之，其政教之難齊，有如此者。前臺灣道夏獻綸請改淡水同知爲直隸州，噶瑪蘭爲知縣，添一縣於竹塹，臣鶴年臣凱泰互相討議，臺事旋起，因此暫停。臺南騷動之時，即有潛窺臺北之憂，夏獻綸住在該地，能策機宜，狡謀乃息。然海防洋務，瞬息萬變，恐州牧不足以當之。況去年以來，自噶瑪蘭以南蘇澳起，開山撫番，至新城二百里有奇。至秀姑巒又百里有奇，若山前布置尚未周詳，則山後之經營何從藉手？故就今日臺北之形勢而畫，區爲三縣，以分治之，則可以專其責成。設知府以統轄之，則可以繫其綱領。伏查艋舺當龜崙嶺兩大山之間，沃壤平原，兩溪環抱，村落衢市，蔚成大觀。西至海口三十里，直達八里坌滬尾，觀音大屯兩山，可爲屏障。且與省城五虎門相對，不特淡蘭扼要之區，實爲全臺之管鑰。請於其地創建府治，名曰臺北府。彰化以北，直至後山，胥歸相對。仍隸臺灣兵備道。附郭一縣，南劃中壢以北，至頭重溪爲境，計五十里，東西相去五六十里不等，方圍折算百有餘里。擬名之曰淡水縣。自頭重溪以南至彰化大甲溪爲止，南北相距百五十里，其間竹塹，即淡水廳之舊治，擬裁淡水同知，改設一縣，擬名之曰新竹縣。自遠望坑以北而東，以噶瑪蘭原轄之地，擬設一縣，名之曰宜蘭縣。雞籠一區，欲建縣治，則其地不足，而通商以後，竟成都會，且煤務方興，游民四集，海防已重，訟事尤繁，該處向未設官，亦非煤務微員所能鎭壓，台北通判移駐雞籠以治之。是臣等當外防內治之策，出於因時制宜。是否有當。伏乞飭部議覆，以便遵循。至建設城署，清查田賦，以及雜佐營汎，可以改增。俟奉旨允准之後，再與臺灣道議詳核案奏。」清廷從其議，臺北地區乃日趨富庶。

當中日臺灣問題甫起，沈葆楨東渡之時，即議及設法撫綏，羈馭生番，藉以保衞地方。李鴻章很興奮的說：「大哉皇言，實操長治久安之勝算，不作敷衍苟且之近圖。……臺灣百物殷富，各國覬覦已久，日本相距尤近，早遲必圖侵佔，若不趁此時撫綏招徠，俾爲我用，後患曷可勝言。」沈葆楨爲撫番開山須同時並進，「務開山而不先撫番，則開山無從下手，欲撫番而不先開山，則撫番仍屬空談。」他初至臺灣，即分兩路進行，北路先後由臺灣道夏獻綸、提督羅大春負責，南路則爲同知袁聞柝、總兵張其光負責。披荆斬棘，縋幽鑿險，衝犯瘴癘，兇番復不時襲擊撲犯，勞瘁困難，艱苦危險，不難想像。北路自蘇澳至岐萊，開路一百里。南路由赤山至卑南，約一百七十里。此均爲同治十三年（一八七四年）下半年的成績。中路歸總兵吳光亮主持，次年二月開始，由林圯埔而東，經一年至璞石閣，共二百六十五里，擬出秀姑巒之背，打通山前山後路線，與自岐萊而南的北路接聯。依照規定，平路以橫寬一丈爲準，山蹊以六尺爲準，沿途築設碉堡，派屯營哨，安撫良番，平服兇番，募民隨往耕墾，的確是一件艱巨偉大的工作。沈葆楨初定計劃，開山後應辦者有十四事，卽屯兵衞、刋林木、焚草萊、定壤則、招墾戶、給牛種、立村堡、設隘碉、致工商、設官吏、建城郭、設郵驛、置廨署；撫番時須並行者十一事，卽選土目、查番戶、定番業、通語言、禁仇殺、教耕稼、修道塗、給茶鹽、易冠服、設番學、變風俗。可惜他在臺時間太短，及事實上的阻難太大，未能全部見諸實現。

臺灣吏治一向不清，蠹役盤踞，械鬪迭見，學術不明，禁令不守，不肖官吏骫法貪汚，勒索陋規，班兵（由內地來的駐防兵）各分氣類，動輒聚衆動毆，營官弁兵狼狽爲奸，海防陸防，均談不上。沈葆楨認定必須整飭。他力主閩撫移臺，此爲主因。他在臺時間不久，對於營制變革，頗爲積極，對於海防，尤爲注重，他與李鴻章相商，將來南洋海軍總統卽駐臺灣。爲目前計，移總兵於安平，並計劃將福州船廠分撥，以濟臺澎之用。

雞籠煤礦早受外人注意，福州船廠開辦，沈葆楨決予開採，同治七年（一八六八年），曾派船廠洋員法人都逢勘察。到臺之後，知全臺之利，以煤礦爲始基，經營益力。掘煤之外，復擬鍊鐵。政府特准借洋款一千萬兩，其中一部分卽準備用於礦務。李鴻章寫信給他說：「內山開礦，爲興利創舉，執事銳意行之，良可欽佩。」對於煤油，葆楨亦建議開採。並委丹麥人計劃架設電線。

過去臺灣的開發，限於西部平原。沈葆楨的開山撫番，則爲開發東部，卽所謂後山。考其動機固爲興利及撫綏番衆，而推廣政令，確立權力，實爲主要原因。日軍的犯境，卽係狡稱番區爲無主之地。舊例不許人民私入番界，開山通路，意在招民往墾，然墾戶應者寥寥，因爲西部人口並不過剩，必須由內地招徠。舊例不准人民偷渡，近年雖比較鬆弛，而開禁並無明文。沈葆楨力言「欲開山不先招墾，則路雖通而仍塞；欲招墾而不先開禁，則民裹足而不前。」請將一切舊禁，盡予開豁。光緒元年正月初十日（一八七五年二月十五日），奉旨正式弛內地人民入臺耕墾例禁。這是臺灣史上的一件大事。於是在廈門、汕頭、香港各設招墾局，往臺者免費乘船，官予口糧，及耕牛農具種耔。從此，內地民衆赴臺者亦衆。

凡是功德在民，人格偉大的人物，都會永受人民崇拜，連敵人亦必須予以應有尊敬。延平郡王國姓爺鄭成功就是如此一位巨人。康熙皇帝和鄭氏作過二十餘年生死鬬爭，仍不得不承認鄭氏父子的應有地位，明詔宣示「鄭成功係明室遺臣，非朕之亂臣賊子，」在鄭氏的故鄉南安爲之置塚建祠以祀。然而鄭成功一手開創的臺灣，鄭氏祠宇尚付闕如，「遺靈莫妥，民望徒殷，」每逢「陰陽水旱之沴，時聞吁嗟之聲，」臺灣人士爭相私祭奉鄭氏作臺灣永久保護者，予以神化。爲了順從輿情，平服人心；更爲要振作忠義，正勵風俗，於私於公必須對鄭成功再予褒揚禮遇。同治十三年十二月初五日（一八七五年一月十二日），沈葆楨會同閩省大吏奏請准予追謚建祠，列之祀典，光緒元年正月初十日與弛禁人民渡臺同時獲准，追謚忠節，於臺灣府城建立專祠，即現在臺南的「延平郡王祠」。葆楨此擧，對振勵臺灣的民氣，當有很大的影響。

沈葆楨先後來臺兩次，第一次爲同治十三年五月初四日（一八七四年六月十七日），同年十二月二十四日內渡。旋以獅頭社番亂，次年（光緒元年）二月十三日再度前來。四月二十六日受命爲兩江總督兼通商大臣，七月二十二日二次離臺。總計在臺時間爲一年又半個月。在兩江總督任內，他以全力興治海軍，政府原擬南北洋兩枝艦隊同時舉辦，然而財力有限，沈葆楨以北洋關係京師安危，所以力主儘先建設北洋海軍，絕不自私，此又可見其大公精神。不幸他未能目睹其成，及臺灣建省的實現，竟於光緒五年十一月初六日（一八七九年十二月十八日）去世。謚文肅，入祀京師賢良祠。

臺灣史家連橫曰：「臺灣歸清以來，閉關自守，與世不通，苟非牡丹之役，則我鄉父老猶是酣歌恆舞於婆娑之洋焉。天誘其衷，殷夏日至，析疆增吏，開山撫番，以立富強之基。沈葆楨締造之功，顧不偉歟？而惜乎吾鄉父老，猶以晏安爲事，不能與時並進也。」居臺地人士，當永銘斯言，以爲策勵。

第二節　丁日昌的繼起籌劃

在清代的臺灣建設中，丁日昌是承啓沈葆楨和劉銘傳之間（一八七五—一八八四年），關係最大之一人。

當光緒元年四月二十六日（一八七五年五月三十日），沈葆楨調陞兩江總督兼通商大臣時，清廷要他與李鴻章分別督辦南北洋海防，除籌劃購置軍艦外，並准照兩人所請，先在北方的磁州與南方的臺灣兩地試辦開採煤鐵。臺灣的開山撫番事宜，亦關係海防，清政府準備專派大員主持。然沈葆楨却認爲無此必要，主張由福建巡撫王凱泰兼理。王凱泰素見重於李鴻章，沈葆楨亦盛稱其才。光緒元年五月十七日，王凱泰到臺，接辦沈葆楨的應辦各事，礦務則由總稅務司赫德所雇英人翟薩勘採，於光緒二年（一八七六年）開工。當時淸廷「視臺防極關重大」，但餉需甚鉅，閩浙總督李鶴年又不感興趣，且因電線一事，與沈葆楨等已頗有齟齬，王凱泰感覺爲難，有乞退之意，李鴻章力予勉勵。不久，王凱泰病卒（光緒元年十月二十三日），閩撫乃由丁日昌繼任。

丁日昌，廣東豐順人，少以秉性穎悟，涉獵經史，博聞強記，而有神童之譽。弱冠中秀才，逾年補廩生，後以軍功授江西萬安縣知縣，累遷蘇松太道、兩淮塩運使、江蘇藩司，進而江蘇巡撫。他是同光年間與李鴻章、郭嵩燾等同爲留心時務，認識時代，通達外情，開明而有抱負的政治家兼外交家。丁日昌和李鴻章共事最久，曾參與第一座兵工廠江南機器局的開辦，第一次留美學生的派遣，中法天津敎案及中英滇案的解決。李鴻章一再稱道他兼通洋務與吏治，足以幹濟時艱，「任事精果，實一時傑出之才。」光緒元年八月，丁日昌被任爲船政大臣，十二月繼王凱泰爲閩撫，他鑒於閩中同僚水火過深，再三力辭不獲，因請另簡船政大臣替人，而以巡事之事自任。到閩之後，先行整理吏治財政。因臺灣餉務不能解決，督撫不易合作，考慮熟計之下，因於十二月赴臺之時，奏上一摺兩片，統籌臺灣全局。丁日昌認爲臺灣事事始創，第一必須專派威望崇著知兵重臣，督辦數年，俟有成效，方可徐議督撫分駐之局。其次購鐵甲船，練水雷軍，鎗砲隊，造砲臺，開鐵路，立電線、開礦、招墾、均爲切要應辦之事。「雞籠煤礦開採已有端緒，硫礦煤油樟腦茶鐵諸利，亦應逐漸招商開拓，或借官本，或集公司，十年後成本可還，三十年後庫儲可裕。」他的意思是要先派專人將臺灣確實經營，具有規模，再使其自成一行政單位。但是建設需款，非有三四百萬兩不能兼營並舉，各海關入不敷出，無從提借，督辦重臣亦難其人。李鴻章在復丁日昌函中已明言「督辦重臣，舍公其誰？惟何處籌借二三百萬，陸續應手，此則千思百慮。而無從著筆，」這是勸丁日昌先專力於礦墾路電等需款較少之事業。光緒三年正月十六日（一八七七年二月二十八日），李鴻章上朝廷的奏摺，亦主張量力經營，分別緩急，擇要以圖，一切責成丁日昌一手經理，不必另派重臣督辦。沈葆楨的主張大致與李鴻章相同。經總署及戶部議覆，奉旨依議。五月二十三日，並准丁日昌爲臺灣訂購鐵甲船，設立馬車路，俟礦務大興，再辦鐵路。所有這些計劃，可惜未能一一見諸實行。

丁日昌於光緒二年十一月初九日（一八七六年十二月二十四日），由閩力疾赴臺，除佈署應付西班牙的防務外，主要爲臺灣的百年大計。到臺之後，先巡查北路，次巡查南路，直抵恒春，綏靖鳳山境內悉芒社及獅頭龜紋諸番社，諭令薙髮歸誠，賞以銀牌嗶吱布疋等物，爲立善後章程。中路水埔六社，不諳樹藝，雇漢民代耕，特令地方官計口給予銀米，教之耕作，廣設義學，教之識字。並「通飭全臺文武，於善良之番，善爲撫綏，不准百姓稍有欺凌，通事稍有壟斷。其原有田地，設立界址，不准百姓稍有侵佔。並每社設立頭目，稍予體面，以資約束。……其未經就撫兇番，嚴禁接濟軍火，並不准百姓與之銷售貨物。庶幾受撫之番，有利而無害，則向化之心益堅，不受撫之番，有害而無利，則革面之心益篤。」又於旗後砲臺，增添砲位，防禦力量因之加強。基隆煤礦已有相當成效，鐵路電線是丁日昌特別重視的事，到臺後迭次函告李鴻章，「該處路遠口多，防不勝防，非辦鐵路電綫，不能通血脈而制要害，亦無以息各國之垂涎。」電線比較容易，鐵路則頗多困難。光緒二年（一八七六年），英商所建築的淞滬鐵路的上海江灣段完成，因民衆反對，決定贖囘拆除，丁日昌建議將拆卸的材料運臺，改修臺北至臺南鐵路。但淞滬鐵路僅完成數英哩，不惟路軌枕木有限，而拆運尚待一年之後。因決進行借款，先修臺灣府城至旗後一段，需銀約六十萬兩，託總務稅司赫德代洽，以利息太重，丁日昌又已因病離開閩撫之任，遂成罷論。鐵甲船的購置，更談不到。

丁日昌係於光緒三年七月（一八七七年八月），請假回籍就醫。有病固是事實，而志不得行則爲主因。李鴻章說他「議論太多，並無一件辦到，時人頗相刺譏。」然而這不能完全歸咎於丁日昌，各方的掣肘阻力實在太大。丁日昌的計劃，處處需款，中央雖「視臺防極關重大」，而數百萬經費竟不能籌措。而且，新疆兵事正緊，軍餉孔急，晉豫大饑，立待賑濟，津沽爲京師大門，北洋海防尤重於臺灣，宮廷的浪費，尚不計在內，自無力顧及臺島。總署、戶部曾議及分撥南洋海防經費，此項額款號稱每年二百萬兩，實解不過四十萬，即全數指作臺灣的開礦鐵路募墾等項之用，不敷尚鉅，何況又須匀支北洋。李鴻章說這是「望梅止渴」，「商借北洋存項，尤屬乞醯與鄰。」至於福建，本非富裕省份，海關收入，一部分須協濟西北，兼顧臺防，更形竭蹶，一年之間，欠解八十餘萬兩。而總督何璟復與丁日昌積不相容。丁日昌辦事認眞，見機敏決，惟多病煩躁，何璟局量褊急，怨日昌「祇知有己，不知有人，」彼此意見參商。中樞咸知日昌之才，而不肯竟用，如早畀以閩督，臺事或可順利。同時「俄土戰爭方始，日本內亂甚長，」李鴻章認「臺防目前必可無事，路電礦墾，得尺得寸，亦可大可久之計。」但是丁日昌非敷衍將就之人。丁日昌的不克暢行其志，豈祇是臺灣的不幸？丁日昌既不克暢行其志。唯有乞休。乞休之後，雖亦有重任，然未再任。光緒八年（一八八二年），因而病卒。

丁日昌的後任是吳贊誠，光緒三年（一八七七年），吳贊誠曾以船政大臣的資格赴臺，接辦防務，不辭勞瘁，入山周巡，親歷番區，自恒春、卑南、花蓮港以達宜蘭。翌年二次東渡，督率總兵孫開華、吳光亮剿辦後山番社，開闢道途，由岐萊沿海，繞回臺北，因病請假，未幾竟歿。劉銘傳謂吳贊誠是「爲國盡瘁，勤事忘身，與沈葆楨後先輝映。」當時的臺灣經營，一爲財力不夠，經費受到限制，一爲王凱泰、丁日昌、吳贊誠巡臺先後攖病，夏獻綸等相繼歿去，多視臺灣爲畏途。光緒六年（一八八〇年），爲了俄警，巡撫勒方奇一度到臺，佈署基隆至旗後防務，並飭令對番人，勤爲撫卹，威惠兼施，吏治民風，亦予釐整，控訴各案，勒限清結。次年日警又至，岑毓英接任閩撫，劉璈爲臺灣道，悉心規畫，並將開山撫番未盡事宜，次第經理。岑毓英於是年九月赴臺勘閱，認爲籌辦臺防必須使南北聲氣相通，臺灣府城偏於一隅，不易顧及北路，主將府道移設彰化，建城於東大墩，居中控制，並建大甲溪橋。此計劃中的政治中心，預定作爲將來的省會。毓英「勤明果銳，不遑啓居，」然爲時太暫，未暇著手，中法戰起，奉調主持雲南軍事。但臺灣的經營建省亦到了瓜熟蒂落，而於劉銘傳手中完成。

第三節　劉銘傳與臺灣建省

道咸之際，臺灣僅有一府四縣（臺灣、鳳山、嘉義、彰化）三廳（淡水、澎湖、噶瑪蘭），政教中心爲南部與中部。極南的瑯橋經美艦、日軍的騷擾，首先引起重視，一度擬開口通商。日兵撤退，同治十三年十二月（一八七五年一月），沈葆楨親至其地履勘，決定築城建邑，縣名定爲恒春。北路淡水廳轄境南北約三百里，戶口四十二萬，滬尾、基隆開港，華洋雜處，治理不易，稽查難周，政教難齊，而於警備外患，經營後山，亦感呼應不靈，鞭長莫及。關心臺事者，已有改制之議而未及行。光緒元年六月十八日（一八七五年七月二十日），沈葆楨會同閩省督撫請分爲三縣，改噶瑪蘭廳爲宜蘭縣，淡水廳爲新竹縣，另於艋舺設淡水縣，雞籠（改名基隆）設通判，總轄於臺北府，府治亦設於艋舺。又以內山日益開闢，將原駐臺灣府之南路理番同知改爲撫民理番同知，移紮卑南，原駐鹿港之北路同知改爲中路，移紮水沙連（埔里），均於光緒元年十二月二十日（一八七六年一月十六日）奉旨照准。沈葆楨原謂臺灣可設三府、十數縣、現在有了兩府八縣四廳，已算略有規模。

乾隆五十二年（一七八七年），清廷規定閩浙總督，福建巡撫及水陸兩提督每年輪值一人，前來臺灣，嘉慶十四年（一八〇九年），改命福州將軍及總督每隔三年輪赴巡查一次，但實同具文。臺灣積弊太深，百廢待舉，應有一主持大局者「力加整頓，一洗浮澆。」惟如別建一省，條件尚有未備，閩臺亦相依而不便即分，欽差大臣可暫而不可常。福州一城，一督一撫，本爲重疊，沈葆楨主張將巡撫移駐臺灣，如此則事權可以歸一，政事不致稽延，考察訓練實際，臺灣情事特殊，巡撫不妨因心裁酌，對於開煤鍊鐵新政，亦可就近勘察，擇地興利。臺灣地位危險，關係重大，「欲固地險，在得民心，欲得民心，先修吏治營政，而整頓吏治營政之權，操於省撫，總督兼轄浙江，移駐不如巡撫之便。」李鴻章亦謂係經久大計。光緒元年三月（一八七五年四月），本已由總署與吏部議定，後以巡撫有全省地方之責，不宜長川駐臺，爲雙方兼顧，是年十月三十日定以後閩撫冬春二季駐臺灣，夏秋二季駐省城（福州）。臺灣建省，總算又進了一步。

臺灣之能正式建爲一省，其功勞當屬於劉銘傳。

劉銘傳（道光十六年—光緒二十二年），字省三，安徽合肥人，少任俠。太平軍之役，湘鄉曾國藩奉詔辦團練，銘傳從之，歷戰有功。同治元年，李鴻章募淮勇，聞其名，以爲管帶。自領銘軍，所向皆捷，以功封爲一等男。他是近代中國的一位傑出人物，更是臺灣史上應當特筆大書的人物，他的豐功偉業實不在鄭成功之下。鄭成功光復臺灣，劉銘傳則保全之外，復予以建設，近代臺灣的政治國防，經濟交通，文化教育，均在他的手中樹立下規模，奠定了基礎。百年以來，中國朝野上下的有心人，莫不以「近代化」—自強相尙，「才氣無雙」的劉銘傳雖衹是其中之一，而瞭解最深，持之最堅，赴之最力，成績最著的，很少可與相比。他的具體表現，大多在臺灣。認識臺灣，必須認識臺灣的近代化，認識臺灣的近代化，必須認識劉銘傳之爲人。

咸同年間的太平天國之役，造成了不少風雲人物，劉銘傳也是其中一個。他的故鄉安徽合肥是戰亂的中心，地方團練紛起，築堡自衞，十八歲的劉銘傳亦乘時而起，慓悍威稜特著。同治元年（一八六二年），他參加了李鴻章的淮軍，所部五百，編爲銘字營。淮軍所奉的第一個使命爲東援上海，保住這個清軍餉源攸關的通商口岸，而它之能夠自安慶通過太平軍所控制的蕪湖、南京江面，則得力於英國輪船。林則徐、曾國藩等最初所注意的西洋文明爲輪船和大砲，李鴻章、劉銘傳首先所接觸的西洋文明亦是輪船。置身於國際化的上海之後，更使他們獲得進一步的認識。英法軍與洋將所訓練的洋槍隊卽「常勝軍」，給他們以深刻印象。李鴻章目睹其兵器精巧，隊伍雄整，實非中國所能及，囑咐他的部將虛心學習，而部將中最能接受新知識者則爲青年將領劉銘傳。中國軍隊首先練洋操，用洋槍者爲淮軍，而淮軍中以銘軍的成績爲最佳。因爲銘軍的長官有進步的頭腦，開濶的胸襟，銘軍中著名的洋教習，有法人畢乃爾、呂加，畢乃爾與銘傳關係尤密，爲管洋砲營，官至總兵。有人謂「西人鎗砲隊法，惟淮軍獨精，公（銘傳）軍尤爲獨擅，至爲通國導師，」實非過譽。同治九年十一月十六日（一八七一年一月六日），詔謂「劉銘傳軍營均練習洋槍隊砲隊，步伐整齊，號令嚴肅，」命「各省咨取其教演章程照辦，實事求是，變疲弱爲精強，」銘軍成了各部隊的模範，劉銘傳成了無形的訓練司令。凡是遇到對外事機緊急，必召他赴難，如同治九年（一八七〇年）的天津教案，光緒六年（一八八〇年）的伊犂爭議，光緒十年（一八八四年）的中法戰爭。

劉銘傳的知名，由於平吳、平捻，他之官拜直隸提督晉封男爵，亦是此兩役的酬報。但是他自鄙這些戰功微不足道，將當時文牘，一以火之。因爲這是消極的，破壞的內戰，不值得留念，今後的工作應是積極的，建設的，對外的。何況「剷平髮（太平軍）捻，全恃劈山砲制勝疆場。」他歸之於科學武器而不自居其功。他有時代認識，進步思想。他與清季的開明人士李鴻章、丁日昌、馮桂芬、郭嵩燾、薛福成、嚴復均瞭解近代中國是一個大世變，及必須致力的途徑。他曾說「中國自與外洋通商以來，門戶洞開，藩籬盡撤，自古敵國外患，未有如此之多且強也。」又云「泰西製造之精，日新月異，中國踵行之，已居人後，若再因循坐誤，一旦變生倉卒，和戰兩窮，將何以自立。」又謂「自歐美崛興，利砲堅船，橫轢海表，中國數千年一統之勢，廓焉盡變。臣嘗發憤太息，謬思得雄才大略，總括海疆，內厲耕商，外興製造，船臺電砲，戰守相資，循此十年，且將縱橫萬國。」他將事情看得雖不免簡單，而其看法與抱負確不平凡，而他的「變西法、罷科舉、火六部例案、開西校、譯西書、拔眞才」的議論，尤爲言人所不敢言，不能言。他大聲疾呼，謂如不此之務，不出十年，事且不可爲，中國將不可問。此後數十年的維新改革，均不出乎他說的範圍，可惜不曾徹底的，有效的做到。

在應變應行的「西法」中，他認爲鐵路更是自強的機括。中國最早的一條鐵路爲上海吳淞鐵路，但是此路既非中國自造，而且路線過短，最後又終於拆毀。第一位建議在臺灣興辦鐵路的固爲丁日昌，而第一位建議在中國大陸大舉興辦鐵路的則爲劉銘傳。光緒六年（一八八〇年），以伊犂問題嚴重，劉銘傳奉詔入都，及俄事將定，十一月初二日爲亡羊補牢，正式疏陳其鐵路政策。首論中國處境之危，各國環窺，欺凌挾制，「俄地橫亘東西北，與我國接壤交錯，拊背扼吭，尤爲腹心之患。」而日本亦藐視中國，遇事與我爲難。「每私憂竊歎，以爲失今不圖自強，後雖欲圖，恐無及矣。」次論「自強之道，練兵造器，固宜次第擧行，然其機括則在於急造鐵路，鐵道之利於漕務、賑務、商務、礦務以及行旅釐捐者不可殫述，而於用兵一道，尤爲急不可緩之圖。」他主張擧借洋債，乘時力辦，以北京爲中心，南路二條，一經山東達清江，一經河南達漢口；北路二條，一東通盛京，一西通甘肅，目前可先修北京至清江一線，眞是偉大的計劃。他更謂「若一旦下造鐵路之詔，顯露自強之機，則聲勢立振，」他人窺伺之心，從此潛消。然時人多不能了解，有的說造開造鐵路有三大弊，未可輕易施行，有的說中西情形不同，無利有害，有的說有妨民間生計，及稅釐收入。李鴻章雖主依其議，惟不以借洋債爲然。結果政府決定予以擱置。直至八年之後，始又回到這個路上，而付諸實施。劉銘傳畢竟是對的。

十餘年來（同治七年～光緒十年），劉銘傳的出處總是難進易退，看來近乎消極，而其實他最有理想，血性與事業慾，在環境下不許他積極的有一番作爲展布之時，祇好毅然潔身而去。如果給他一個可以有爲的機會，定必全力以赴。他鑒於時代變化之劇，國家處境之危，久有志於海疆，特別是臺灣。現在機會到了。他深知臺灣與整個國家關係的重大，與臺灣情事的險惡，「恨不能倍日經營，保固海疆門戶，前車不遠，後患方長，不敢視爲緩圖，致資強敵。」進而他要「擧一隅之設施，爲全國之範，」「以一島國之富強。」把臺灣建設成爲一個模範省，奠定中國近代化的基礎，是他最後的願望。他的新政措施，處處本着這個原則。安定秩序、整理財政、充實國防，是他的三大政策，亦爲最有成就的工作，其中最後一項尤有意義。他曾說「辦防以禦外侮，撫番以清內患，清賦以裕餉需，此三事均爲急不可緩，」這是他在光緒十二年二月（一八八六年三月）所提出的目標。

光緒十一年六月二十三日（一八八五年八月三日），福建巡撫派由總督楊昌濬兼署，劉銘傳專辦臺灣善後事宜。那時主持中樞大政的爲光緒皇帝的父親醇親王奕譞，奕譞與北洋大臣李鴻章銳意大治海防，興辦水師，臺灣爲南洋樞要，不祇是七省藩籬，且準備劃作一個艦隊基地。中法戰爭之不得不委屈言和，就是由於海戰失敗，臺灣勢危，痛定思痛，必須要對症下藥。除積極籌辦新式海軍外，臺灣更當專力經營，作爲東南保障，海上長城。劉銘傳專辦臺防的命令宣布後的第二日，即光緒十一年六月二十四日（一八八五年八月四日），即命李鴻章另行定置鋼面鐵甲快船四隻，以備臺澎之用。九月初五日臺灣建省發表，這是光緒前期的重大新政之一，係政府具有時代意識的措施，亦爲中法戰役的極大教訓。依據這道上諭，福建巡撫改爲臺灣巡撫，福建巡撫事務由閩浙總督監管。福建巡撫劉銘傳變爲臺灣巡撫劉銘傳。劉是求實際而不喜舖張的人物，他雖極力主張積極經營臺灣，但認爲獨建一省的條件尚有不足，時機未至成熟，因之奏請從緩，先事籌辦。目前的急務爲「外務防務，內撫生番，」既設巡撫，又要建造城垣衙署，凡此均非臺灣財力所能勝任，必須與福建聯絡一氣，名爲福建臺灣巡撫，在過渡期間添設藩司，閩撫以臺灣爲行臺，俾閩臺分而不分，不合而合，俟五年之後全番歸化，再行改省。最後朝廷仍持原議，惟准增藩司。時爲光緒十一年十二月十二日（一八八六年一月十六日）。於是劉銘傳成了臺灣省的首任長官，臺灣成了中國的第二十個行省，第二個新建省，較之第一個新建省新疆年輕不到一歲，較之東北三省尚年長二十有二。（東三省改制在光緒三十三年）

臺灣建省，乃仿新疆例，全稱爲「福建臺灣省」，轄三府一直隸州。時全省耕地面積達三十六萬一千四百一十七甲，全省人口已有二百五十四萬五千七百三十一人。（光緒十九年，卽一八九三年調查。）

第四節　劉銘傳的富強新政

光緒十一年（一八八五年），劉銘傳條陳臺灣善後事宜時，曾列舉設備防務，講求軍政，清理賦稅，招撫生番四端，提出三大政策的輪廓。決定建省之後，便兩度與閩浙總督楊昌濬面商。楊昌濬對臺灣的建省，亦十分關心，光緒十二年二月親行來臺，就議於劉銘傳，亦赴福州與之相會籌劃。劉銘傳建設臺灣的事業，接著這次籌劃，便有了如下的開展：

一、調整行政區域：光緒十二年六月（一八八六年七月），劉銘傳奏上建省事宜十六款，爲了便於施政，主張調整行政區域，添官分治，確定省會。到了光緒十三年八月（一八八七年十月），撫番擴疆工作大致就緒，又會同楊昌濬奏上添改郡縣方案。就山前言，彰化、嘉義、鳳山、新竹、淡水等縣，縱橫至二三百里，耳目難周，聲氣多阻，山後中北兩路，延袤三四百里，並無專駐治理人員，也不易遙制。因之主張第一照岑毓英原議，在彰化橋考圖地方建立省城，分彰化東北境設首府曰臺灣府，附郭首縣曰臺灣縣，將原有之臺灣府縣分別改爲臺南府安平縣。分嘉義東境，彰化南境，添設雲林縣，分新竹西南之地，添設苗栗縣，合原有之彰化及埔裏社通判四縣一廳，均隸臺灣府，分淡水東北之地，歸基隆廳，改通判爲同知，與淡水、新竹、宜蘭三縣同屬臺北府。臺南府則轄治安平、嘉義、鳳山、恒春四縣及澎湖一廳。後山添設臺東直隸州，治水尾，另於埤南廳改設直隸州同知，花蓮港添置直隸州判。統計全省爲三府一州三廳十一縣。

二、擬定撫番政策：安定秩序係爲政起碼條件，撫番則爲其第一任務。沈葆楨曾倡之於前，吳贊誠、丁日昌、岑毓英繼之於後，然均成效不著。因爲這種艱巨工作，需要相當的時間，計畫須周詳，執行須徹底。臺灣番社約八百有餘，人數約二十萬，由於生活習慣，性情兇暴，獵人如獸，每年戕害民命不下千餘。而不法之徒，及土匪盜賊，出沒番地，聚集番界，侵占番族田廬，欺騙番民財貨，「奸民被殺，則訴寃於官，官輒興師剿辦，番族被寃，則無官可訴，類多集衆復仇，」殺掠多係良民。所以番禍並不能專責番人。」就對內言，「終至民番俱斃；」就對外言，「防海又須防番。」萬一外寇猝臨，陰結番民，便成爲腹心之患。「誠令全番歸化，內亂無虞，外患雖來，尚可驅之禦侮，即可減防節餉，又可伐內山之木，以裕餉源。」進而闢地廣墾，增加生產，使財有所出，漢番生活亦隨之改善。所以劉銘傳的撫番是漢番利益兼顧，安定秩序與充裕財源並重，對內亦是對外，積極的意義尤大於消極的作用。

劉銘傳的撫番策略爲恩威並用，剿撫兼施。恩撫不從，方行威剿，威剿之後，仍歸恩撫。官吏淩虐番民，漢人奪占番地，均予懲處禁止，絕不偏袒。番人之刼殺居民，不聽曉諭，則威之以兵。一般官紳均謂番情反覆，山險難通，他力排衆論，一意經營。光緒十一年十月（一八八五年十一月）首撫北路淡水（今台北縣）東南馬來番，爲定規約，命遣子弟至城讀書，薙髮歸化，生番地界，各歸各業，不許軍民侵佔。並開馬來至宜蘭道路百餘里。此爲提督劉朝祜的成績。光緒十二年十二月，劉銘傳親至大科崁撫定該處及新竹菜甕一帶番社。道員林朝棟駐兵新竹、彰化間的罩蘭，與總兵柳泰和辦理中路，提督章高元招撫埔裡及花蓮港地區，副將張兆連招撫後山，總計光緒十一年（一八八五年）冬至光緒十二年（一八八六年）夏，半歲之間，招撫四百餘社，歸化七萬餘人。光緒十二年六月，中路蘇魯番叛，銘傳親至罩蘭督師，增調提督吳宏洛等會剿，歷時二月始定。叛亂原因由於居民欺虐，官抑不伸，銘傳當將罩蘭撫墾委員撤換，清結民番積欠，劃明地界。尋又返回大科崁，再定北路白阿歪等社。光緒十三年（一八八七年）春夏之間，後山張兆連等續撫二百一十八社，番丁五萬餘人，前山章高元等續撫二百六十餘社，番丁三萬八千餘人，田園數十萬畝。

開通道路是撫番的第一要務，除劉朝祜所闢自馬來通宜蘭一道外，張兆連請開嘉義直達埤南，林朝棟及撫墾幫辦大臣林維源等之開中路北路，均各有所成。而橫貫前後山之打通，關係尤鉅。這是張兆連與臺灣道陳鳴志的主張。此路一成，則東西聲氣聯絡，番人當聞風向化，否則招撫雖多，馴服仍艱。劉銘傳深韙其議，因命章高元自彰化集集衞鑿山而東，張兆連自水尾鑿山而西，會於丹社嶺。峭壁深谿，鑿崖伐木，於光緒十三年（一八八七年）春間，一百八十餘里的山路峻工，「軍聲轟震岩谷，威德遠播遐荒，使深山幽谷、穴居野處之倫，嚮化歸仁，化獉狉而登衽席。」「遂頒憲書、奉正朔、設教條、薙髮、立社長束之。」

但是問題並不如此簡單，番民千百年的習性亦非一朝一夕所能全部化移，騷動變亂自仍不免，甚至引起大規模的軍事行動。光緒十三年（一八八七年）秋，北路及中路之亂，分別爲林維源、林朝棟所平定，而次年後山北路埤南呂家望社之變尤爲嚴重，匪首劉添旺從中煽動，廳治被圍，蔓及花蓮，除由本省部隊增援外，且調北洋水師總兵丁汝昌以軍艦助戰，兩月之後，始行肅清。光緒十五年又有後山北路之變，副將劉朝帶在蘇澳附近開路，與所部二百餘人中伏戰歿，銘傳改派澎湖總兵吳宏洛進剿，光緒十六年二月復親往督師，絕其糧食，兇番終於乞降，全臺大定。於是廣招福建貧民擴墾，使番衆與內地人共處雜居，逐漸轉移他們的習俗，化之於無形，同時改進他們的經濟情況，使「耕織自精、貨財自殖。」各重要番區如大科崁、東勢角、埔裏社、蘇澳、花蓮等處，各立撫墾局或分局，設置番社，振興茶葉、樟腦。局中有醫生、教耕、教讀等人員，開義塾，番童子弟來讀者千數百人，另於台北特設番學堂，與之衣食，課以漢文、算術、官話、臺語、起居禮儀，常令與漢人來往，潛移其氣質、消除其疑忌，使不以異類自居。爲了撫番，劉銘傳曾「三親絕域，蒙瘴涉險，不騎而徒。彼豈不知暇逸哉，其所志者遠也。」

三、整頓稅賦及財政：建設需款，丁日昌之不獲暢行其志，即係困於財政。劉銘傳深悉癥結之所在，決心切實清釐臺灣的收入，作到自力更生。以往福建每年濟臺八十萬兩，但並不能按期如數解到。他與楊昌濬商減爲四十四萬兩，以五年爲限，開山撫番，建造城垣，及一切交通軍事建設，百廢待舉，事繁費鉅，不得不就地籌畫，「期三五年後，以臺地自有之財，供臺地經常之用。」臺灣爲富庶之區，如將錢糧稅收一律清查，不惟能自給自足，且可有盈無絀。而田賦尤為主要財源，所以清賦尤為理財的首要。

臺灣為新開之地，田產甲於東南，康熙以來，田園從未清丈，雍正、乾隆之世，且屢有臺賦不准議加之詔，田畝日闢，而賦不增。但民間的負擔並未減輕，墾戶之租亦重。原因是紳民將土地覇攬，祇須向官府遞禀承包，即可募佃墾荒，不費一錢，成熟之後，每年抽收「大租」、「屯租」、「番租」、「隘租」等項，均為土豪私納之名，於公家無與。正供糧課，毫無續報升科，一任隱欺吞匿。光緒十一年（一八八五年），劉銘傳即認為全臺賦稅清理為亟待舉辦之事。翌年始於南北兩府各設清賦總局，選派三十餘人，分赴各縣，會同地方正紳，先查保甲，就戶問糧。戶畝查明，再行逐田清丈，就田徵賦，丈竣之後，一律由藩司給單，私租悉行入公。內地歷辦清丈，雖一州一縣，往往數年尚未告成，而臺灣於光緒十三年（一八八七年），淡水、臺灣、嘉義、彰化等縣辦理完畢，明年光緒十四年（一八八八年），大致完畢，為時不過二年，隱匿者揭報，開墾者升科，盈溢田糧，計逾舊額不下四十萬兩，民間供賦，反比從前減輕。」中間因嘉義、鳳山延誤，彰化抗阻，光緒十五年（一八八九年），始全部清丈給單，溢出原額田數倍，約四百萬畝。

一面清丈，一面重訂賦則。臺灣供賦輕重，南北懸殊。嘉義、臺灣、鳳山，約沿鄭氏舊例，失之過重，彰化、淡水則照同安下沙則折征供粟，賦額較輕。今則將現丈田園，悉照同安下沙成例，分則配征，清釐劃一，化甲為畝，仿一條鞭辦法，刪繁就簡，以便鄉愚易知易從，胥吏無所朘削，較各縣最輕之賦，有減無增，「定則雖清，徵數較鉅，民生國計，裨益實多。」豪紳地主不能再事隱匿，人民的負擔歸於均平，蒙受實惠。正供之外，所謂「補水」、「平餘」，亦予明定章程，不得任意加派。他自謂「寧爲怨府，不累小民，」這才眞是爲政之道與任公職者應有的精神。臺灣原額賦銀十八萬兩，現在則達到六十七萬餘兩。

清賦工作極爲瑣屑繁重，亦易滋弊擾民。開辦之初，官紳半數以爲不可，土豪尤感於己不利，多方阻撓，加之一部份不肖官吏粗率貪狠，乘機勒索，因而激成民變。光緒十四年八月二十九日（一八八八年十月四日），彰化施九緞等之亂卽係著例。聚衆數千，圍困縣城，毀斷電線，要求收燬丈單。提督朱煥明戰歿，旬日後道員林朝棟至，城圍方解，又旬日亂平。直接負責的彰化知縣李嘉棠亦予撤革，宣布脅從罔治，仍以地方士紳任善後，足見銘傳的磊落無私。

其次爲稅收，臺灣洋藥（鴉片）、煤斤、茶葉、樟腦、船貨釐金，向多吞匿侵蝕，合鹽課關稅，總計不過九十萬兩。經銘傳整頓，樟腦、硫磺由官收買出賣，餘利四萬餘兩，百貨釐金增至七萬餘兩，茶葉十三萬兩，塩課十二萬兩，洋藥四十餘萬兩，關稅一百餘萬兩，與田賦等合計約三百萬兩，最後增至四百四十餘萬兩，另設官銀局，購辦機器，鑄造銀幣，每年數十萬枚，這是中國自造銀元的開始。有了這筆財力，不惟不再恃閩省的協餉，而一切建設新政，亦一一能見諸實行。

中國的自強新政或近代化運動開始於臺灣建省前的二十五年，但是成效迄無足觀。而臺灣在短期間則頗有所成。沈葆楨、丁日昌發其端，劉銘傳奠其基，不惟粗具規模，而且大開風氣。

四、注重軍事建設：鑒於中法戰役的教訓，劉銘傳首先著手軍事建設，特別注意聯繫臺灣與大陸的澎湖。此島「非獨全臺門戶，實亦南北洋關鍵要區。守臺必先守澎，保南北洋亦須以澎廈爲筦鑰」。澎湖關係臺灣，臺灣關係中國，所以「臺澎之防，豈特臺澎，所以固吾圉也。」以臺澎的地位論，當然需要一枝強大的新式艦隊。光緒十一年六月（一八八五年七月），劉銘傳曾與楊昌濬奏請劃海軍爲三路，津沽爲北洋，吳淞爲中洋，臺澎爲南洋，政府亦承認有此必要。但是建立海軍不是一件易事，中國無同時編練三枝艦隊的力量，祇好先以全力去辦北洋。原定爲臺澎購置的四艘鐵甲船亦編入了北洋艦隊。劉銘傳續請撥次等稍快兵船二隻。再購大小魚雷數艘，以作防患巡江之用，亦不曾辦到。

兵船既一時難集，砲臺必須製辦。澎湖、基隆、滬尾、安平、旗後五處趕製砲臺，添購新砲，計需款八十萬兩，向中央請撥，戶部要他量入爲出，逐年樽節，另款存儲，俟集有成數，再將各砲臺次第興建。治防是何等緊急之事，撙節存儲，待至何年？如不及時趕辦，一有兵事，倉惶束手，海疆難安。何況砲已訂購，到期洋人催索，亦無以應。於無可如何之中，由閩臺各借四十萬，自行籌還，方將十座洋灰鐵筋砲臺完成，三十一尊阿姆士頓大砲辦齊，另配水雷八十具。光緒十四年（一八八八年），基隆砲臺又由德人龐斯督工重修。澎湖副將改爲總兵，以曾守吳淞砲臺，歷辦廣東海防，深悉外洋火器精微之吳宏洛任之。至於駐防臺省的三十營防軍，均用洋槍，聘外國教習教練（凱來博其即其一），必須自製彈藥，以免一旦海運不通，接濟斷絕。因於光緒十一年（一八八五年），在臺北開設機器局，小機器廠製槍彈，大機器廠造砲彈，工程師爲德人彼得蘭。另有軍械所，爲存儲之處。

五、交通建設：劉銘傳係倡議興辦臺灣鐵路最力的人，他謂「鐵路爲國家血脈，富強至計。」以往格於時勢，未見諸實行，現在則可以有機會實現其理想。何況丁日昌既有修造臺省南北鐵路之議，內地的開平鐵路已有成效。光緒十三年三月十二日（一八八七年四月十三日），劉銘傳奏請借商款開辦，既可整興商務，便利驛遞，且有裨於海防及建省與橋工。路線起自基隆，以達臺南，路軌、火車向英德訂購。枕木則就地取材，特設伐木局。先修臺北至基隆段，自臺北北門外大稻埕開始，以兵代工。督辦爲內閣學士林維源，工程師有德人碧加，英人瓦特遜、密韃爾、瑪體蓀。明年（一八八八年），臺北、新竹段亦開工。以商股觀望不前，經辦人李彤恩、楊宗瀚一死一病，收歸官辦，挪用原擬備作建造省城經費。光緒十七年（一八九一年），基隆、臺北段通車，臺北、新竹段於二年後完成。這是臺灣縱貫鐵路的始基。

對外的海上交通，開港通商之後，往來於臺灣的祇是外國輪船。沈葆楨渡臺，閩廠所製兩輪，始不時航行於閩臺之間。岑毓英撫閩時，又置辦兩艘。中法戰爭期間，運兵運餉，均爲雇用英德之船。戰後閩廠萬年青、伏波兩船已不堪使用，光緒十三年（一八八七年）先後添購德輪二隻，另在香港定造四隻，並由南洋僑商集資續置二隻，除航行上海、香港外，並遠至呂宋、西貢、新加坡。基隆港口已開始建築，旗後、安平亦在計劃之中，且製挖泥器船，以備疏濬。

沈丁時代，南部電線雖經開辦，祇限於府城至旗後安平，不足百里。光緒十二年（一八八六年），劉銘傳決定先架臺北至基隆、滬尾及臺南的路線，共八百里，以聯通全島，復敷設安平至澎湖，滬尾至福州的水線，以接大陸。均於光緒十三年（一八八八年）告成，並設有電報學堂。他尙計畫辦電話，可惜未成。同年郵政局成立於臺北，且備有郵船二隻，往來本省各港及福州、上海，較中國正式開辦郵政，尙早九年。

六、開採煤礦、油礦：基隆煤礦開辦以來，頗有流弊，漸成漏巵。中法之役，復經毀壞。戰後初由商人承辦，虧折不支。劉銘傳以煤炭爲船廠兵輪鐵路機器局所必需，乃商同兩江總督與船政大臣合資經營，官商各半，添置機器，聘用西人，並至礦廠修築鐵路至基隆碼頭。光緒十三年（一八八七年）開辦，一年後商股因無利退出，收爲官辦，派英人瑪禮蓀監督工程。以舊有礦井煤質已完，頗有虧折。適英商願集資承辦，另闢新窰，合同業已擬訂，而政府不准，詔旨申斥，仍令自辦。光緒十六年（一八九〇年），再改官商合辦，戶部總署復行指駁，嚴詔責其膠執己見，率意徑行，竟予以革職留任的處分。結果仍暫由官辦，新窰無力另開。劉銘傳的堅決請去，此亦一主因。可知當時辦事的困難。煤礦之外，油礦亦曾於光緒三年（一八七七年）勘採，不久停頓。光緒十三年（一八八七年），銘傳設煤油局，派林朝棟主持，產量不大。兩年後曾與承辦煤礦的英商議一承辦油礦合同，中央亦不准行。銘傳離臺，煤油局遂歸裁撤。

七、拓展農商：關於農產，他力事提倡種茶、植棉、栽桑、養蠶。水利灌溉，亦所留意，曾派德國工程師墨爾溪設計大科崁水源，準備開鑿巨圳，可惜未及實行。商務方面，設有通商總局，鼓勵對外貿易，糖、茶、樟腦爲出口大宗。光緒十二年（一八八六年），設招商局於新加坡，派員招致南洋閩僑來臺合辦商務。劃臺北大稻埕爲商埠，由富紳修建街市，江浙商人開設興市公司、馬路、電燈、自來水、醫院，一應俱全，臺北儼然成了一個近代都市。

八、興辦教育：新政需要新的人才，新的人才須有新的教育。臺灣的一切軍事交通工廠建設，均不能不借用西人，此乃不得已的辦法。光緒十二年，首設電報學堂，第二年春天開辦中、西學堂，這是臺灣第一個新式學堂，性質近乎工業學校，早晚的功課爲中國經史文學，上下午專習西學，英人布茂林是主要教習。先之以英法語文、史地、算術、物理、化學等基本科目，「漸進以圖算、測量、製造之學，冀各學生砥礪研磨，日臻有用，而臺地現辦機器製造、煤礦、鐵路，將來亦不患任使無才。」這是他的最後希望。他不時親蒞學堂視察獎勵。

從光緒十一年到十七年（一八八五到一八九一年）六年之間，臺灣經劉銘傳之主持努力，面目一新，向富強之道邁進。有人說劉銘傳的「倡淮派，練洋操，議鐵道，建臺省，實創中國未有之奇，」而其最偉大的成就，最值得景仰的事功，則爲「建臺省」——建設一個近代化的臺灣。惜劉銘傳去職後，繼任臺灣巡撫邵友濂以節省經費，與民休息爲理由，一反劉銘傳之所爲，將新政建設幾乎全部終止，使最有意義的西學堂、番學堂亦被他撤廢。尤可痛者，鐵路工程亦以工程太難，而奏請停修，而臺灣之富強新政，因之百事俱廢。

第十一章　外患的日趨嚴重

第一節　英美的侵擾臺灣

當臺灣由明鄭統治而轉入清朝的管轄後，其時歐美諸國的資本主義已經興起。自十八世紀始，陸續向遠東，尤其是向中國進行半殖民地活動，因此臺灣也受到不少的影響。

清廷統治臺灣之初，鄭成功的舊屬所組成的三合會，掀起了抗清運動。三合會在臺灣的起事，雖未成功，但蔓延由是而廣，而終以臺灣、福建爲其醞釀之地。論者更謂此種秘密會社，不獨爲清官吏所憂畏，且其人挾此主義，自閩粤往來南洋各島，或暹邏、印度，以保護僑胞，而反對當時的帝國主義者的壓迫。

就臺灣本島而言，中英間鴉片戰爭（一八四〇—二年）的前後，臺灣早於荷人統治下，鴉片與菸草等物，已由爪哇傳入，更由臺灣而傳入大陸。及至中國決心禁烟，一再與英衝突，範圍更由廣東而及於沿海各地，英艦數窺臺灣，皆爲總兵官達洪阿、兵備道姚瑩所逐。起初，道光二十一年（一八四一年）八月，英艦駛入雞籠口，對三沙灣的砲臺開砲，達洪阿督官兵鄉勇，予以還擊，適中英艦，折其桅索，英艦於倉皇退出時，衝礁立碎，紛紛落水，死者無數（按爲英艦Narbudda），當時生擒印人百餘。九月，英艦又犯雞籠，爲守軍擊退。次年（道光二十二年）一月，英艦三艘攻大安港，遇阻北駛，爲達洪阿誘入土地公港，觸礁擱淺，又爲官兵鄉勇擒獲英印多人（按爲英艦 Ann ）。據摩爾斯（H. B. Morse The International Relation of the Chinese Empire, Vol. I, P.293 ）所稱，則謂兩次皆屬觸礁，非關戰敗。彼記在前艦上包括一艦長、兩副手，及五十四聯隊之一軍官與士兵十七人，此輩乘小艇遁去，而遺二百四十印人於碎船之上，後其中兩人生還，餘多溺斃，若干則以虐待與缺食致死，約百五十人，則於次年八月爲臺灣當局所戮。在後艦上，凡五十七人，其中十一人被釋於同年十一月，二人死於困乏，餘四十四人，則授首於八月中，更有謂達洪阿應負其咎。道光二十三年，於中英和約後，英人要清廷予達氏降職處分，並逮送刑部。摩爾斯所言，非合事實的眞相，兩艦遭風擊碎與擱淺云云，實爲英人於戰勝清廷之後，脅迫達氏所供的曲解，清廷雖予革職，但時人比爲「莫須有三字獄」，至咸豐元年，乃特予昭雪。事實眞相，觀於姚瑩致劉韻珂書可知：「雞籠之破夷舟，雖似衝礁，大安之破夷船，雖云擱淺。然臺中擐甲之士，不懈於登陴，好義之民，咸奮於殺敵，乘危取亂，未失機宜。夷舟前後五犯臺洋，草嶼賊船，勾結於外，洋匪巨盜，乘機散亂於內，卒得保守巖疆，危而獲安，未煩內地一兵一矢者，皆賴文武士民之力。」又云：「……雞籠夷舟到口三日後，乃開礮，我兵亦開礮相持。大安夷舟實爲漁人所誤擱淺，兵民因而乘之。當日陳辭，初非臆造，詎逆夷就撫後，追恨臺人擒斬其人，偏張爲宗，以爲中華之辱，莫甚於此，計逐鎮道以快其私，大帥相繼糾參，而臺灣冒功之獄成矣。」又予方植之書有云：「…然臺之人，固不謂然也，始見鎮逮問，精兵千人，攘臂呶呼，其勢洶洶，達鎮軍恐激變，親自撫巡，婉曲開譬，衆兵乃痛哭投戈而能。士兵復千百爲群，匍伏於大府行署，紛紛僉呈，申訴者凡數十起，亦足見直道自在人間也。」其後英法之役（一八五八年），天津條約的結果，規定開臺灣的安平、淡水、打狗、基隆四地爲商埠，美、德等國人，繼英人、法人之後，而至臺灣貿易。

在此之先，臺灣有英商 Jardine Matheson &. Co. （怡和公司）與 Denth &. Co. 開始收買樟腦，並派有代理商駐臺（咸豐十年），其後精敏的各國商人，相繼至所開港埠。新舊兩派基督教傳教士，亦爲傳教熱所鼓舞，來臺定居者，爲數亦多。

清廷爲從事貿易起見，在淡水（同治元年一八六二年）、基隆（同治二年一八六三年）、安平、打狗（同治三年一八六四年）四口置海關，設稅務司以司洋務。當時臺灣輸出，以北部的茶、樟腦，南部的砂糖爲主，以及米、煤、木材、硫磺等。輸入物品以鴉片、雜貨等爲多。

此種外力的逐漸擴張，使國際關係轉趨複雜，臺灣本身的社會經濟亦受其影響而急遽變化，遂引起排外的思想，發生了破害基督教徒之事。

美國與英、法、德等列強相同，亦曾欲向臺灣擴張勢力，在咸豐四年（一八五四年），伯理艦隊來遠東時，卽派遣部下二艦馬歇德尼亞號（Macedonian），沙布萊號（Supply），駛往臺灣基隆，調查煤礦蘊藏的情況。其後伯理建議佔領臺灣。與伯理知交，爲美國首任駐日總領事之哈厘士（Townsend Harris），也曾調查臺灣情形，並極力建議收買臺灣，又駐華代理公使伯駕（Peter

Parker ）當所謂亞羅號（Arrow）事件發生時，一方面與英法妥協，一方面考慮美國的臺灣佔領。但此議不爲政府所採納，遂掛冠而去。又同治五年（一八六六年）有美國船羅妹號（The Rover）在南方海上遭難，在臺灣登陸的船員爲龜仔角生番所戕害，而引起美國遣李仙得（Charles W. Le Gendre 又作李讓禮）及軍艦討伐南番實施報復。同治七年，有英國人荷恩（Horn，又作康）的大南粤侵墾事件：同治八年，有Eles（怡記）公司所有的樟腦被押，而鳳山、打狗等各地亦發生基督教徒被迫害的事件，此兩件事發展釀成英艦封鎖佔領安平的事件；同治二十三年，又有發端於琉球漂民遭難的日本牡丹社侵攻事件；再於光緒十年中法間有關安南之談判決裂，兩國開戰，法國遠東艦隊總司令孤拔（Anatole Courbet），來封鎖基隆、淡水、澎湖，翌年言和封鎖始被解除等等事件，相繼發生。

第二節　日本侵臺與牡丹社事件

清朝初領臺灣，到同治十三年，共一百九十年間，雖然析疆派吏，但採羈縻、孤立、封鎖政策，既無開發之意，所謂海疆防戍，也只是消滅反動勢力罷了。如果要講開闢臺灣，具有政治海防上的規模遠略，還是要算鄭成功這個人。他從永曆十五年光復臺灣以後，立定反清復明的政策，在政治設施上就「制法律」、「定職官」、「獎移墾」、「興學校」、「起池舘」、「治農桑」、「撫番民」等等，都是從基礎定開國規模，使人心有所歸向。就其政策上講，有所謂「寓兵於農政策」、「屯田政策」、「法治政策」種種，都以安內攘外爲其最高準繩，使足食足兵，戰無乏糧，守無饑色。治軍統衆，特重操練，船艦陳列，進退有法，在健全防戍力量上最爲扼要。劉銘傳後來的現代化事業，看來相當宏遠，這是一件後先輝映的事情。然清朝領有臺灣，却沒有這樣的宏略遠識，後來國際風雲劇變，列強爲伸展其勢力於中國大陸，臺灣首當其衝。臺灣雖海外孤懸，但是已早被覬覦，除英法等國而外，垂涎最甚的要算日本。到了同治十三年，牡丹社事件發生，清政府纔感到臺灣的軍略價值，命沈葆楨渡臺，主持防戍大計，這一下，纔由消極政策一變而爲積極政策。

日本自明治維新以後，即訂下侵略中國之政策，而侵略中國政策的第一步，便是侵略臺灣。田中義一在他的密呈「大陸政策」的奏摺中說：「按明治大帝之遺策，第一期征服臺灣，第二期征服朝鮮等，皆已實現。……」可知日本的侵略中國，是從侵略臺灣開始，這也是它「南進政策」的第一步。所以在同治十二年（一八七三年）中日友好條約的換文手續完畢後的次年，便自命爲琉球的保護人，藉口琉球難民被臺灣生番所殺，而向臺灣進兵了。

在同治時代，臺灣雖已經大部開化，而南部海濱在那時仍大部爲生番的分佈地區，故外人至其地的，往往被害。同治十年十月間，有琉球船載六十六人，爲颶風所襲，飄到臺灣南岸，其中五十四人爲牡丹社生番所殺。日人竟奪我對琉球的宗主權，強調琉球爲其所保護，琉球國王派人請求日本，代爲申寃，藉口尋釁，並謂日商四人亦漂流臺灣遇難。當日使副島種臣入京請覲時，即告清廷，謂將對臺用兵，並遣使柳原前光以此事實問總理衙門大臣毛昶熙董恂等。在毛昶熙的答覆中因有：「琉球係我屬國，其民被害，不煩貴國。且臺灣生番地，政教不及，其殺人刼掠，與我國政府無關。」等語。並言「生番乃化外之人。」日本遂以征討化外爲藉口，於同治十三年五月，命陸軍中將西鄉從道爲征臺事務都督，率海陸軍出兵臺灣。

當日本出兵臺灣的時候，英美均持異議，日本畏懼，遣專員赴長崎令止軍，而西鄉從道竟謂：「朝令夕改，令人無所從命，若畏清國異議，則目臣爲亡命流賊可已，何患無辭以對」？遂率海陸軍直逼臺灣，由社寮澳登陸。因爲日軍器械精利，又所至燒殺，故番不敢攖其鋒，不久，已有七番社降附。然牡丹社仍未投降，日本遂再進軍。由竹社、風港、石門三路進攻，斬生番酋長阿祿父子，於是十八社均降，風港山之三十九社也相繼投降。日軍即定龜山爲大本營，築塞建屋，修築橋樑，開闢荒地，以爲久居之地。

清廷得悉日本出兵侵略臺灣，乃於同治十三年三月二十六日照會日外務省質問，沒有得到確切的答覆。因授船政大臣沈葆楨爲欽差辦理臺灣等處海防兼理各國事務大臣，巡視臺灣，調兵籌防；並命福建布政使潘霨赴臺灣，幫同沈葆楨等籌防。潘蔚抵臺灣後，即偕臺灣兵備道夏獻綸共赴龜山日軍大本營，訪西鄉從道，與之辯論。本來早在潘氏未入臺前，清廷已與日本使臣柳原前光在上海交涉，柳原表示：一、捕前殺害日人者誅之。二、抵抗日兵爲敵者誅之。三、番性反覆難治，須立約嚴定，誓永不刼殺難民。潘氏允許照辦，抵臺後即令臺番具不再殺難民之結狀。此時與西鄉交涉，一面示以臺灣府志所載生番歲輸番銀之數，證明番人確屬我國政府管轄；一面出以臺番各社所具不再刼殺難民之結狀，保證以後決不再發生類似事件。西鄉詞窮，乃以出兵以來之耗費無着爲言，暗示欲得相當兵費賠償。另一方面柳原又赴天津與李鴻章交涉，沒有結果，乃直赴北京與總理衙門往復申辯。

這時，日本一面交涉，一面假作增兵之勢，以爲後援。清廷亦不示弱，急修戰備，並亦派福建巡撫王凱泰帶兵二萬赴臺。日人聞之，非常震恐，加以久屯龜山之兵，因酷暑癘疫，死者甚衆。因之日政府遂於八月遣大久保利通爲全權大臣，來華交涉。大久保陽示倔強，欲索軍費二百萬兩，爲清廷堅決拒絕。大久保計不得售，乃暗請英使威妥瑪（Wade Thomas）居間調停。屢經磋商，結果於是年九月二十二日訂臺事專約三條於北京。其條約內容如下：

爲會議條款互立辦法文據事：照得各國人民應保護不致受害外，應由各國自行設法保全，如任何國有事，應由何處自行查辦。茲以臺灣生番曾將日本國屬民等妄爲加害，日本國本意爲該番是問遂遣兵往彼，向該番等詰責。今與中國議明退兵並善後辦法，開列三條於後：

一、日本國此次所辦，原爲保民義擧，中國不指以爲不是。

二、前次所有遇害難民之家，中國定給撫恤銀兩；日本所有在該處修道建房等件，中國願留自用，先行議定籌補銀兩，別有議辦之據。（中國賠償撫恤難民銀十萬兩，賠償臺灣修道建屋費四十萬兩。）

三、所有此事兩國一切來往公文，彼此撤回註銷，永爲罷論；至於該處生番，中國自宜設法，妥爲約束。以期永保航客不能再受兇害。

此外交換憑單一件，憑單上即記明中國應付銀兩數目及日本退兵日期。規定同治十三年（一八七四年）十一月十二日（即明治七年十二月二十日）撤兵；所允付銀兩，須在撤兵後始付給。日本此次出兵臺灣，所得到的是條約上的「臺灣生番將日本國屬民等妄爲加害」等字，作爲將來吞併琉球的口實。而清廷在此次事件中，則受有相當大的刺激，恍然覺悟過去治臺政策的錯誤，乃改變方針，講究海防，銳意治臺。治臺的第一步，是開山撫番，臺東卑南等處，亦同時開拓。光緒元年，沈葆楨在南部番界琅璠地方，置恆春縣，屬臺灣府。又另置臺北府於艋舺，下隸淡水、新竹（就原淡水廳改設）、宜蘭（就原噶瑪蘭廳改設）三縣及臺東的卑南廳。原來的噶瑪蘭通判改爲臺北府分防通判，移駐於雞籠地方。從此，臺南、臺北、臺東的開發，更日漸加緊了。此外，沈葆楨更建議仿江蘇巡撫分駐於蘇州之例，移福建巡撫駐臺灣，以便更積極的經營臺灣，將來建爲行省。可惜這建議清廷只採納了一半，只准福建巡撫在臺灣設立行署，半年駐臺灣，半年駐福建而已。

第三節　法國人的兵侵臺灣

日本侵擾臺灣以後，清廷受一大刺激，推動了臺灣的建設。法人侵臺以後，清廷受一更大的刺激，更不能不積極於臺灣的建設了。

光緒七年以後數年，中法間以越南問題發生糾紛，中國朝廷和戰莫定，又始終缺乏負責的主持人，以致應付失當，損兵喪權。

光緒九年，法國進攻越南，越南求救於中國，清廷派兵赴援，法軍遂以軍艦擾福建、窺臺灣，以扼我南洋門戶。

光緒十年，越南之役法軍進犯臺灣，情勢危迫，詔任劉銘傳爲督辦臺灣事務大臣，旋授福建巡撫，授太子少保，加兵部尚書銜。夏五月，至臺北，未一月，法國軍至臺南，劉則趣籌戰守，乞援北洋，李鴻章亦無所應接。臺灣爲海中重地，繫東南安危，而軍政不整，餉械亦絀。未幾，而法海軍提督孤拔率艦攻基隆，銘傳因臺灣無軍艦，率提督曹志忠、蘇得勝、章高元、鄧長安誘敵岸上擊敗之。陣斬中隊長三人，獲聯隊旗二。秋七月，法艦攻福州，入馬尾，燬船廠，防務大臣張佩綸不能戰，總督何璟亦驚走。清廷詔大學士左宗棠治軍福建，銘傳乃得稍修軍備。兵備道劉璈駐臺南，亦能軍，故劉銘傳無兼顧之患。然劉璈以加營務處銜，又恃才，頗不受節制，銘傳銜之。八月，法軍復攻基隆，銘傳督戰，礮彈突至，殪數人。左右請退，曰「人自尋彈，彈何能尋人？」衆聞之，皆奮戰，士氣大振。法軍又敗去。已而諜報法艦別攻滬尾，滬尾爲臺北要害，距城三十里。銘傳慮有私，則臺北不守。命撤軍，各提督力諫，不聽，唯留統領劉朝棟駐獅球嶺。或議之，曰：「是惡知吾之深意也」。其後法艦三攻滬尾，皆受創去。宗棠以基隆失守，劾之。銘傳具疏辯。法軍據基隆，謀南下。輒爲朝棟所扼。十一年春二月，別攻澎湖，據之，而是時清之黑旗軍劉永福在越南屢勝，馮子才亦於諒山勝法軍，而法人亦無久戰意，乃議和，撤軍去。清廷詔以銘傳駐臺辦善後。六月，劉銘傳奏曰：「竊法兵退讓澎湖，臣同前陝甘總督楊岳斌於本月十七日會奏在案。善後各事，急須次第舉辦。謹爲我皇太后皇上陳之：一臺澎以設防爲急務也，查全臺各海口，大甲以南至鳳山沙線遼濶，兵船不能攏岸。遠隔四五十里，近亦二三十里，設防較易。而大甲以北，新竹一帶海口分歧，直至宜蘭，兵船可入，至遠不過三五里。基隆、滬尾雖可停泊兵船，賴有山險，如有巨礮水雷，設防尚能爲力。唯新竹沿海平沙，後壠中港皆可出入三號兵船，地勢平衍，全恃兵力，頗難着手。然猶較勝於澎湖。臣派提督吳宏洛至該處察看情形，據稱地無草木，一片沙石，無土可取，面面受敵，甚難爲力。唯港口以南，天然船塢，最宜停泊兵船。臣到臺一年，察看形勢，不獨爲全臺之門戶，亦爲南北洋之關鍵。欲守臺灣必守澎湖。欲保南北洋，亦必須保澎湖。如能澎廈駐泊兵船，防務嚴密，敵船附近，無可停泊，則不能飛越深入，不顧後路。此澎廈辦防固爲全臺之急，且非僅臺灣之急也。試就澎湖而論，若欲辦防，則須不惜重費，認眞舉行。縱兵船一時難集，而陸兵不過三千，必須多購大礮，堅築礮臺，製辦水雷，屯積糧薪，計購礮臺需費約在四五十萬兩，須一、二年內方可告竣。若敷衍將就，不若不防，旣節數營之餉，亦免臨事覆車之累，應請旨定奪。一臺澎軍政急宜講求操練也，查臺灣軍務弛廢已久，湘淮各軍皆強弩之末，欲杜浮冒，挽回積習，非切實講求操練不可。近時各營多用後門槍礮，尤非勤習操練，不能施放。不識碼號，則不識遠近高低，槍出無準。是有利槍與無槍同，且不知拆機摩擦，遇雨遇濕，上槍則損，重價購之，隨意棄之，尤爲可慨。且練兵非僅臺灣急務，亦各省之急務。唯臺灣煙瘴之地，兵丁半多煙病，將貪兵猾，寬則怠玩不振，積弊難除，嚴則紛紛告假，去而之他。一時頗難整頓。現同沈應奎、陳鳴志商酌裁留營數，除鎭標練兵不計外，若擬留三十五營，臺南合澎湖十五營，臺北合宜蘭十五營，中路嘉義彰化新竹一帶擬派五營。論形勢則臺北爲喫重，論地方則臺南爲遼長。則再無可減之兵矣。」

既而，劉銘傳又奏請專駐臺灣，略曰：「臺灣爲七省門戶，各國無不垂涎，每有釁端，咸思吞噬。前軫方適，所有建防練兵清賦撫番數大端，均須次第整頓。臣曾平居私念，以臺孤懸海外，土沃產饒，宜使臺地之財，足供臺地之用。而後可以處常，可以處變。此次歷臺經年，訪求利弊，深見實有可爲，甚惜從前因循之誤，固知補救未晚。而時會迫切，勢不能不併日經營。況臣才質庸愚，恐難勝任，重以閩疆公事繁多，而又遠涉重洋，顧此失彼。與其貽誤於後，曷若陳情於前。再四思維，唯有乘此未接撫篆之時，准開巡撫本缺，俾得專辦臺灣事務。庶幾勉效寸長。」其時臺灣百事待舉，非有文武兼備之臣，不足以資治理。清廷詔以銘傳爲巡撫，十二年夏四月就任。劉銘傳乃偕福建總督楊昌濬奏議改設行省事宜，當以理財爲要。又前貴州布政使沈應奎以罪褫職，永不敍用，銘傳念其才，奏請破格，朝廷不許。劉銘傳復力舉，乃以爲臺灣布政使。應奎工心計，樂輔助，臺灣財政因之日進。銘傳奏陳之事，次第舉行，定建省會於東大墩，以府治初闢，諸未設備，乃暫駐臺北。關於臺灣前用班兵，皆調自福建，久而積弊。光緒元年，沈葆楨奏請裁撤，新募勇營，清廷不從。唯鎭標僅置練勇，及法軍之役，銘傳自率淮軍十營來臺，頗爲奏效。至是用之，僅存三十五營，以當防備。設總營務處於臺北，隸巡撫，以候補道盧本揚任總辦，而臺灣軍政一新。然臺灣海中孤島，防務維艱，乃聘德人爲工程師，建基隆、淡水、安平、打狗各礮臺，或改修之，購置巨礮，計費六十四萬餘兩。又設軍械機器局於臺北，以記名提督劉朝幹爲總辦。併設火藥局、水雷局，自籌自製。蓋臺在海外，當恃航運，一有戰事，往來遏絕，非是不足以自給。五月，奏請清賦。當中法戰爭時，臺灣百事俱舉，而南北遼遠，內外阻隔，另籌行郵傳，增電線、築鐵路，又派革職道鴻祿、候補知府李彤恩考察南洋商務，設招商局於新加坡。購駕時、斯美兩輪船，以航行港滬，遠至新加坡、西貢、呂宋等埠。臺灣貿易爲之大進。十三年，兵備道陳鳴志、鎮海後軍副將張兆連稟請開山，清廷從之。自彰化之集集以至水尾，新設臺東埔里社兩廳，置腦務、煤務兩局，由官辦之。興殖產、勸工商、鑄金幣、行保甲，以謀長治之策。創西學堂於臺北，以教俊士。銘傳既兼理學政，十五年，蒞南歲試，或言其不文，及榜發，多一時之秀。是年檄軍築省城，基隆鐵路亦將達新竹，而政府頗多掣肘。不久，銘傳知不可爲，十六年冬十月，奏請開缺，由布政使沈應奎護理。十七年春三月，以邵友濂爲巡撫，而百事俱廢矣。

法國當戰爭失利之時，曾向英示意向清求和。李鴻章因迴護前訂之約，乃奏言澎湖既失，臺灣必不可保，當藉諒山一勝之威，與訂和約，則法人必不再要求。朝廷遽納其議，立命停戰，實則臺灣之戰，法軍三犯滬尾，又犯月眉山，皆被守軍擊退，並先後殲法軍千餘，相持凡八個月。和議既成，法人交還基隆、澎湖。

中法戰爭，開戰勝國向戰敗國割地賠款先例。西方列強競欲侵凌中國，至此尤日甚一日。清廷之腐敗，完全暴露。國父孫中山便是在這一年，立下發動革命，推翻滿清的堅決志願。

第四節　中日甲午戰爭割讓臺澎

日本自明治維新以後，一貫的政策卽在征服臺灣，進而征服中國。同治十三年，日本藉琉球問題而侵擾臺灣，便是這一政策的初步嘗試。這一嘗試因爲清廷外交的遲鈍無能，它居然成功，打下了呑滅琉球的基礎。所以在光緒元年，他便派遣熊本鎭臺之兵駐屯琉球，並命琉球奉明治的年號。至光緒五年卽廢藩爲縣，改琉球爲沖繩縣。而琉球遂全爲日本所呑併了。

日本自呑併琉球以後，眼見清廷的怯懦與無力，遂積極謀取臺灣。到了光緒二十年，中日大戰便爆發了。

中日之戰是以朝鮮東學黨之亂而引起的。早在光緒元年，日本卽開始執行其大陸政策，向朝鮮挑釁，礮轟江華島。結果清廷放棄了朝鮮的宗主權。羅惇曧中日兵事本末云：「光緒元年秋，日本以兵艦突入朝鮮江華島，毀其礮臺，焚永宗城，殺朝鮮兵，掠軍械以去。復以兵艦駐釜山，要盟。方副島種臣之來議也，乘間語總署，朝鮮是否我屬國，若爲屬國，則由我主朝鮮通商事。總署答以朝鮮雖我藩屬，而內政外交，聽其自主，我朝向不與聞。……至是，日本以兵脅朝鮮，而遣開拓使黑田清隆爲全權大臣，議官井上馨副之，赴朝議約。二年春，約定認朝鮮爲獨立自主國，互派使臣；並開仁川、元山兩埠通商。日艦得隨時測量朝鮮海岸。中國視之漠然也。」

此後日本人更進一步，培植朝鮮黨爭，製造侵略朝鮮的機會。光緒八年，朝鮮有新舊黨爭之事。

舊黨執政，殺日本練兵敎師崛本以下七人，焚日本使館。日本遂乘此出兵干涉朝鮮內亂。結果日朝訂結濟物浦條約，日本得駐兵漢城警衞使館。光緒十一年，中日又締結天津條約，內規定：「將來朝鮮如有事，中日兩國或一國要派兵，應先互行文知照；及其事定，仍卽撤回，不再留防。」這剛好墜入日本詭計中。而光緒二十年，朝鮮東學黨之亂，遂乘機出兵，釀甲午之戰。戰爭開始，中國海疆戒嚴，臺灣爲東南屏蔽，清廷因命劉永福率師渡臺，計劃防守，惟全臺兵冗將新，人和地利皆失。唐景崧繼邵友濂爲署臺灣巡撫，移永福軍於臺南，而自任守臺北，中路則由臺紳林朝棟督紳勇守之。光緒二十一年春，日本海軍在澎湖文良港登陸，繼之澎臺間電線中斷，澎湖卽失，臺灣益孤。

戰爭爆發後不到三個月，中國海陸喪師，已作求和的準備，英國曾一度出面調處，但是清廷一部份大官，對俄企望過殷，而日本又絕不肯在朝鮮獨立及賠償兵費兩條件下終止戰爭。割取中國的領土，取得更大的利益是日本已定的原則，在連戰連勝，氣焰萬丈的情況之下，日本對朝鮮思逞其大慾，遼東半島（甚至整個東北）與臺灣（甚至閩粵），均須收入日本的版圖，海軍方面對於臺灣尤認爲必不可少。呑併臺灣不惟爲過去的夙願，且關係今後東洋的霸權。

據傳清朝當時疑懼日本佔領臺灣，一時欲將臺灣讓與英國人以制止日本野心。英國不表同意，此事遂罷。又據云：「中法戰爭以來，法國垂涎此島，急遽派遣二艘往澎湖島，告島上守將稱，日本艦隊將來，並提議暫時將臺讓與法國，以避日本軍攻擊，但遭到劉永福拒絕。」當時德國也一變從來不介入之政策，企圖在中國尋求擴展勢力的據點，其一目標在臺灣、澎湖島。德皇威廉二世覬覦臺灣，德駐北京公使，也向政府建議佔領膠州灣或澎湖島，經過種種波折後，結果德國獲得膠州灣。然德國不欲法國在臺灣擁有勢力，故傳在中日戰爭後，由於俄、德、法三國干涉結果，使日本政府宣言臺灣海峽航行自由，臺灣、澎湖島不割讓他國。

甲午戰爭後，中日簽訂馬關條約，益加重了中華民族的危機，愈降低了中國的地位，而臺灣更陷入了水深火熱；這豈祇是中國臺灣步入悲運，遠東的情勢亦隨之大變。

民國三十四年（西元一九四五年），第二次世界大戰勝利，依據開羅會議宣言，臺灣及澎湖島等歸還中國。同年十月二十五日，中國戰區臺灣省受降典禮於臺北市中山堂舉行。回溯日本對臺五十年之占據，雖留下不少物質文明之遺蹟，然終不能消滅我中華民族文化活力。故臺灣省今日居民生活方式，仍能完全保持我國固有傳統。

第十二章　割臺與朝野的反對

第一節　痛心割臺灣省

日本自明治維新後，國勢蒸蒸日上，開始向外從事侵略。朝鮮是中國的藩屬，有二千多年的關係，距離日本最近，是由日本到大陸的橋樑。清光緒二十年（一八九四年），爲了日本大舉出兵，動手侵略朝鮮，引起了中日戰爭。日本在海陸軍戰無不勝的情況下，企圖割取中國的遼東半島一帶及臺灣甚至附近的土地，並要求更多的利益。海軍希望南進，更急於侵奪臺灣。前文都大臣井上毅，也力主佔取臺灣，他在是年多，向內閣總理大臣伊籐博文指出：「世人皆知朝鮮主權之必不可爭，而不知臺灣占領之最可爭，何哉？……占有臺灣，可以扼黃海、朝鮮海、日本海之航權，而開闔東洋之門戶。況臺灣與沖繩及八重山羣相聯，一臂所伸，可制他人之出入。若此一大島落入他人之手中，我沖繩諸島亦受鼾睡之妨，利害之相反，不啻霄壤。臺灣也者，臺灣也者，臺灣而爲戰勝獲物，以此結果，天下後世必不以此役爲不廉之捷矣！若失此機會，二三年之後，臺島必爲他國所有，不然亦必爲中立不可爭之地矣！」

中國海陸軍戰敗後，即開始請和。光緒二十年十月，曾請美國調停，並派天津海關稅務司德人德瓘琳（Gustar Detring ）前往試探，日本拒絕。十二月，派遣總理衙門大臣戶部侍郎張蔭桓、署湖南巡撫邵友濂赴日議和，又以全權資格不足之理由而拒絕。日本政府表示如中國「誠信求和，委其使臣以確實全權，選擇有名望官爵足以擔保實行條約之人員當此大任。」清廷知道日本所指是李鴻章，時值關外危急，威海衞海軍敗覆，畿疆振撼，只有唯命是從，光緒二十一年正月（一八九五年十二月），授李爲頭等全權大臣。日本要李所當的「大任」是什麼呢？爲顧慮歐洲國家的干涉，及促成和議的早成，有預將重要案件告知中國的必要。光緒二十一年正月二十三日（一八九五年二月十七日），由美使轉述，除確任朝鮮獨立，賠償軍費外，全權使臣必須具有割讓土地的權力。日本的野心與眞面目露出來了。

正月二十八日（二月二十二日），光緒皇帝召見李鴻章與軍機大臣，談到和議，李爲自己預留地步，謂「割地之說，不敢擔承。」軍機大臣戶部尚書翁同龢爲誠意的反對割地者，他說「但得辦到不割地，則多償，當努力。」孫毓汶，徐用儀（均軍機大臣）則以爲不割地和議難成。此後數日王大臣一再集商，無所定議，但李鴻章與掌管外交的恭親王奕訢已傾向於割地方面。日本既要求割地，稍爲明白時事的人，均料割臺灣必難倖免，但自己無力抗拒。二月初四日（二月二十八日），兩江總督張之洞卽電請以臺灣作保，向英國借款，以杜日本要索。總督詢之總務司英人赫德，則謂決辦不到。二月初六日（三月二日），恭親王等與光緒皇帝相商，決予李鴻章以商讓土地之權。李當日上摺，引證中外歷史上割地的先例，不妨暫屈以求伸，否則勢難解紛紓急，不過應讓何地，方域廣狹，自須斟酌輕重。

翁同龢則力言「臺灣萬勿議及之理」。但翌日王大臣會奏，有「宗社爲重，邊徼爲輕」之語，就在這一天正式予李鴻章以商讓土地之權力，當然，這是出於萬分無奈。

二月二十四日（三月二十日），李鴻章和伊藤博文首次會議，日軍於是日集中澎湖。想在和議期間攻取臺灣。二月二十八日（三月二十四日），第三次會議，鴻章表示「所示和款，若與他國有關涉者，請貴大臣愼酌。」伊籐談到日軍正進攻臺灣，鴻章表示當地居民強悍，英國亦有不願他人盤踞之意。並說：「臺灣已立一行省，不能送給他國。」伊藤不理。鴻章想運用國際關係來挽救臺灣的苦心，於此可見。李鴻章與伊藤博文，初議停戰，而不言及臺灣，日本野心於此可以先覘。會議完畢，鴻章出會場遇刺受傷，日本始允停戰議和。

三月初七日（四月一日），日本送來和約底稿，第二款卽爲割讓奉天省南部及臺灣省與澎湖群島。日方的限期四日，三月十一日，鴻章先行答覆，認爲讓地「如果勒令中國照辦，不但不能杜絕爭端，且必令日後兩國爭端紛紛而起，兩國子孫永成仇敵，傳之無窮矣！」清廷接和約底稿後，廷議紛紜，最後由總理衙門電令鴻章，對於割地，「必不得已，應以一處爲限。」

三月十五日（四月九日），鴻章提出全部修正案，讓地則限於安東四州縣廳及澎湖島。第二日第四次會議，日方對賠款減三分之一，對奉天割地酌量縮小，臺灣、澎湖群島則需割讓。三月十七日，鴻章接到清廷指示，以金州及臺灣礦利讓日，鴻章電告清廷：日本志在取得土地，似非允以礦利所能了事。

三月十七日（四月十一日），伊藤致函鴻章：「中國或允或否，務於四日內告明，三月十九日（

四月十三日），回覆鴻章函：「所宜回覆者，惟有允否兩字耳！」

清廷在三月十八日（四月十二日）電鴻章「割讓臺灣南部」，鴻章在第二天上午接到此電，即電告清廷「割臺之半，亦必不允。」而且日本已派兵船前往大連，恐非即與訂約不可。到三月二十日，總理衙門電令與之訂約，三月二十一日（四月十五日），李、伊最後一次會議，關於臺灣交割和臺民內遷問題，鴻章聲明如生事端，與中國無涉。三月二十三日（四月十七日）條約簽字，正約十一款。第二款的第二項第三項，即規定臺灣及澎湖，永遠讓與日本。

割地，對國家民族而言，實爲奇恥大辱。當時李鴻章在北京商議時，臺灣巡撫唐景崧已知割臺之說，曾電清廷痛陳。翰林院編修黃紹箕、徐世昌亦上奏反對割臺。等鴻章到日本談判後，全國都知道割讓臺灣的事。在其時，朝廷中除慶親王奕劻和少數廷臣，極大多數都反對割臺。到了「連日紛紛章奏，臺不可割，幾於萬口交騰」的地步。計有翰林院侍讀學士文廷式、御史張仲炘、王鵬運、高燮曾、劉心源、裴維侒、祭酒陸潤庠、給事中余聯元、褚成博、丁立瀛、編修丁立鈞、李桂林、宋伯魯、柯紹忞等或單銜入奏，或聯名上疏反對割臺，另有京官、國子監肄業生，也相繼奏請不可割臺，摺奏多如雪片，是年正值會試，各省舉人群集北京，舉人紛紛聯名，紛紛赴都察院投遞，反對割臺。四月初七日（五月一日），康有爲發起大會，十八省省舉人一千二百餘名參加，討論拒約自強辦法，六百零四名舉人，聯名上書反對和約（即公車上書）。各省長官如張之洞、李秉衡、劉樹棠等也上奏請求不應割臺。臺灣省方面，得到割臺消息，更是人心憤慨，士民上稟請巡撫衙門轉奏者，難以數計。當時舉國上下，對於割地之事，莫不痛心蹙首，但是自強無効，抗敵失敗，無可奈何！

由於各方的力爭，臺省紳民的反對，以及三國的干涉還遼，清廷再諭李鴻章，向伊藤交涉，企圖暫緩批准和約，但李鴻章認爲不可能，終於在「君臣相顧揮涕」的情況（據翁同龢日記），於四月初八日（五月二日）批准和約，初九日李再電伊藤「應將臺灣一事，重爲考慮，另行籌商。」亦遭拒絕，只得於四月十四日（五月八日）夜間，在煙臺互換馬關條約，在換約之前，反對的奏疏仍是繼續不斷。

第二節　臺灣省的防務

臺灣建省的時候，劉銘傳以淮軍宿將出任巡撫，當時淮軍駐臺的有四十多營，後來邵友濂繼任，却把防務裁撤得只剩二十多營。光緒二十年五月（一八九四年六月），中日朝鮮交涉到達嚴重程度，沿海戒嚴。臺灣孤懸海外，屢有日本侵臺傳說。總理衙門知照邵友濂妥籌防範，閩浙總督譚鍾麟打算調南澳鎮總兵劉永福增援，軍機處亦命兩江總督劉坤一酌派兵輪，後來南洋的南琛、威靖兩兵輪，於六月十二日（七月十四日）到達臺灣，參與海防工作。

清廷聞日本爲牽制華軍進攻朝鮮，將派軍隊攻臺灣，於六月二十二日（七月二十四日），調派福建水師提督楊歧珍及廣東南澳鎮總兵劉永福，迅帶兵勇渡海防臺。尋又命永福與布政使唐景崧幫辦防務，並令南北洋及福建協辦餉械。七月，永福率領廣勇兩營到臺北，又加募了六營。八月，楊歧珍的十營兵勇也到臺。

據七月初間，臺灣巡撫邵友濂的報告，臺灣原有及新募的兵勇約六十餘營。加上江蘇、浙江、廣東招募的，以及劉、楊二軍九十營以上。軍餉除沿海各省協濟外，並向上海洋商借一百五十萬兩，槍彈軍裝，則從閩、粵、鄂三省借撥。當時防務的佈置，提督張兆連領十三營，防守基隆一帶扼社寮，臺紳道員林朝棟領十營，守獅球嶺。提督李本清領七營，守滬尾，後因本清和布政使唐景崧不和，本清求去，改派提督綦高會守滬尾，不久又改派提督廖得勝，兩月之中，滬尾三易守將。

主持全臺防務的是邵友濂，是個文人，不如劉銘傳的決斷，工於應付，未能稱職，官吏交章參劾。如閩浙總督譚鍾麟說他「本不知兵，師心自用，朝令夕改，文武嘖有繁言。」而友濂因見朝鮮和東邊戰敗，深恐戰火將及臺灣，不安於位，密求內調，借病請辭。九月十五日（十月十三日），清廷調其爲湖南巡撫，而由布政使唐景崧升任。

唐景崧本有志之士，在中法戰爭時，顯露頭角。他任布政使時，與邵意見不合，曾奏參邵友濂，辦理臺防，雖失之張皇，但佈置頗有頭緒。自接任後，舉動任性，各軍統領更換不少。時咨閩浙總督檄候補道員楊汝翼募湘勇一千五百人來臺協防，命胡友勝在基隆一帶開地營（即地下掩蔽工事），徵前澎湖總兵吳光亮爲統領，率所部粵勇二千來臺，又奉派在籍兵部主事丘逢甲，募民兵佈防。十二月，電調刑部主事俞明震。派副將黃義德、弁目吳國華，帶銀二十萬兩內渡，到廣東招募勇丁。光緒二十一年（一八九五年）春天，廣勇陸續來到，不守紀律，難以管束。三月調副將陳季同來臺並辦外務。四月，禮部主事李秉瑞，也自請到臺効命。先是劉永福調臺，邵友濂認爲不可用。而景崧和永福因在廣西時，兩人曾有意見，互不相容，所以派永福軍移守臺南，會同臺南總兵鎭守南路，景崧自守北路。林朝棟率領臺勇，守中路彰化。全島部隊，約有百營，最後新舊土客合計，據云加到三百數十營，每營編列三百六十人，應達十二萬人左右，但有人估計爲五萬人，或八萬人。大半係臨時招募，烏合之衆居多。景崧又偏袒粵軍，廣勇和臺勇頗不融洽，對日後抗日戰爭，發生極壞影響。

自光緒二十一年正月（一八九五年二月）後，日軍攻臺之說大起，二月十四日（三月二十日），日艦到澎湖。二十七日（二十三日），在文良港等處登岸。二十九日（二十五日），澎湖陷落。臺灣的地位更形孤立。朝廷准唐景崧再借洋款三百萬兩，且由戶部先撥匯豐洋行借款五十萬。更令兩廣兩江閩浙三總督接濟。馬關談判時鴻章遇刺後，北方停戰，但臺灣不在內。日人堅欲侵佔臺省之心，毫未放鬆。

第三節　爭取外援的不成

馬關條約談判時，北京傳出割讓臺灣省消息，全省同胞莫不憤慨萬分。三月二十三日，唐景崧電奏：「查外國近來或聯二、三國爲同盟密約，我可急挽英、俄同盟，許其保遼、保台，即以償倭之款與英、俄，或請各國從公剖斷；不可專從李鴻章辦法。割臺，臣不敢奉詔。……倭人到臺，臺民抗戰，臣亦不能止。」等割臺事證實，三月二十五日（四月十九日），臺北紳民男婦，即到撫署向唐景崧及其母環泣，並電告臺南、臺中各紳士，留景崧固守。義憤所激，萬衆一心，次日卽鳴鑼罷市。臺籍京官及翰林擧人又請都察院代奏，痛言：「閭巷婦孺，莫不欲食倭人之肉，各懷一不共戴天之仇，誰肯甘心降敵。」「與其生爲降虜，不如死爲義民。」他們的言辭悲壯，聞者無不動容。

臺灣省官民，希望清廷不允割臺旣辦不到，遂轉而尋求外援。早在光緒二十一年初，兩江總督張之洞認爲英人重利，建議以臺灣作保，向英國貸款，藉此杜絕日人的吞臺野心。更主張允許英人在臺開礦一、二十年。清廷同意，二月十三日（三月九日），張之洞電出使英國大臣龔照瑗懇切和英國外部密商，許以利益，希望英國保臺。可是英國不肯出力，但不反對英國商人借款。張再電龔詢問究竟，屢催不復。

馬關條約簽訂後，各方更望外援。三月二十六日（四月二十日），駐滬尾英領事到撫署，臺北紳士環請設法，願以臺歸英保護，將煤、金兩礦，並茶、腦、磺三項關稅爲酬，土地政令仍歸中國，懇其轉達公使。唐景崧一面電龔，一面奏請飭總理衙門與英使切商，四月三日（四月二十七日），復電請張之洞聯名電龔，逕和英外部交涉，並兩人會銜奏請允給英以在臺利益。但英國另有打算，以辦不到堅辭。

其時，俄、德、法三國干涉還遼的情況已漸明朗，三月二十九日（四月二十三日），景崧電奏：「臺灣爲各國入華咽喉，歸之倭人，不獨臺民不服，恐各國亦不願從。」請總理衙門與各國使臣從公商斷，仿照舟山及朝鮮的巨文島與各國皆有關係之例，使臺灣中立化。四月初三日（四月二十七日）

，他再奏具體辦法：「全臺許各國為租界，各認地段開礦，我收其稅，則利益均沾，全臺將益繁榮。而各國有租界，商民萃集，自必互禁侵擾，煙臺、上海是其明徵。……必有利於人，始肯助我及此，各國如肯調停，必須有切實辦法。」

四月初四日（四月二十八日），景崧又電請總理衙門代奏：「茲據紳民血書呈稱：萬民誓不從倭，割亦死，拒亦死，寧先死於亂民手，不願死於敵人手。……查公法云：割地須問居民能順從與否？又云：民必順從，方得視為易主等語。務求廢約，請諸國公議，派兵輪相助。」臺省官民如此企望，清德宗在「萬口交騰，臺不可棄」的請求之下，於四月初五日諭詢鴻章，能否藉三國干涉機會，與伊藤通信，「詳籌挽回萬一之法。」第二天，鴻章復電，認為如果改約，只有「速其決裂興兵，為大局計，未敢孟浪。」

法國也關心遠東的問題，三國聯合以後，中國希望干涉的範圍及於臺灣。陳季同是留法海軍學生，在中國巴黎使館做過參贊，他替唐景崧籌辦外交，他們與張之洞計畫爭取法國援助。王之春是之洞親信，去年赴俄擔任專使。其時正在巴黎。四月初七日（五月一日），奉旨與法切實商辦。四月初八日，之春有電告之洞，謂法外長表示極好，即日派艦赴基隆、滬尾，並約西班牙相助，另電詰日本。龔照瑗為駐英法使臣，也曾和法外長談過。四月初七日電告景崧：「法有保臺澎不讓倭意，與瑗言甚切。」四月初十日（五月四日），有旨令再與法切實商辦。四月十一日（五月五日），法外長竟推辭不與龔見面。告參贊慶常：「適聞中日新約批准，事勢既定，動多掣肘，一切佈置，徒費苦心。」法國態度完全改變。

王之春本是路過法國，在巴黎談判，不大方便。因爲清廷派駐英法公使龔照瑗，也來巴黎；法國外交部，由於王、龔兩使猜忌，惟恐消息外洩，反生別事，對之春的照會不覆。之春疑心照瑗阻撓，因爲旨令照瑗回英；照瑗遲遲不行，事情更難進行。四月十七日（五月十一日），法國駐華公使施阿蘭（Gerard ），到總理衙門說明法國不便干涉意思，倘日後臺灣發生別項情形，法國也許另有打算，應令王之春回國。

但龔照瑗來電又告「法與他國密議臺事。」四月二十二日（五月十六日），清廷再命駐法參贊慶常，向法外交部重申護臺之請，法國拒絕。四月二十九日（五月二十三日），景崧也向過臺赴日的法海軍軍官詢問能否保護，仍無結果。

法援不成，又轉向德國試探。德國是干涉還遼三國之一，自然注意遠東問題。據唐景崧報：「有德人來說：『中德交情最厚，向無微嫌，臺事曾請英俄設法，今又轉請法，獨未及德，似未周到。』因此向德領事探商，渠亦以爲有電旨，飭許使（駐俄德使臣許景澄）向德外部商請阻割臺灣，並由總署向德使籌商。」但德法的不和是衆所周的，景崧和慶常都不以約德爲然。而四月二十一日（五月十五日），俄外相羅拔諾夫（Lobanoff ）告許景澄，俄國不能過問臺事，又言「德國已由領事告臺民不能保護。」鴻章也囑天津稅務司德人德璀琳向前駐華德使巴蘭德（Von Brandt ）設法。但巴蘭德反指鴻章陰令臺民抗拒日人，顯係違約。德外交部更聲稱臺灣兵丁增加，中日如再開仗，則係中國違約，不但臺地必失，舟山、海南及其他要地，也有問題。德國如此警告，是爲了聯絡日本，不願過分削弱日本，以免減低在遠東牽制俄國的力量。

由於英、俄、法、德不肯援助，張之洞及唐景崧，只得另想別法。他們聽到日本交還遼東，可付款作爲贖金。四月二十八日（五月二十二日），景崧電請援例加費，贖回臺灣，將臺灣另行押與他國，以付贖款。之洞說美國估計臺灣可押十萬萬兩，大約可押數萬萬兩；請總理衙門和鴻章與日本商議。此事是否可行，很成問題。但此事未及進行，臺灣省同胞的自衞戰爭，已經開始。

第四節　交割臺灣省的經過

日本因爲三國干涉還遼，躭心臺灣發生變化，所以在四月十四日（五月八日）煙臺換約後，即任命樺山資紀爲臺灣總督，前來接收臺灣。四月十八日，伊藤電告鴻章，並望中國政府速派大員會晤交割；總督到任以後，境內保全平安事情，日本自行處理。鴻章於四月十九日轉電總理衙門，可否仍責成唐景崧，和日員商辦。同天，駐華美使田貝也接日本政府來電，告以樺山資紀總督受命赴任。希望中國政府即派大員會商，並先告以姓名官階。美使函告總理衙門。其時，唐景崧早已在五月十六日（五月十日）電奏清廷：「割臺臣不敢奉詔。……臣忝權臺撫，臺已屬日，即交繳辦法，仍用臺撫之銜，不特爲臺民笑，更爲日人笑也。」清廷只好在二十日（十四日）電諭鴻章，除准許鴻章繼續病假一月外，並言：「唐景崧係守臺之官，萬無交臺之理。況現在被臺民迫留，危在旦夕，亦無權與之交割。

」要鴻章想補救的辦法。

鴻章於四月二十一日（五月十五日）致電伊藤，以臺灣兵民交憤，請樺山資紀暫緩啓程，商酌辦法，伊藤於二十三日（十七日）復電，認爲所有臺灣主治地方之權，業已交給日本，了結地方變亂辦法，不必會商。所派接收臺灣的樺山資紀總督，已於二十三日從西京啓程。「中國政府祇須將治理臺灣之事，並公家產業，照約派大員交與日本大員。」日本既然決心要侵取臺灣，並不因臺地生變而終止，鴻章只好轉告總理衙門，應先行電知唐撫準備，以免有誤大局。

其時，駐俄使臣許景澄來電。告以俄國謝絕阻止割臺。清廷無可奈何，惟有照約交割。四月二十四日（五月十八日），刑科給事中謝雋杭，爲羞辱鴻章父子，奏請派渠等交割臺灣云：「此事既屬李鴻章李經方始終主謀，豈有功居垂成反自逍遙事外之理。且該大臣等既然定割地請和之策，自必有用夏變夷之才。國家用人專一，若忽舍而他求，臣恐其脅迫朝廷，且未有已也。」奏上，卽頒諭李經方赴臺灣和日本大臣商辦事件。

鴻章當日將上諭電告經方，經方因病辭謝。第二天，鴻章電總理衙門告以經方患病，請代奏收回成命，改派他人。但清德宗意志已決，二十六日（二十日）電責鴻章：「何得置身事外，轉爲李經方飭詞塞責。……仍著李經方迅速前往，毋許畏難辭避。」朝廷的清議，也對鴻章不滿，鴻章無可如何，卽日電告經方，並吩咐將來交割辦法，以及應備手續。尋清廷命令經方逕赴臺灣，和樺山資紀在臺灣海口會晤。

日本決心接收臺灣，清廷知道無法挽回，只好在四月二十六日（五月二十日）發出電旨，令署臺灣巡撫布政使唐景崧，開缺來京，臺省大小文武各員，由唐景崧飭令陸續內渡。景崧接旨後，因被紳民留住，無法離去，只得先令各官員陸續內渡。

經過雙方交涉，會晤地點爲淡水（滬尾），雙方代表都是全權大臣，樺山資紀於五月初五日（五月二十八日），偕同督府人員，乘橫濱丸到達臺灣港口，李經方於五月初七日扶病由上海乘公義輪動身，五月初九日（六月一日）到達淡水海面，日艦千代田在港口相候，以樺山信函交給經方，聲稱因淡水守軍射擊，無法進口，請改在基隆相會。五月初十日（六月二日），經方偕隨員登橫濱丸談判。當時日軍已經登陸，戰爭已起。

樺山先表示待攻下基隆，到臺北後，再行商議交接。經方認爲臺民已變，無法登岸點交，而且抱病前來，不能起立，如等候平定後交接，時間必久。經方從上午辯論到中午，經方昏眩，坐不能安。樺山請經方先行回船，一小時後，樺山回拜，詢問淡水駐軍爲何開放槍礮？經方告以係臺民抗拒，非官與兵所爲。樺山索取清單，經方只肯含糊寫上「臺灣全島、澎湖列島各海口，及各府縣所有堡壘、軍器、工廠及屬公物件」等籠統字樣的清單，雙方又辯論三、四小時，才決定照鈔和約中臺灣經緯度界的條文，出具交接臺灣文據，晚十時左右簽約竣事，交割手續完成。經方在次晨零時三十分，啓程返回上海。

經方將簽署交割臺灣的文據及經過禀告鴻章，鴻章電奏清廷。清廷因臺灣自主抗倭，恐日本歸罪中國，乃諭令鴻章電告伊藤，伊藤電覆鴻章：「臺灣業經按照馬關條約交割清楚，聞之實深欣悅。」但中國全國人士，聞之莫不痛心萬分。

第十三章 日寇侵臺與義民抗暴

第一節 永屬大清的獨立

改約的希望落空，外國的援助不成，全國同胞的支持，也無效果。臺灣省同胞，自然憤慨萬分。有識之士，只有計議戰守以抗日，馬關簽約的第二天，統領全臺義勇的工部主事丘逢甲同全臺紳民，即請巡撫唐景崧代奏清廷：「和議割臺，全臺震駭。……全臺非澎湖之比，何至不能一戰，臣等桑梓之地，義與存亡，願與撫臣誓死守禦，設戰而不勝，請俟臣等死後，再言割地。皇上亦可對祖宗，下對百姓。如倭酋來接收臺灣，臺民惟有開仗。」

其時，臺灣的情形動盪不安，四月初四日（四月二十八日），景崧電督辦軍務處云：「臺民不願歸倭，尤慮亂起，一棄此地，即無王法，不能以尚未交接解之。文武各官不能俟日人至而後離任。官既離任，民得自逞，不獨良民塗炭，各官亦斷難自全。鹽為養命之源，無法管理，萬民立困，此一事即萬難處。現在各署局幕友書吏僕役，辭散一空。電報驛站，亦將無人，勢必不通，無從辦事，至撤勇營，尤為難事。愚民唯知留臣與劉永福在此，即可為民作主，不至亂生。」清廷則電諭景崧，割臺因時勢所迫，為免京師動搖，生靈塗炭起見，勉從其議。勸告臺民，勿得因一時過憤，致罹後患。景崧將原電公告，臺民氣憤不過，作檄文痛罵李鴻章、孫毓汶、徐用儀，斥渠等爲賊臣，誓與之不共戴天。並寄上海申報、滬報、新聞報刊登。

四月二十一日（五月十五日），全臺紳民，又向總理衙門、南北洋大臣、閩浙總督、福建布政使，發電呼籲，電云：「臺灣屬倭，萬姓不服，迭請唐撫院代奏臺民下情，而事難挽回，如赤子之失父母，悲慘曷極！伏查臺灣爲朝廷棄地，百姓無依，惟有死守，據爲島國，遙戴皇靈，爲南洋屏蔽。惟須有人統率，衆議留唐撫臺，仍理臺事，並請劉鎮永福，鎮守臺南。一面懇請各國查照割地紳民不服公法，從公剖斷，臺灣應作何處置，再送唐撫入京，劉鎮回任。臺民此舉，無非戀戴皇清，圖固守以待轉機。」

五月十六日（四月二十二日），紳民公請景崧暫統政事，景崧再三推讓。並電告總理衙門，謂臺民願意抗日，堅留唐劉二人死守。日本如來接收，必致兵連禍接。清廷得此電後，曾囑鴻章電伊籐表示難以交割，伊籐表示卽來接收臺灣。清廷只得在四月二十六日，明諭唐景崧開缺，官員內渡，以免再生波折。

臺灣省紳民因見景崧已被開缺，決定自立爲民主國，劉永福也表示與土地共存亡。四月二十七日，紳民又向景崧環籲。五月初二日（五月二十五日），紳民丘逢甲等齊集衙署，向景崧上「臺灣民主國總統之印」，（國璽是「民主國之寶印」）及藍地黃虎國旗，（旗高八尺，濶一丈，黃虎內向。）鼓樂齎捧，行兩跪六叩禮，建號「永清」，以示永遠屬於大清。景崧堅辭不獲。因思日人到臺，臺人必拒，不可再用龍旗，恐爲倭人藉口，牽涉中國，暫允視事，將旗發給各砲臺暫換，印暫收存，專爲對各國交涉之用。

民主國的政府機構很簡單，總統府用巡撫衙門，創設軍務部，改潘司衙門爲內務部，籌防局爲外務部，由李秉瑞、俞明震分任軍、內、外三衙門督辦。設立議院，陳雲林、洪文光、白其祥等數人任議員，推前太僕寺正卿林維源爲議長，辭未就。曾捐銀一百萬兩。前幫辦劉永福爲「臺灣民主將軍」，丘逢甲爲義勇統領，道員姚文棟爲游說使。各府州縣官亦分別派定。當日砲臺升起黃虎旗，鳴放禮砲二十一響，外商兵艦也鳴砲升旗慶賀。卽照會各國領事，並曉諭全臺，布告內外。

當臺灣紳民初舉義旗時，卽電奏清廷：「臺灣士民義不臣倭，願爲島國，永戴聖清。」聖清卽指中國，說明爲中國而抗日，唐景崧也通電各省大吏，彼「不得已暫主總統，由民公舉，仍奉正朔，遙作屏潘；商結外援，以圖善後。」

景崧用永清年號，向全省同胞發布文告，署銜爲「臺灣民主國總統，前署臺灣巡撫、布政使」，表面看不合邏輯，實則說明二者卽爲一事，對日本爲「臺灣民主國總統」，對國內省內則爲「前署臺灣巡撫、布政使。」文內說明因「無天可籲，無主可依，」始「自立爲民主之國」。繼說明成立經過及將來的政策。特別聲明「仍應恭奉（中國）正朔，遙作屏藩，氣脈相通，無異中土。」實際仍與中國爲一體。自主後，五月初六日，景崧仍以「前署臺灣巡撫銜」電北京王大臣，說明「今之自主，爲拒倭計，冤其向中國饒舌，如有機，自仍歸中國。」卽可說明全臺人士之一番苦心。

臺灣士民，也對中外發表佈告，內稱：「竊我臺灣隸大清版圖，二百餘年。……竟有割臺之款，事出意外；聞信之日，紳民憤恨，哭聲震天。繼經唐撫帥電奏迭爭，並請代臺灣紳民兩次電奏，懇求改約，內外臣工，俱抱不平，爭者甚衆，無如勢難挽回。紳民復乞援於英國，英泥局外之例，置之不理。又求唐撫帥電奏，懇由總理各國事務衙門商請俄法德三大國，併阻割臺，均無成議。嗚呼！慘矣！……今已無天可籲，無人肯援，臺民惟有自主，推擁賢者，權攝臺政，事平之後，當再請命中朝，作何辦理。倘日本具有天良，不忍相强，臺民亦願全和局，與以利益。惟臺灣土地政令，非他人所能干預，設以干戈從事，臺民惟集萬衆禦之。願人人戰死而失臺，決不願拱手而讓臺。所望奇才異能，奮袂東渡，佐創世界，共立勳名。至於餉糧軍械，目前儘可支持，將來不能不借資內地。不日即在上海、廣州及南洋一帶埠頭，開設公司，訂立章程，廣籌集款。臺民不幸至此，義憤之倫，諒必慨爲傾助，洩敷天之恨，救孤島之危。並再佈告海外各國，……考公法，讓地爲紳士不允，其約遂廢，海邦有案可援。如各國仗義公斷，能以臺灣歸還中國，臺民亦願以臺灣所有利益報之。臺民皆籍閩粵，凡閩粵人在外洋者，希垂念鄉誼，富者挾資渡臺，臺能庇之，絕不欺凌，貧者歇業渡臺，既可謀生，兼同洩憤。此非臺民無理倔强，實因未戰而割全省，爲中外千古未有之奇變。臺民欲盡棄田里，則內渡後無家可歸，欲隱忍偷生，實無顏以對天下。因此搥胸泣血，萬衆一心，誓同死守。倘中國豪傑及海外各國能哀憐之慨然相助，此則全臺百萬生靈所痛哭待命者也。」

這篇文告，充分表現出悲壯悽涼、慷慨的心情，讀來令人痛心泣血，而一心一意的要在「事平之後，當再請命中朝，」「以臺灣歸還中國。」指出「臺民皆籍隸閩粵，」實爲中國血肉不可分的一部分，臺省同胞並不是要獨立，而是要抗拒日本，使之復歸中國仍爲一體！

第二節 日軍攻臺與北部的抗敵

光緒二十一年五月初二日（一八九五年五月二十五日），自主以後，官民乘船內渡的不少，大小地方官有一百五十人。五月初三日，北路的福建水師提督楊歧珍，南路的臺灣鎮總兵萬國本，均撤營內渡，兵力士氣，很受影響。據自主後臺民佈告，稱「有防軍四萬人」，亦有謂陸軍不過百營，不足三萬五千人，缺點是新軍民兵不少，多由臨時招募而來，缺少訓練紀律，而且單位太多，彼此不能團結合作，軍隊約五分之三駐北部，五分之二駐南部，省內義軍紛起，但沿海防備不密，海上並無一隻兵艦，以牽制敵人，武器軍需方面，火藥局和軍裝機器局，每天動工約八百人；另向德國訂購彈藥和快砲四尊，自然是緩不濟急，向各省求助，閩督應允火藥千斤，舊鎗一千多支，子彈數萬發，水雷二百多具。粵督助鎗二千多桿。戰鬥的力量，不及日軍遠甚，五月初十日（六月二日），因英德公使指責中國暗中接濟，清廷深恐日本藉口破壞和約，只得諭令張之洞等中止支持。

當時日軍裝備精良，補給便利，指揮統一，運用靈活。其陸軍主力是由遼東調來的近衞師團（師團長能久「北白川」親王中將），和一個混成枝隊，後因死傷過多，才調來第二師團。臺南陷落以後，北部義軍繼起，又調來混成第七旅團。先後出動陸軍七萬五千餘人，馬九千四百三十四匹。海軍有艦隊和運輸艦四十多艘，汽艇短艇二百多艘，兵員總數一萬餘人。外有武裝警官七百餘人。日本的兵力如此雄厚，臺省同胞的抵抗雖然不易，但都抱着至死不屈的決心。

其時，臺灣北部的設防，只注重基隆和淡水二港口，兵員不到五千，却備有克虜伯式大砲。日軍最初選定淡水登陸，五月初二日（五月二十五日）探測結果，知道淡水也有防備，港口水淺。第二日改向澳底海面探測，認爲可以登陸。當時臺灣北端海面，停泊日艦很多，五月初六日（五月二十九日），日軍先遣艦隻進攻金包里（金山），牽制守軍，一面令陸軍分乘輪船，從三貂角附近的澳底旁登岸，這裏沒有守軍，日軍順利登岸。澳底本有楊歧珍的防營，撤兵以後，由曾喜照新募的土勇兩營防守，成軍不過三天，所以不戰而潰。日軍繼續登陸，當夜先頭部隊越土嶺到頂雙溪。初七日（三十日），日軍便向三貂嶺推進，三貂嶺有義軍徐邦道一營，受曾喜照潰兵影響，沒有鬥志，只有小接觸後，退往九分。

五月初八日（五月三十一日），日軍前哨二小隊，和廣勇吳國華部在小粗坑發生遭遇戰，日軍敗退。當時唐景崧又派出營官包幹臣等四人，各領勇百餘人來援，幹臣和義軍爭奪一日兵屍首，企圖邀功。國華聽到，一怒撤兵下嶺，幹臣也拔隊離去，遂放棄了三貂嶺。

五月初九日（六月一日），唐景崧令各軍分三路規復三貂嶺，但三路軍未能會齊。日軍却從三貂嶺向基隆前進，一中隊日軍進占九分，另一隊突入瑞芳，吳國華一路從金沙局出戰，未能取勝，廣東守備劉燕，在瑞芳東北土山架砲助戰，日軍不支退去。國華在夜間撤回基隆。第二天早晨，日軍向瑞芳進攻，義軍張兆連領護衞營冒雨，自基隆來援，內務督辦俞明震趕來督戰，國華等領軍來會。兩軍在瑞芳村落激戰，兆連、明震均受傷，義軍遂退，瑞芳失陷。

基隆有五處砲臺，正面難以攻入，瑞芳失守後，俞明震及基隆廳同知方祖蔭，訓令退出瑞芳各軍守龍潭堵，不得已始可退獅球嶺。五月十一日（六月三日），日軍分三路向基隆前進，守軍後撤，海軍艦隊，也在海面會攻，和砲臺互擊。當時大雨，日陸軍攻擊望樓，守基隆近郊義軍後撤，到中午退入大基隆，日軍乘勝攻入大基隆，義軍又轉進獅球嶺。

獅球嶺爲基隆臺北要衝，原由臺紳林朝棟，率領精鍊的臺勇駐守。後因臺勇和廣勇不和，林朝棟調守中都，而由胡友勝率廣勇守獅球嶺，廣勇與後線臺勇不能合作，互相猜忌，難以作戰。臺北紳民主張調林朝棟北上，未來，當時方祖蔭移電報局於八堵，俞明震也到達，二人同往臺北，請景崧親駐八堵死守。景崧派出黃義德率領護衞營駐守八堵，義德去後馳回，五月十二日（六月四日），日軍冒雨霧攻佔獅球嶺，義軍向臺北撤退。

同一天清晨，景崧的幕客熊瑞圖勸他速退新竹，聯合朝棟永福，以圖再擧，可是景崧左右都不同意，景崧的親信吳覲庭表示反對，竟拿出手鎗迫瑞圖住口。獅球嶺一失陷，臺北立卽發生騷亂。自主政府形同瓦解。唐景崧所倚恃的本爲粵勇，但粵勇和臺勇竟發生衝突，軍亂大潰。粵勇而且有犯上和搶刧公私財物的行爲，自然令景崧痛心消極。夜間，景崧率親兵數十名，逃往滬尾（淡水），住在德忌利（Tait）洋行。得滬尾稅務司英人馬士之助，五月十四日（六月六日），偕同眷屬和親兵，乘德商輪鴨打號（Arthesr）渡往廈門，並有一德艦保護。

景崧出亡前後，潰兵四出，臺勇廣勇互相殘殺，搶刧不已。藩庫中有存銀二十四萬兩，搶殺結果，庫中積屍四百多具。當時日軍在獅球嶺，不知虛實，未敢前進。德國海軍二十五名，法國海軍三十名，登陸大稻埕護僑。五月十四日（六月六日），臺北商人，鹿港人士辜顯榮步行到基隆見日軍官，面陳十六條情形，迎日軍進臺北。另有德商奧利（Ohly），英商湯姆森（Thomson），美國前鋒論壇報記者德維森（Davidson）亦前往水返脚（汐止）邀請日軍。

五月十五日（六月七日）凌晨，日軍抵臺北火車站，開始進城，義軍退滬尾，滬尾砲臺守軍，得馬士所付五千元，交出砲位，五月十七日（六月九日），日軍進佔滬尾。五月二十二日（六月十四日），日本總督樺山資紀進駐臺北巡撫衙門（今中山堂），設「臺灣總督府」。五月二十五日（六月十七日），舉行所謂始政典禮。實際上當時日軍僅佔領基隆、滬尾、臺北三個地區而已。

當臺北危急時，景崧以急電催林朝棟、丘逢甲、楊汝翼出兵，均未及到而臺北已失守，汝翼逃福州，逢甲退臺中，朝棟散兵回彰化，朝棟在新竹遇見擔任義軍統領之苗栗附生吳湯興，也領兵來援臺北，雙方聯合截阻臺北南下潰亂之廣勇，朝棟散兵後，有一部份投附湯興，兵力較盛。中部地方，府縣等官，已在景崧就任總統後求去，幸有候補同知黎景嵩出署臺中知府，臺中、彰化、雲林、苗栗知縣也派定。不過臺中府那時只有舊鎗四千枝，銀二千兩上下，經濟困難，只好派人西渡，向南洋大臣張之洞求助。

另一方面，日軍續向新竹進迫，丘逢甲、林朝棟也不戰而退，相繼內渡。守大嵙科總兵余清勝降日，幸大嵙科義軍四起，吳湯興出守新竹，其他各處也有守軍，一時稍形安定。

第三節　日軍南寇與南部的抗敵

臺北等地淪陷以後，臺北以南的抗日怒潮，方興未艾。劉永福素有威名，爲早年抗法的民族英雄，臺灣自立後，被推爲「民主大將軍」，景崧出走，臺南紳民商議奉劉永福爲總統，永福不肯接受，仍稱幫辦軍務，駐府城領導抗日工作，在府學設了議院，由許獻琛任議長，設籌防局，分五段籌防。設官票局，發行官銀票，官錢票，支應糧餉；發行公債，一時派購不少。又設郵政局，發行郵票。永福於閏五月一日（六月二十三日），與官員將士紳民，登臺歃血，立盟書，以不要錢，不要命，不要官，甘苦與共，戮力同心相誓，並發布文告：略云：「倭寇要盟，全臺竟割，………何怪我臺民髮皆裂，誓與土地共存亡。………自問年將六十，萬死不辭。………唯軍民共守，氣味最貴相投；淮楚同仇，援助豈容稍異？本幫辦亦猶人也，無尺寸長，有忠義氣，任勞任怨，無詐無虞，短顧人攻，將弁不妨面告，事如未洽，紳民急宜指陳，切莫以頗有虛聲，便爲足恃，更莫因稍尊官制，遇事推崇。………如何戰爭，一擔肩膺，凡有軍需，紳民力任。誓師慷慨，定能上感天神，慘淡經營，何難徐銷倭燄。」號召軍民合作，很有民主精神，而且顯示出他的決心。但實際困難很多，彈械糧餉，均感拮据。

日軍侵佔臺北後，一面分兵從基隆乘船趨佔蘭陽一帶，五月二十八日（六月二十日），在蘇澳登岸，於二、三日後侵入羅東、宜蘭，不戰而得，後方穩定。一面派侵佔臺北的近衛師團，繼續南攻新竹。五月二十二日（六月十四日），日軍偵察隊，在大湖口附近和駐新竹境內吳湯興的義軍發生遭遇戰。五月二十九日，日軍一聯隊又和吳湯興部，在楊梅發生激戰，義軍由大湖口西南退卻。五月三十日（六月二十二日），日軍攻新竹，知縣王國瑞逃，民衆閉城以拒，但爲日軍所破。然而義軍仍不斷和日軍發生零星戰鬥。閏五月十七日（七月九日）夜，義軍分三路從頭份出發，於第二天反攻新竹，因日軍有備而失敗。這時，日軍從臺北到新竹的道路仍未打通，臺北、新竹地區，時有義軍截擊日軍，在閏五月六月之間，發生過大小二十幾次戰鬥，義軍才被日軍戰敗，日軍也傷亡了不少。

新竹失守以後，義軍以苗栗北面的尖筆山爲第一道防線，兵力只有三千多人；而日軍從新竹來攻的近衛師團，却有四個聯隊，兵力有九千多人。六月十六日（八月六日），日軍以優勢的兵力火力，分路進攻尖筆山附近的據點，如竹東、水仙嶺等地。十七日（七日），又進攻枕頭山，因爲日軍用小砲、野砲、機關砲的合攻，十八日，徐驤、吳湯興等部都戰敗而退。十九日，日軍以三聯隊攻尖筆山和頭份街，義軍李維義敗逃，楊戴雲力戰而死，徐驤敗退，尖筆山失陷。

苗栗從新竹失守以後，成爲中部重鎭；吳湯興在苗栗一帶嚴密佈防，並向臺中知府黎景嵩請求兵餉援助。景嵩轉向永福請求，永福派營務處府經歷吳彭年來助，景嵩將彭年的勇營和楊戴雲所剩的新楚軍合併，由彭年任統領，駐在苗栗，又派副將李維義做副統領，駐頭份街，不久頭份街失守。六月二十三日（八月十三日），日軍能久親王領兩旅團兵力來攻苗栗，當時義軍已久戰疲敝，只有彭年的三百多人是精兵，扼守坎間山，日軍猛攻，終因人數太少，死傷過多，又無援兵，彭年只得轉進苗栗，合徐驤軍退守清水；湯興因得永福命令，也退守彰化，六月二十五日，苗栗失陷。

六月十八日（八月八日），日軍已到大甲溪附近，因路險林密，無法放礮，被徐驤擊敗，以後屢次交戰，互有勝敗。七月初三日（八月二十二日），日軍繼續來攻，以奸民做前驅，礮隊在後，大隊應戰，被日軍大敗而退，日軍乘勝追擊，半途連被彭年和徐驤埋伏截擊，日軍損失不少。七月初四日，日軍猛攻大甲溪，湯人貴、袁錦清、徐驤分路夾擊，日軍稍退。但後路大營新楚軍統領李維義畏縮，日人以重金收買土匪，假稱是日軍來攻維義營，維義逃走，前路因而戰敗。袁錦清領五十多名健兒，死守大甲溪，和日軍激戰，全體戰死，大甲溪失陷。義軍雖失敗，但仍繼續反攻，頗有勝負。同一期間，豐原、清水等地，也告失陷。

彰化城是中部重鎮，臺灣府卽駐守彰化。永福躭心彰化不守，電令吳彭年扼守八卦山。當時彰化八卦山一帶兵力，僅三千六百多人，所有新竹、苗栗、大甲溪各部敗退殘軍，都集中彰化，匆促部署以後，日軍已到大肚溪北岸。七月初七日（八月二十六日），能久親王和高級幕僚一行十多人，到大肚溪北岸，偵察八卦山，被八卦山守軍礮擊，能久親王等數人受傷，山根少將，緒方中佐數日後死亡，能久親王於九月十一日（十月二十八日）死於臺南（日人諱稱病死）。七月初八日，彭年領軍搏戰，失敗，日軍在晚間，卽集中全力，分左右兩翼進攻八卦山，直到初九日天亮以前，戰況空前激烈，吳湯興、吳彭年以及營官多人，力戰受傷而死。八卦山陷後，卽攻彰化城，義軍領袖沈仲安等人巷戰而死，彰化失陷，黎景嵩逃往鹿港。這次日軍的兵力，約三倍於守軍，義軍的忠勇抗敵，以少擊衆，是臺灣抗日史上最激烈的一頁。彰化陷後，日軍一大隊向員林探索前進。七月初十日（八月二十九日），日軍侵入雲林（斗六）和他里霧（斗南）。七月十一日，日軍再到大莆林（大林）街，姦殺婦女，被義軍副將楊洪泗，管帶朱乃昌等人領兵伏殺，日軍敗退，義民拆橋殺其大半，洪泗趨前欲生擒其指揮官，不幸中彈而死，乃昌亦陣亡。永福令都司蕭三發，代洪泗統領前敵各營。這時義民黃榮邦、林義成、簡成功、簡精華亦接受劉永福招撫，率衆圍攻日軍，並乘勝收復他里霧。後來日軍率隊夜襲，放火亂燒家屋。於七月十九日（九月七日），再爲義軍攻克，從此日軍雖常進犯，都被義軍打敗。

日軍自大莆林、他里霧失敗以後，增調陸海軍大擧進犯，命高鞆之助中將爲臺灣副總督，編組南進軍隊。七月二十八日（九月十六日），在臺北設立總司令部，由總督府負責防守北部，能久親王率近衞師團繼續南進，乃木希典中將率第三旅團及第二師團直屬部隊半部，由南部枋寮附近登陸，貞愛親王中將率第四旅團及第二直屬部隊半部，由西部布袋嘴登陸，南中部並各有海軍艦隊掩護，分三路包圍臺南。

臺南餉械，已不能支持，無力繼續北攻，臺民非常失望。赴內地籌餉的人，也失望返回，營弁逃亡很多。七月二十四日（九月十二日），永福只投得銀二千兩，給前敵將士，官銀局原發的銀票，也無法兌現。三發、精華、榮邦戰事順利，於八月初二日（九月二十日），向永福電請餉械，語極悲痛，永福也只能籌到銀一千五百兩，作爲伙食。八月初三日，商民要求銀票兌現，臥守官銀局內，無法應付。結果銀票失去效用，等於廢紙，軍民陷入饑困境地。

當彰化初失陷的時候，徐驤從小路逃到後方，又募集了七百多健兒，永福命他率領馳往前敵。這時三發和精華等人因爲在彰化近郊駐守，飢困不堪，無法和日軍相持，決定合力攻下彰化，或可駐紮。八月初五日進攻，被城外砲臺阻住，初六日榮邦攻砲臺身死。初七日義成攻礮臺受重傷，戰意消沈，餉械又缺。

八月十一日（九月二十九日），彰化日軍分三路南進，八月十三日（十月一日），攻勢開始。八月十七日（十月五日），日軍前衞越永靖到北斗，與對岸樹仔脚義軍戰鬥，義軍敗北。十八日，日軍攻陷西螺。十九日，日軍攻達雲林、他里霧（斗南）及土庫莊，義軍與之激戰。簡精華、林義成都受重傷。二十日，又在大莆林（大林）戰鬥，蕭三發、黃榮邦力戰而死，日軍乘勝到達打貓（民雄）。

八月二十一日（十月九日）黎明，日軍分三路圍攻嘉義城，總兵柏正才，義軍守備王德標，知縣孫育萬，義民首領簡成功、精華父子等多人力戰死守，日軍以猛烈礮火發射，從十一時半開始發射，一小時後，日軍攻入城內，守城的人死傷不少。

至於日本海軍，早在六月二十八日（八月十八日），已有兵艦到臺南海面游弋，並在安平口外停泊，中午有一艦駛近海口，被砲臺開砲擊退。當天下午，日艦又到鳳山縣旗後地方游弋。七月初一日（八月二十日），日艦到恒春縣屬的鵝鑾鼻枋寮等海口，一度在枋寮登陸，土匪內應，被黑旗軍和劉永福子成良合兵擊退。又將土匪招撫，以絕內應。七月初七日，日艦到布袋口，三十多人上岸，探詢劉永福在何處駐紮。日艦不斷的在南部海面擾亂，用意是在牽制永福兵力，以免北援大甲溪的戰爭。七月初九日，彰化失守以後，日艦又分窺臺南。七月十一日，十艦分別攻擾布袋嘴、鳳山、旗後、恒春、鵝鑾鼻、安平口各地，永福本在曾文溪親籌防禦，聞警只好趕回臺南應付。等到彰化反攻失敗後，八月十一日（九月二十九日），日艦又進窺臺南，永福親自駐安平砲臺拒守。八月十七日（十月五日），日艦分五路攻臺南，砲聲震動府城，因砲臺防守嚴密，第二天自行退去。

先是，七月初四日（八月二十三日），日本總督樺山資紀，曾託英國駐淡水領事歐思納（R. W. Hurst），轉信給劉永福，勸他率領所部離臺，當以將禮送歸，「本總督素聞聲名，不嫌直告，順逆之理，惟閣下察之。」

永福回信說：「中日兩國同隸亞洲之土，講信修睦，載在盟府。不意貴國棄好尋仇，侵我疆域，中國宿將雄師，亦昭忠義，而兵機有失者，李鴻章之誤爾。自古興國之人，必先施仁布澤，而後可得民心，而後可感天意。刻下臺北時疫大作，貴國兵隊病故者多，民情不附，天災流行，已可概見，而閣下猶不及時省悟，余甚惑之。余奉命駐守臺灣，義當與臺存亡；來書謂余背戾聖旨，又何見理不明也。夫將在外君命有所不受，況臺南百姓遮道攀轅，涕泣請命，余既不敢忘效死勿去之語，又何忍視黎庶沈淪之慘。爰整甲兵，以保疆土，臺南雖屬邊陬，然部下數十營，皆經戰敢死之士，兼之義民數萬，糧餉既足，軍械亦精，竊以天之不亡臺灣，雖婦孺亦知之。閣下總督全師，雄才卓識，超邁尋常，何不上體天心，下揆民意，撤回軍旅，歸我臺北，不唯臺灣百姓不忘，而閣下大義，昭然千古矣！

」義正辭嚴，加以拒絕。樺山招降不成，因而發動南攻。

八月二十三日（十月十一日），日軍派戰艦運輸艦三十多艘，裝載兵械，以全力攻臺南，直指安平海口。永福因為部將如吳彭年、湯仁貴、朱乃昌、蕭三發相繼陣亡，敗訊頻傳，前線將士饑潰不支，日本陸軍，又在布袋嘴和枋寮附近兩處登陸；軍艦又迫攻安平、打狗（高雄），永福無法支持，再託英領事轉向日軍請和，日軍覆信拒絕，意欲永福束手就擒，永福自然不肯。英領事力勸，只得再寫信請和；日軍回信，要求永福和英領事同往安平港會商，永福只肯派安平知縣代表前往，英領事拒絕。

八月二十五日（十月十三日），日艦攻旗後礮臺，永福兒子成良登臺拒守，奸民在晚間引日兵由小路登岸，攻陷大營。圍攻砲臺兩天，死傷慘重，無法再戰，成良只好在八月二十七日（十月十五日）乘間衝出，退守臺南，打狗失陷。

枋寮方面，日軍在八月二十三日（十月十一日），於枋寮附近番仔崙登陸，因無法防守，直抵茄多腳（佳多），義兵迎戰不利。二十四日（十二日），日軍進東港，二十六日（十四日），日軍北進攻鳳山，義兵迎戰失敗，日軍在鳳山大肆屠殺，繼續進犯臺南府城。

八月二十九日（十月十七日），日軍進攻城外砲臺，永福親自發砲還擊，九月初一日（十月十八日），永福集衆商議，擬出城決一死戰，可是衆議不一，而城內缺糧，軍隊潰散，難以死守，城內士紳，愛惜劉永福乃有為將才，徒死無益，苦勸其忍氣回國。九月初二日（十月十九日），南下的日軍一枝，攻下蕭壠，義軍領袖林崑岡陣亡。一枝攻進麻豆庄，第二日攻進東勢宅庄，義軍迎戰，日軍增援，火力甚强，義軍領袖徐驤、柏正才中砲死，軍潰，日軍迫近臺南。

永福於九月初二日（十月十九日）夜，與其子成良及幕客十數人，微行到安平，登英輪爹兒士（Thales）號輪船，初三日（二十日）凌晨啓行。日軍派八重山軍艦檢查，未發見。初四日（二十一日），到廈門港外，再搜查亦無結果，幸船主將永福密藏，得免於難，後因廈門英輪船公司抗議日軍扣留船隻，才行離去，永福方能秘密上岸。

這時，臺灣南部，逐漸入日軍掌握，日軍已包圍臺南城北西南三面，英國教士Feryuson及Barclay兩人與紳民十九人，於初三日晚間邀迎日軍，九月初四日（十月二十一日），日軍進入臺南城，並入安平。有組織的抗日行動，暫告一段落。

第四節　日軍的暴行及義民的抗日

日軍登陸之初，以爲能輕易取得臺灣，等到遭遇民衆浴血抵抗，於是露出猙獰本相，大肆屠殺。零星的燒殺行動，不勝枚擧，玆將較慘酷者，列擧於後，以見一斑。

五月二十二日（七月十四日），日軍進入龍潭坡（在大溪、中壢附近）街市，放火便燒，捕捉良民七十三人，拖往烏樹林竹窩內，排成二列，以刺刀逐一刺死，事平後義人胡玉山爲築墓堆，至今猶存，龍潭人稱爲七十三公，石碑上並列有其中六十八人姓名。

五月二十四日（七月十六日），日軍衝入大嵙崁（今大溪）街市，擒捉義軍首領江國輝。並將林本源大厝內無辜鄉民一百餘人（或云二百餘人）捉往田心仔黃舉人大厝前刺死。

六月初二日（七月二十三日），日本山根少將率領的支隊，進攻三角湧街（今三峽鎮），義民曾作零星抵抗，日軍進街市後，火燒民房，見人便殺，數小時後，繁盛的鄉鎮，成為一片焦土，遍地死屍，慘不忍睹，據日方記載，死者約二百餘人，民房被燒毀者一千五百餘棟。

內藤大佐率領的支隊，於六月初一日（七月二十二日），拂曉自新莊出發，向三角湧前進，六時在附近山谷中，遭少數義民襲擊，屢戰不勝。日軍以砲兵轟擊及步兵協攻，亦未得逞。初二日再戰。初三日（七月二十四日），於是燒盡民房，而返新莊，據日方記載，死者達三四百餘人，民房被燒燬者，達一千棟以上。

松原少佐率領的支隊，六月初一日拂曉，自臺北沿大嵙崁溪右岸前進，七時兵到板橋街，大搜民房，十三時到達四汴頭，放火燒屋，見人便殺，初二日進入土城，少數義民出拒，不敵而散。日軍進城燒殺，據日方記載，死者達二百七十餘人，民房被燒毀者八九百棟以上。

六月初八日（七月二十九日），內藤支隊自新莊塔寮坑露營於桃仔園北方高地，義民略有接戰，日軍在其附近殺人放火。六月初十日（七月三十一日），山根支隊自大嵙崁分三路向新埔推進，沿途胡亂殺人放火。六月十二日（八月二日），內藤支隊也趕到新埔合攻，當地徐姓義民據屋抵禦，下午四時日軍進入新埔街後，捕殺新埔聯莊總局徐公會館內二百五十餘人。

後來，日軍近衞師團於八月二十三日（十月十一日），自嘉義南下，混成第四旅團主力在布袋嘴登陸，攻陷鹽水港及內田庄。日軍遂分二路，一攻杜仔頭，一攻鐵線橋。攻鐵線橋之日軍，爲義民郭黃池、柯文祥所部襲擊，死傷四十三人，日軍羞怒，亂殺平民五百餘人，還燒燬附近所有村落。

九月二日（十月十九日），劉永福離臺南時，以殘兵六百人，託海關監督蘇格蘭人麥加林洽降。九月四日（十月二十一日），日軍進入臺南，將降兵置於灼熱太陽下達三十小時，且不給飲水。有些人被日軍橫加亂刀刺死，慘不忍覩。

由於日軍行動殘暴，如虐待降兵，亂殺婦孺，強姦女性，放火燒屋，引起民衆怨恨。義民奮起抗日者極多。日軍雖佔領臺灣省西岸各大城市及若干庄街，但鄉村都在義民控制之下。其領導人，在臺北地區有陳秋菊、詹振、曾玉，淡水地區有簡大獅，金包里（金山）有許紹文，北投有楊勢，三角湧（三峽）有蘇阿力、王貓研，大嵙崁（大溪）有簡玉和，桃園有陳瑞榮、林源、林天義、許才、林清雲，楊梅有胡阿錦，宜蘭地區有林大北、林李成、林火旺、林木火、藍繼明、蔣老福，埔里社（臺中東南）有李林基、施慕、田榮、黃銅，北斗街（員林南）有陳贛番，草鞋墩（員林東）有李朱氏（李鳥毛之妻），斗六地區有簡義，大坪頂（又名鐵國山、雲林縣境）地區有柯鐵、黃才、張呂赤、賴福來、張大猷、陳文晃、黃貓選等二十餘人，大莆林（大林）有簡施王，林杞埔（竹山）地區有陳法、陳水、陳細條，打貓街（民雄）有林玉衡，嘉義地區，後大埔、溫水溪有黃國鎭、林添丁、李揪頭，十八重溪有阮振，蕃仔山有陳發、蔡愛、蔡雄，大崗山（岡山東北）有鄭有，鳳山地區有鄭吉生、林春、陳魚、黃國成、郭騰、簡慶，阿緱（屏東）地區有林少貓，新開園（臺東東北）有劉德杓。

義民抗日經過，茲略述其重要者如後：

光緒二十一年（西元一八九五年），日軍集中兵力南攻，北部守備減弱。義民積極進行反攻，十一月十五日（十二月三十日），義民林大北、林以成率部自頂雙溪進攻，一舉收復瑞芳、頭圍、礁溪、羅東等地，並包圍宜蘭日軍。義民陳秋菊、胡阿錦於十一月十七日（一八九五年元月一日），聯攻臺北城，時深坑、士林、錫口、金包里、枋橋（板橋）義民亦群起響應。因城堅固，三日後自行撤退。宜蘭則因日軍自本國調來援兵，在蘇澳登陸而解圍，日軍沿途殺人燒屋，慘不勝言。

光緒二十二年五月（一八九六年六月），林杞埔義民陳法、陳水、陳細條反攻日軍，大坪頂義民柯鐵所部，圍攻南投，簡義則攻下斗六，風聲所及，彰化、北斗、員林、嘉義、埔里社，皆有民衆起義抗日，殺死日軍不少，簡義部下劉獅、楊勝二人，則攻進鹿港街，日軍增調大隊來援，步兵一聯隊入斗六街，在雲林縣境內大肆屠殺。連續五日，遍及於五十餘庄街，遭刼戶數，有四千九百餘戶，相傳死者不在三萬人以下。其中受害最慘地方，以斗六街三百九十六戶，石龜溪庄三百三十九戶爲首，其他庄街則自數十名至百餘名不等，不論男女老幼，無一存留，曾爲外國教士指摘，中外各地也嚴加聲討，斥責日軍形同野獸。

光緒二十三年（一八九七年）四月七日（五月八日），日本定此日爲臺灣省民決定國籍之日。詹振、陳秋菊，先期聚集義民四、五千人，簡大獅、徐祿等也率同千餘人，於四月六日（五月七日）夜半，分別從三張犁及士林會攻臺北城，曾獲小勝，因無法得勝而退。

各地義民掌握山地及鄉村，時起時仆，日軍受損不少。大坪頂號稱鐵國山，爲義民抗日根據地，到光緒二十五年十一月（一八九九年十二月），始爲日軍攻佔。

林少貓爲臺灣南部抗日最力之首領，祖居阿緱（屏東），經營米店，極富民族思想。自光緒二十三年（一八九七年）招集義民，與嘉義之黃國鎭，經常攻擾日軍。南部各地響應者甚衆。光緒二十五年（一八九九年），日軍採取招撫政策，勸降抗日義軍甚多，並設法勸降林少貓。但日人心存猜忌，監視降民，義民均惴惴不安，被迫再從事抗日行動，自光緒二十七年（一九〇一年）到第二年夏季，日人改變政策，以騙殺代招撫，騙殺抗日首領及義民有數千人之多，並懸賞暗殺抗日首領二十二人，林少貓仍遭日軍進攻，於光緒二十八年四月二十三日（一九〇一年五月三十日），在居住之後壁林庄戰死。中日戰爭後的義民武裝抗日行動，至此始告終止。

第十四章　日本暴政下的臺灣

第一節　日本對臺灣的殖民地政策

日本侵略臺灣的野心，可從他們一九二五年（大正十四年，民國十四年）臺灣年鑑緒言中看出：臺灣經漢人長期開發的結果，已是「……穰穰五穀稔於野，而百禾離離，富强無盡期，寶庫任人開發。」日本若據有臺灣，則「進可伸張侵略南方之大志，退亦足爲子孫謀定百年之計。」日本對臺灣的野心可說蓄謀已久，佔領臺灣，既可掌握南進之門戶，」亦可使臺灣成爲「日本的糧倉。」

甲午戰爭，中國失敗，日本既遂占領臺灣之願，對臺灣的統治，一切以日本的利益爲中心，扶植日本資本家，榨取臺灣之人力物力，吮臺灣之精血以滋養日本本土。利用臺灣之地理條件，以西侵中國，南侵南洋。爲達到統治臺灣的目的，日本是剛柔並施，或武力鎮壓，或經濟剝削，或文化愚弄，或政治防範。其目的只在把臺灣造成日本「皇國」的工具。

日本對臺灣建設，其目的只爲繁榮日本，而不是爲臺灣同胞的利益。他們建設交通，把交通綫深入鄉鎮，平時藉以達到控制鄉村的目的，成爲榨取經濟利益的工具，戰時則爲軍事運輸的利器，以撲滅臺胞抗日的義師。其在經濟上採「工業日本，農業臺灣」的政策，希圖把臺灣經濟建設造成永遠依賴日本的情勢。

日本對臺灣的政策，有各種角度的說法。柯台山氏在「五十年來敵人在臺灣同化政策的矛盾與失敗」一文中指出：第一時期，自一八九五年（光緒二十一年明治二十八年）至一九三七年（民國二十六年，昭和十二年），四十年間，臺灣受日本慘酷無比的統治，甚難與祖國發生聯繫，日本用盡毒辣手段，在經濟上榨取，在政治上宰割，乃純粹殖民化時期。第二時期，自七七事變起，臺灣受抗戰感召，革命思想高漲，日本爲挽救危機，在殖民地政策奴化的毒藥上，加上皇民政策同化的糖衣，推行講日語，用日本姓名，採日本服裝，乃殖民化與皇民化雜糅之時期。有人根據日人所言，把柯氏的第一時期又分爲二時期，第一時期自光緒二十一年（一八九五年，明治二十八年）割臺灣到民國七、八年（日本大正七、八年）爲非同化政策時期，一方面武力鎮壓，一方面不干涉臺民的風俗習慣。第二時期，自民國八、九年到七七抗戰發生，乃同化政策時期，要求臺民和他們同化爲「日本國民」。第三時期同於柯氏第二時期。

儘管日本蓄意占領臺灣，但據日本派在臺灣的民政長官後藤新平在光緒二十一年（一八九五年，明治二十八年）十一月十日的談話：「世界列強在其佔領新領土以前，都有五年或十年的準備工作，而日本佔領臺灣，事前並無任何準備。日本人的大部份，對於殖民地或新版圖的統治，毫無經驗，所以當佔領臺灣的時候，有關統治的建議，積案如山，所謂大方針等大文章，雖滔滔數千萬言，而究竟無一足取。」故日本統治臺灣的初期，只好「以無方針爲方針」。儘管如此，但日本欲一步一步「消化」臺灣的殖民地政策，其方向是一直不變的。

照日本自己所說，其對臺灣的政策，光緒二十一年到民國六年（一八九五至一九一七年），第一期根據臺灣社會之特殊性認識，在社會上爲尊重舊習，在政治上爲對於臺民之差別的警察專制統治。其政治的內容，爲治安的底定，境內產業的資本主義之發展，日人之官僚及資本勢力之確定，與對於教育設施之冷淡。第二時期民國六年到二十六年（一九一七年至一九三七年），由臺灣社會特殊性的認識，轉變爲日本的延長主義、同化主義，强調教育作用，文治政治，與民族融和。同時在經濟上，則由島內之產業發展，進而至於高唱日、臺之連結，及向中國南部與南洋之發展。第三時期（七七抗戰起），仍本一貫的警察政治與同化政策，所謂皇民化運動，强迫臺胞改名易姓，廢宗祀而拜天照女神，强臺胞吃豆漿湯，穿和服履屐等，實施「保甲連坐法」，組織「防諜團」及「保甲互助隊」，徵臺胞充軍爲日本作炮灰。現在，我們分項來說明日本統治臺灣的措施，以見其暴政之情況：

日本統治臺灣的機關，初設總督府，以現任海陸軍大將或中將任之，下置民政、陸軍、海軍三局，實施軍事管理。總督因漢人的反抗，於光緒二十二年（一八九六年，明治二十九年）向日本國會提出法律第六十三號，卽所謂「六三法」，依據六三法，總督可「不經敕准，公布命令律令，以代替法律。」乃首先發佈「匪徒懲罰令」，可任意處死臺灣抗日之民衆。總督等於臺灣的專制君主，掌握軍政及統率權，擔任一切普通行政及交通、財政、監獄等行政事務。臺灣光復初期，內地來臺人士站在原來的臺灣總督府門前一看，左爲銀行，右爲法院，後爲軍營，卽知日本統治臺灣之手段毒辣利害，這就是，一手操錢，一手操法，如敢不服，繼之以兵。

日人山川均曾說：「日本統治臺灣，處處常帶着民族的界限，政治上的支配者是大和民族，被支配者是漢民族；經濟上的榨取者是大和民族，被榨取者是漢民族，並且在文化教育方面，也設下兩個民族的差別待遇，漢民族在受着較賤價的教育」。

由於漢民族不願甘作日本順民，占領之初：日本卽以兇殺手段，壓迫臺民，在「淸莊」工作下，每莊皆有三五十人以上被殺。「六三法」、「匪徒懲罰令」，完全爲壓迫臺胞的暴力反抗而設。以抗日份子多屬客家，更對客家僑民多所殺戮。

由民族界限，使階級對立與民族對立，兩者並行。爲施行對臺民的鎭壓，日本總督實施軍政，運用警察政治，其警察效力至大，擧凡納稅、衞生、農政種種行政，均賴警察之力。警察於普通任務之外，有鴉片、行政、保甲、監督戶口事務、犯罪卽決、笞刑處分、浮浪人收容、及中國勞動人取締等特別事務。七七抗戰發生後，日本在臺灣的警察更名爲：思想警察、治安警察、衞生警察、經濟警察、刑事警察、水上警察、外事警察、交通警察、風紀警察等，幾於無所不察。臺灣同胞生活，備受干涉。民國三十一年（一九四二年，昭和十七年），移於法庭的事件，達四十二萬起，每案平均兩人，每八臺人中有一人被檢擧，每戶皆有犯罪者。統治的嚴酷，於此可見。日本規定，臺灣房屋與鄰居之牆高於面街道之牆，以杜絕鄰人交往。

日本占有臺灣之初，年需維持軍政之費用一千萬元，十分之七，賴其本國補足，日本財政上先天

不足，民性又患得患失，因之引起議論。初則補助費由七百萬元減爲四百萬元。但由其前三任總督之

軍事剝削，不九年而財政竟告獨立，其搜括方式，乃土地調查、專賣事業、公債及地方稅之實施、產

業資本主義之發展等項目之嚴厲實施。

土地調查，是日本在臺灣實施殖民地化的第一步。光緒二十九年（一九〇三年，明治三十六年）

製定戶口調查法，進行全島戶口調查。光緒二十四年（一八九八年，明治三十一年），已設立臨時土

地調查局」，進行地籍調查、三角測量、地形測量等，光緒三十一年調查完成。先則承認大租，惟不

許新設，繼則確立小租戶爲業主，以公債補償大租權人。在調查中，凡屬學產、廟產等公業土地，家

族共業土地，一律藉口「所屬不明」予以沒收。這種調查的目的，就在掠奪臺灣同胞的土地，使日本

在臺灣取得鐵路、農田、學校、工廠等用地。日本認爲：土地調查的效果，一爲明瞭地理地形，便於

治安。二爲整理隱田，增加甲數，消滅大租權，收益增加，增徵地租，充實財政。三爲使土地關係明

確，便於買賣，實者不予日本資本家在臺灣作土地投資，與設立企業以安全感。淸宣統二年（明治四

十三年，一九一〇年），以五年作林業之調查，而以「無可作爲證明所有權之地契者，或無其他確證

之山林原野，皆爲官有。」光緒三十四年（明治四十一年），有壓迫臺民以廉價賣出土地予三菱製紙公

司之事件。此類事件，不勝列舉。

臺灣農業，因日本視臺灣乃日本糧倉，故平時鼓勵增產，戰時則供給日本戰時糧食與軍事工業原

料。臺灣水利雖有建設，然肥料却來自日本。米、糖、香蕉，都由臺灣運走，臺灣同胞却吃不到本省

的好香蕉。民國二十三、四年，日本米穀豐收，乃令臺灣禁止種稻，使吃日本米。改種麻類。迨日本欠收，乃又令加緊產米。

專賣事業，是日本控制經濟的殖民地政策之一種。光緒二十三年（一八九七年，明治三十年）三月，用伊朗生烟由專賣局製成烟膏，由地方官配給批發商零售。至民國十八年（一九二九年，昭和四年），日本爲謀取重利，籌措戰費，削弱臺胞身體及麻醉其愛國思想，公開准許發給「鴉片證」。光緒三十一年（西元一九〇五年，明治三十八年），日本以低價收購烟葉，製香烟專賣，售價爲成本的三倍半。民國八年（一九一九年，大正八年），日本藉口對樟腦樹的防止濫伐，確保資源，增興產業，實施樟腦專賣。民國十一年（一九二二年，大正十一年）七月，日本藉口臺灣土法製酒質劣，爲保臺民健康，必須專賣。强迫征購民間酒廠或逼使停業。

公債，是日本强買臺胞土地時所發行的債劵，以債劵買土地，此之謂無本生意。日本發給土地權戶債劵後，又勸其投資銀行，中部地主林獻堂投資創辦「彰化銀行」後，權力全操於日人之手。債劵等於又被日本收回。商業銀行又受操縱於公立銀行。光緒二十三年（一八九七年，明治三十年），日本在臺灣公佈貨幣法，逼令臺胞使用金本位之日幣，以與中國大陸之銀本位之貨幣斷絕關係。光緒二十五年（一八九九年，明治三十二年），已正式成立臺灣銀行。

稅收，是日本財政的重要收入，就統治者的立場而言，予取予求，無法反抗。臺灣消費者的間接稅，多出自一般庶人的錢袋。臺灣雖亦有關稅制度，但臺灣適用日本關稅率，平均增課三倍，同時廢止輸出稅，與歐美協定特別低率稅，中國則不得均沾其利。中國本部商品輸臺日減，臺胞無法充份使用中國貨品，只好使用日貨，使中國的貿易轉向日本。關稅增加，商人必轉嫁於消費者身上。臺胞生活日苦，只有忍受一途。地方稅，亦任日本統治者訂其稅目、稅率。至其末期，國稅有三十四種，州稅七種，市街莊稅十二種。自民國九年至民國二十年，每人每年須負擔十元以上。民國十年竟高達一三・一一九元。

產業資本主義在臺灣之發展，日本人統治臺灣經濟，盡其榨取殖民地之能事，全賴此一措施。經濟的要素是土地、人力、資本。日本初無開發臺灣之能力，馬關條約賠款，使能改革幣制，資本乃漸聚集。既以權勢逼迫臺胞廉售土地予日本資本家，再對臺灣勞工施以與日本勞工不同的差別待遇，壓低臺藉勞工的工資，又禁止中國大陸勞工來臺工作。由於土地、勞力低廉，日本資本家乃受鼓舞，入臺投資，在生產成本低廉的情形下，日本廉價商品，不僅壟斷了臺灣市場，也可以傾銷南洋各地。在日本統治權的扶持下，日本資本家採取以大吃小政策，打垮了臺灣傳統的商業團體。以工資比較言，日本礦工每日一元，臺胞工資每日五角，中國勞工每日才八分到一角。光緒二十六年（一九〇〇年，明治三十三年），日本在臺灣創立「臺灣製糖株式會社」，即開始造成獨占資本。日本據臺之初，即下令控制礦業，作爲工業的原料。臺灣茶的製造，日本自光緒二十二年就發佈製茶稅則。日本以政治權力在臺大力扶持日本資本家前來投資。其方式如：㈠破壞臺灣抗日革命勢力，調查土地，由中國式改革爲日本式之度量衡與貨幣。㈡以日本政府剝削臺民的資本，從事建造鐵路，築基隆等港口，與開發阿里山林業等。㈢日本政府在行政上、財政上均予日本資本家以支援，如在糖業奬勵上則有蔗田之改良，分給土地，售與原料，採取區域之制定及補助金等。在獨占方面：㈠代表臺灣產業的糖業，爲三井、三菱、藤山、鈴木等大資本家所獨占。㈡此等大資本家所獨占者不只糖業，且及於臺灣全產業。㈢此等大資本家，不僅在臺灣，卽在日本也是全國性的獨占勢力，可見臺灣獨占資本乃日本獨占資本之一部份，由此獨占而增進日本帝國獨占之勢力。但日本企業家只遙領臺灣資本，對臺灣本土之企業改良，則淡然不理。例如臺灣只設小規模織布廠，無大規模紡織廠。因臺灣的生產力與輸出比朝鮮爲大，故日本視之爲「寶庫」。

日本爲保護投資者在臺灣之利益，一切行政制度，亦求其適合資本家之要求，刑法、民法、商法，皆移入臺灣，所有法令，皆日本法之延長。總督府官制，與地方制度，也予以改變。

日本曾鼓勵日人移民臺灣，並有種種優待，如：貸款，醫療設備小學生免費，豁免地租，購地分期付款。最初移來臺灣的是官吏、資本家及其從屬，次之爲警察、工匠、坑夫、匠人。而臺灣建基於農業，但移來之日本農人，不如中國農夫之勤勞，同移民東北一樣，故終招致失敗。

日本統治臺灣，除了上述由財政所輻射的土地、專賣、公債、地方稅、產業資本之發展等方式外，尚有不平等的政治，與差別的教育。

臺灣的法制典章，異於日本國土，在日本人人有參政權，臺灣只有總督府評議會，作爲供日本諮詢的御用機構而已。民國九年（一九二〇年，日本大正九年），臺灣一度僞裝施行假自治，市街莊協議會員，仍由官派。民國二十年（一九三一年，昭和六年），才半由民選，官派者多是日本人。

用人政策方面，公教人員絕大多數是日本人，臺籍只可作低級職員，日據末期臺民始象徵性的有一、二高級人員。待遇方面，日籍者皆有加俸，判任官（等於委任職）加俸六成，奏任官（等於荐任官）加俸五成。臺籍者均無此加俸。礦廠工人待遇，日籍臺籍相差一倍，日人一天最低六角，最高二元，臺籍一天最低三角八分，最高八角。日籍西文排字工，一天且高達三元。

日據初期，臺胞仍讀私塾、書院，以備學成回國去考秀才、舉人、進士，日本也無意爲臺民辦教育。爲消滅臺民與祖國的關係，日本對中、臺之間航渡居留，設特別之限制，且在臺灣，不許中國設領事館，臺灣青年擬內渡求學，皆不發「護照」，並實施領事裁判權，以壓抑之。光緒二十二年（一八九六年），爲了實際需要，始在芝山岩設「國語（日語）傳習所」，培植通譯人員，以利其奪取。光緒二十四年，又設立「公學校」和「國語（日語）學校」，收臺胞子女，日本子女則另設「小學校」，雖同爲六年制，然公學校畢業者，只抵日人小學校四年級程度。國語學校分爲日語部、師範部、實業部，師範部乃培養臺人中之小學師資，實業部乃因日本資本家需要高度技工，便利剝削。爲了反抗日本，臺民入學者不及學額百分之三十。臺胞一直到辛亥革命成功廢科舉後，始讀日本學校。可是，中學太少，宣統二年（一九一〇年，明治四十三年）始辦一所高等女學校，接着又辦一所臺中中學校（臺中一中前身），然却爲日本人獨占。辦臺北一中時，暗定日人佔百分之九十五。民國三年，「臺灣同化會」曾要求增設中學。臺胞子女爲讀中學或大學必需至日本。日人自以爲如此可培養成忠良臣民，孰料臺民子女却吸收大量民主主義和民族主義的政治思想，用以批判日本對臺灣的統治。民國八年，停辦國語學校，設臺北及臺南師範學校，而臺北師範全收日人子弟。改臺中學校爲臺中高等普通學校，收臺民子弟。另辦臺北女子高等普通學校，創實業學校，日人臺人各分系統。光緒二十五年（一八九九年，明治三十二年），曾創「醫學專門學校，農林專門學校，收臺民子弟。民國十七年（一九二八年，昭和三年）爲便利日本官吏子弟升學，始設臺北帝國大學，但臺人入學者不及七分之一。由於日據時期，受高等教育的臺民沒有出路，政府機關和製糖會社都不採用他們，爲了自行開業謀生，選讀醫科、法科者較多。至於農業技術性學校，則多收臺人。

日本對臺灣同胞，亦曾在精密的殖民政策下採取懷柔政策：第一、對不滿日本統治者，或贊成者，往往發給專賣局煙酒和鴉片批發牌照，作爲政治收買工具，使此類人士坐收漁利。第二、官有地（卽林地）收領，只用十分之一地價卽可買得。第三、凡臺地之流氓、地痞，政治上有問題者，均送往中國大陸沿海各省爲非作歹，好達成分化中華民族的政策。爲貫徹「工業日本，農業臺灣」政策，乃鼓勵臺民有錢者安心當地主，任命彼等爲各種有職無權的公職，分別授予勳位，派日警代爲收租，使之斷念於工業。

第二節　日本的殖民地政策產業建設

日本占領臺灣，爲期達半世紀之久。在此半世紀期間，日本在臺灣的一切產業建設，其目的卽在以臺灣作爲日本的殖民地—廉價原料的供應與消費市場的提供。因爲日本深知要榨取臺灣，達到上述目的，必先要把臺灣好好地建設起來，所以初時，他們除了比較需要長久時間才能見效的教育、衞生之外，首先對郵政、電信、航運、港灣、道路、鐵路等，在清代後期已略有基礎的交通方面，按步就班地加緊進行擴充。

至於臺灣產業的開發，以及現代化的建設，在日本占領臺灣之初，由於臺灣同胞的紛起反抗，以及日本未具經營殖民地的經驗，故無暇從事建設。直至第四任總督兒玉源太郎之時期，才眞正有了整個的規劃，才上了軌道。日據時代臺灣最重要的產業，以糖、米、茶、鑛等產物爲主，這些產物臺灣本有良好的生產基礎，日本爲達到其殖民地政策的目標，更致力於這方面的發展。尤其是糖業的生產，發展更快，爲當時臺灣最大的產業。

臺灣蔗糖的生產，淵源頗久，本由漢人帶來移植在南部一帶的，因爲氣候、土壤等自然條件的適合，所以自始卽很發達，遠在明天啓四年（一六二四年），荷蘭東印度公司佔領臺灣以後，因東印度公司當局規定田制，輸入農具，並貸給資金，予以獎勵，故產量大增。在明崇禎初年（一六五〇年前後），當時臺灣砂糖的輸出額已多達七、八萬擔，主要是輸出日本。鄭成功入臺以後，更加獎勵，產糖益見增加。清咸豐八年（一八五八年），美國商人在打狗（今高雄）設立羅比尼德公司，從事砂糖的出口；英商、澳商先後而來。光緒六年（一八八〇年），臺灣砂糖空前豐產，輸出計一百零六萬擔；但光緒十年（一八八四年）中法戰爭後，因法國艦隊的封鎖臺灣，並受到甜菜糖的大量生產而導致世界糖價的下跌，臺灣糖業亦告衰頹。在日本佔領臺灣時，年產額約七、八十萬擔。當時臺灣舊式糖廍有一千一百餘所，不僅種蔗方法幼稚，製糖動力亦賴獸力，壓榨力薄弱，糖分損失多，品質不好，市價因之不佳。

光緒二十四年（一八九八年，明治三十一年），兒玉源太郎出任臺灣總督，後藤新平出任民政長官，因他們以振興臺灣產業為殖民地政策的重心，並以獎勵糖業為振興產業的要務，大事努力，故於光緒二十六年（一九〇〇年，明治三十三年），成立臺灣製糖株式會社，資金一百萬圓。會社設在臺南縣橋仔頭庄，建立臺灣最早的新式機械製糖工廠。光緒二十七年（一九〇一年，明治三十四年），日本臺灣總督府聘請農學博士新渡戶稻造為殖產局長，擬訂臺灣糖業政策的根本計畫；同年九月，新渡戶提出糖業改善意見書，其改善之具體方法如下：

一、甘蔗品種的改良：由夏威夷輸入 Lahaina 種及玫瑰竹種。

二、培養法的改良：集約的耕作與肥料。

三、灌溉：對於小埤圳工程給以補助金，並藉水利組合的組織而獎勵大規模工程。

四、改既成田園為蔗園：特別是水利欠佳的稻田。

五、蔗園適地的新墾獎勵。

六、製糖業的組織：不僅為增加生產額，減低生產費，且為提高砂糖的品質，並使製品均一起見，應對現在的規模與組織推進一步；且使糖廍成為糖業組合的共有組織，藉以防止糖廍上的利益壟斷，並使耕作者與製造者的利益相一致；即㈠政府自行購買小型機械，借給或賣給糖廍主；㈡對於大規模機械製糖工廠的新設，給以獎勵金；㈢勸導耕作者組織組合，且使設立組合共有的糖廍；此三方法，互相並用，看地方的情形，而爲適當的組織。

㈦改良壓榨法。

此外，尙可採取的改良及獎勵方法，則爲關稅的退還，運輸的開通（公路鐵道的開築、鐵路及輪船的特定運費），銷路的推廣，蔗價的公定，糖業的教育及出版物的配發，產業組合的準備，甘蔗的保險，牛畜的保護，副產物（酒精）的獎勵等；尤其需要政府的積極參與，多事補助與獎勵。

臺灣總督府採用上述意見書，就可實施事項，次第進行；乃於一九〇二年（光緒二十八年，明治三十五年）六月，發佈糖業獎勵規則，成立臨時臺灣糖務局爲其執行機關；於是，乃有大規模的科學的獎勵政策之推行。而上述新渡戶博士的意見中，除了蔗作者的製糖組合、蔗價公定及甘蔗保險外，其他項目，都已實現。後來，新式糖廠陸續成立，總督府當局更採取各種保護措施，諸如使製糖公司爲獲得原料，可以直接間接支配土地與農民，原料採取區域蔗作規程、製糖工場取締規則等，就是這一類的法規。此外，由於科學的進步，從製糖的過程中，還產生了酒精、蔗漿、蔗板等副產品的工業。臺灣同胞創辦的糖業民族資本的新興製糖會社、林本源製糖會社，後來逐漸被日人吸收過去，成了他們的獨佔資本。民國二十七、八年間，遂造成產糖的空前紀錄，產量突破二千三百萬擔，對外輸出額，最高時達二百萬日元。惟令人遺憾的是，日人製糖會社的發展，乃建築在臺灣蔗農的身上，所以「

日本帝國主義下之臺灣」作者日人矢內原忠雄敎授曾說：「臺灣蔗農之窮困，產生臺灣製糖會社之隆興。」實乃持平之論。

產米，係臺灣農業的骨幹。臺灣土地肥沃，適於種植水稻，然原先住在臺灣的山地同胞却一直保持原始時代簡陋的耕耘技能，直到漢人移民來臺，才引進農具、穀種和耕作法，一年耕種兩期，不但食用有餘，還可以運入大陸沿海各省。因此，自昔臺灣就是聞名遐邇的產米區「農業倉庫」。根據日人據臺後調查，當時臺灣稻米的年產額已達一百五十萬石。

日本佔據臺灣以後，自然不願放棄此一特產，臺灣總督府遂創設農事試驗所，從事農事的指導和改良。根據日本官方的紀錄，日據十年後的光緒三十二年（一九〇六年，明治三十九年），臺灣稻米的產量已達四百三十五萬八百石，較前約增三倍。臺灣總督府當局因鑑過去臺灣稻米，品質粗劣，常有紅米、烏米等摻雜，收成量極低，乃自宣統二年（一九一〇年，明治四十三年）起，以十年爲期，限定品種，並在限定的品種以內，剔除混雜。過去，每一品種平均栽培面積不過三百五十公頃，經過第一次限定以後，每一品種的平均栽培面積增爲三千三百公頃。紅米及混雜，大體已告絕跡。

關於新品種稻米的引進，總督府當局早在光緒二十九年（一九〇三年，明治三十六年），即已引進日本種（即所謂蓬萊米）；至其改進及推廣過程，可分爲三個時期：

第一期（自一九〇三年至一九二五年）：研究栽培方法，選定每公頃收穫量的標準，力求達到預定的標準。

第二期（自一九二五年至一九三〇年）：選擇目標，著重於抗病性。

第三期（自一九三〇年以後）：積極推廣嘉義晚二號和臺中六十五號等優良品種。

由於臺灣氣候濕熱，米穀貯藏不易，損耗很大，故總督府自民國九年（一九二〇年，大正九年）起，五年之內，預定每年設置倉庫七處；後因物價變動，計劃略有改變。民國九年僅設桃園、西螺、潮州三處；迄民國三十年（一九四一年，昭和十六年），農業倉庫的數目為臺北十五處、新竹二十四處、臺中四十一處、臺南四十一處、高雄八處，共計一百二十九處，收容能力為一百九十三萬公石；此外，還有專門的米穀倉庫十八處，收容能力為十二萬五千公石。總督府當局還在南北各地設有米穀檢查所，以檢查輸出之米，統一米質。根據民國三十一年（一九四二年，昭和十七年）的調查，臺灣總面積三百七十一萬甲中，田地佔五十四萬甲，園地佔三十四萬甲；人口總數六百三十萬人之中，農民佔其半數，計三百十八萬七千人，可見當時米產在臺灣農業上的重要性，臺灣事實上已成為日本的米倉。

臺灣茶種來自大陸，其品質優良的有：青心烏龍、大葉烏龍、青心大石與硬枝紅心等四種。這些茶種，大約是隨漢人來臺時移植過來的。

臺灣的種茶，至清同治年間已經日見興盛；同治八年（一八六九年），英人約翰都特曾運出臺茶二千餘擔到美國銷售，大博好評。經過這次之刺激，臺灣茶商大受鼓勵，於是聘請福州茶商來臺精製，直接輸出外洋。同治十一年（一八七二年），外人專營臺茶出口的洋行，共有五家先後在臺北設立，從事臺茶的收購。因外國需求臺茶旺盛，故他們彼此間之競爭頗為激烈。光緒二十四年（一八九八年），美西戰爭發生，美國徵收戰時關稅，並且禁止不純良的臺茶進口，經此打擊，臺灣茶葉一時頗呈衰頹。

日本據臺之後，對臺灣的茶葉頗為重視。光緒二十二年（一八九六年，明治二十九年）發佈製茶稅則，又二年制定茶園稅則，一方面則設立研究機構試驗農場。光緒二十七年（一九〇一年，明治三十四年），在臺北縣文山堡十五份庄及桃園郡桃澗堡龜崙口庄，分別設置茶樹栽培試驗場；光緒二十九年（一九〇三年，明治三十六年），改於中壢郡竹北二堡安平鎮設置模範製茶試驗場，從事有關烏龍茶及紅茶機械製造的試驗與研究。此外，還設茶葉傳習所、模範茶圃、檢查所等機構，以報導種茶技術，補助茶農經營茶園貸金，改進品質。至於茶葉的焙製，則仿照我國的舊法，改用機製而已。當時優良的茶種有烏龍茶、包種茶、紅茶三種，茶園栽種的面積，在光緒二十七年為二萬六千甲，經過四年的推廣，增為三萬三千甲，發展的速度頗快。

日本是一資源缺乏的國家，既佔臺灣，對臺灣的礦產尤極力開採。當時臺灣已發現的有用礦物計有金銀鑛、砂金、水銀鑛、銅鑛、褐鐵鑛、沼鐵鑛、砂鐵、方鉛鑛、閃亞鉛鑛、硫化鐵鑛、煤鑛、亞炭鑛、石油、硫礦燐鑛等三十三種。金屬鑛物分佈在極北部到東部，煤田區在北部，油田在中南部。開鑛事業，遠在清代，產煤已粗具規模，至光緒十七年（一八九一年），輸出總額已達二萬七千九百五十噸。硫礦則早在開臺之初，卽已聞名於世，不過一向封禁，不准人民開採，後來開而再禁，禁而再開，光緒十七年輸出量達六千九百六十擔。砂金則早在三百多年前已被發現採取，光緒十七年從事採金工作者已達三千餘人。日人於據臺後，即頒佈各種法令，控制鑛業，並把鑛權掌握在他們手中。根據民國三十三年（一九四四年，昭和十九年）一月的調查，臺灣鑛區數共有一千一百四十七處，面積計有四億三千三百八十五萬坪，鑛產總額六十餘萬日圓，其中煤炭產量最大，約佔百分之六十四。

此外，林業、牧畜、水產等方面都有獎勵改良。特產方面，除茶葉、柑橘之外，他們還發展香蕉和鳳梨罐頭，帽蓆等業。

工業方面，臺灣雖具有工業建設的良好條件，然日人據臺之後，瞻前顧後，站在殖民地政策的立場，並不願謀求全面的發展；初時他們對此「殖民地」的經濟方針，祇著重農業生產，積極開發，以生產原料。工業方面則祇要發展「農業工業」，換句話說，即祇要甘蔗製糖，茶葉製茶，樟樹製樟腦的農產加工業和手工業發展而已。至民國三年（一九一四年，大正四年）第一次世界大戰爆發，世界工業產物的需要驟然增加，因而各種工業在臺灣一時勃興，經過此一刺激，工業生產的動力成了問題，於是開發動力資源成了迫切的需要。當時臺灣的電力電燈合計只有一萬瓩，因此日月潭十萬瓩發電計劃，頓成討論的中心。至民國九年（一九二〇年，大正九年），因第一次世界大戰早已結束，臺灣亦受戰後的反動波及，工業隨之萎靡不振。根據統計，自民國三年至民國九年，投資公司之資本額自六千萬圓增至二億圓，工場數則由一千三百增至二千六百餘，工人數由二萬二千人增至四萬八千人，生產品數額由五千萬圓增至一億九千萬圓，大約都增加二倍至三倍。不過這些工業都是小規模的手工業或家庭工業之類，且百分之九十三是屬於個人經營，還沒有近代工業的規模。

民國二十年「九一八事件」到民國二十六年「蘆溝橋事件」全面抗戰發生的七年間，日人已注意到臺灣可以作爲他們對華南和南洋各地作經濟「發展」的根據地，而且日月潭十萬瓩發電工程又於民國二十三年竣工，既有豐富的動力資源，爲了擴大商場，臺灣的工業化已是一個很急要的課題，高雄鋁工業、基隆合金鐵工業等的創立，便是在這樣的環境下產生出來的。中日戰爭發生後，臺灣已成爲日本南方作戰的基地，多數的戰爭物質的補給，都要仰仗臺灣，所以臺灣工業界突然呈現空前的「繁榮」，並開始所謂「生產力擴充五年計劃」。此時，工業生產亦漸越過農業生產，而佔居第一位。民國二十八年（一九三九年，昭和十四年），工業生產額是五億七千七十六萬圓，同年農業生產額是五億五千一百八十三萬圓，比率是工業佔百分之四五・九四，農業佔百分之四四・四九。

我們從上述可以看出，日人在臺灣的產業建設確是有某種成就，但我們亦不可忽略這些建設全是爲日本的利益而然，這全是爲了日本的需要，爲了發展其本國的資本主義，而不是爲了臺灣同胞謀福利的。因此，日本在臺灣的一切產業建設，其發展遂很偏頗。例如工業建設之基礎工業的重工業根本沒有固不待言，卽與民生關係最密切的紡織工業也沒有。尤其是，臺灣乃一農業地區，然竟無肥料工廠之設立。日本爲何採取此種建設方針與政策？乃因推行臺灣殖民地政策產業建設之故。

第三節　日本的鴉片毒害政策

鴉片俗稱「洋藥」，唐代卽已傳入中國，爲治療腹痛瀉痢的良藥。然患者每由治病變成嗜好，及至發現鴉片能耐眠縱慾之後，一般富家子弟以之作爲玩樂的必需品，逐漸蔓延，遂蔚成一種流行風氣，不但各地部份士紳嗜之如命，甚至政府官員或舉監生員，亦有吸食者，由是鴉片遂帶給國人莫大之毒害。淸道光二十年（一八四〇年）發生的中英戰爭，卽因鴉片問題。

臺灣同胞大部份爲閩、粵兩省之移民，內地人民吸食鴉片之習尙，亦隨之傳入。日本佔領臺灣之初，爲了增加財政的收入，乃將鴉片、食鹽、樟腦、煙、酒等五項，收歸由臺灣總督府專賣局專賣，尤以鴉片的專賣收入爲主。

當時鴉片的製造，係官營獨佔，由日本創設大規模的專賣製造工廠於臺北市南門，佔地幾千畝。工廠之內，有調製鴉片煙膏者達數百人，其中有一位技師長癮者，每日臥在工廠內床上吸食試驗所煉成的鴉片煙膏。日本政府爲了保持其獨佔之權益，施行嚴令，禁止私製鴉片，或由國外走私入境，違者判處徒刑。

臺灣同胞吸食鴉片，如持有吸收許可證，卽可自由購買鴉片煙膏。無照吸食鴉片，卽密吸者，一旦查獲，最初罰鍰、笞刑（打屁股）；如再犯者，始送法院刑庭由推事量刑判罪。日政府此舉表面上是欲禁絕鴉片，不得不處罰無照癮者，其實乃在確保其專賣權益，故民國十八年（一九二九年，昭和四年）日政府改訂鴉片法令，對於密吸者放寬尺度，輕癮者則矯正戒絕，重癮者特許吸食牌照，乃激起次年（民國十九年）四月在日本東京市臺灣留學生所結織的新民會的激烈反對，發刊日文版單行本題曰：「臺灣鴉片問題」，布告日本全國重要機關，暴露臺灣的日本當局之再特許鴉片癮者吸食牌照是一種毒殺臺胞的行爲說：

鴉片能腐蝕吸食者的身心，殺害大衆們的氣力，招來國運的衰退，滅亡種族等等。其毒害這麼可怕，無庸喋喋贅言。也就是敗家喪身的毒物，尤其是一種亡國滅種的毒素，應由人間排除絕滅之。不但社會上，國民的保健上，認爲必要之措施。對於人道上、國際上，國民亦應一致協力，是乃緊急之事。

臺灣自歸屬日本的統治，將近四十年，迄今尙有二萬六千九百四十二人的鴉片癮者（昭和三年末的統計數），那麼多數的持有鴉片吸食牌照的（死了未埋的生屍），如此悲慘送盡人生過程。可以說，誠日本之一大汚辱，然而臺灣總督府當局不但不醒悟，最近更欲特許鴉片吸食癮者一萬餘人左右的本島老百姓。似此敢行非人道，誠言語不能形容。在京臺灣人的代表團體新民會，爲人道上與國民保健上起見，並期絕滅在臺灣的鴉片吸食，及暴露既往鴉片政策的無能，指摘其最近無理追認鴉片吸食的許可方針，而提倡鴉片絕滅方策，想訴之江湖諸彥。」（黃師樵中譯）

除了上述的呼籲外，新民會更在單行本中，針對過去的鴉片政策、鴉片吸食追認許可問題與將來的鴉片問題三點，一面抨擊日本臺灣總督府當局確定鴉片漸禁政策之不當，指出臺灣鴉片政策的發展階段：鴉片吸食特許—無爲無策—密吸者簇出—追加許可—無爲無策—密吸者簇出—追加許可，循環不輟，實與鴉片漸禁政策矛盾；一面希望總督府當局由鴉片收益主義還元爲鴉片撲滅主義，在總督府內設置解煙局，籌立鴉片行政的組織化，以期在最短的時間內，必定絕滅鴉片的吸食。

此外，當時臺灣民間的政治活動團體臺灣民衆黨，對於日本臺灣總督府之改訂鴉片法令，對於密吸者放寬尺度，輕癮者則矯正戒絕，重癮者特許吸食牌照等毒害臺灣同胞的措施，亦大力反對，乃於同年（民國十八年）十二月二十二日，發動全臺各地分部－臺北分部、宜蘭分部、基隆分部、汐止分部、新竹分部、桃園分部、大溪分部、臺中分部、大甲分部、清水分部、南投分部、彰化分部、臺南分部、嘉義分部、北港分部、高雄分部等十六個分部，同起反對。由該黨總部發出指令，要求各分部同時召開演講會，並於前一日（十二月二十一日）致電日本內閣拓務大臣，同時向東京各大報社發出通電，表示反對意見；翌日（十二月二十三日），再向臺灣總督府警務局長提出抗議書。民國十九年（一九三〇年，昭和五年）一月三日，又向日內瓦國際聯盟發出控訴電文，國際聯盟因派調查員來臺調查眞相。然臺灣民衆黨亦因此而開罪臺灣總督府，民國二十年十二月十八日，臺灣民衆黨在臺北中央黨部召開第四次黨員大會時，總督府當局遂藉口該黨修改綱領政策爲不穩之理由，下令强制解散，這是臺灣民衆黨反對鴉片吸食運動的致命之厄。

總之，鴉片之毒害人類，由來已久，非僅臺灣一地而已。然日據時期，臺灣既爲日本之殖民地，故臺灣總督府當局攫取暴利，不惜置臺灣同胞的健康於不問。日本在臺灣推行的鴉片政策，發給吸食牌照，特許者方可吸食，而沒有領取牌照的密吸者，一經發覺卽嚴格科罰，表面上是對臺灣同胞的特別優待，實際上總督府當局明知鴉片毒品之戕害身體，而嚴禁其本國（日本）人沾染吸食，違者重刑處死，故其對臺灣同胞的特別優待其實藏有極大的毒化陰謀在內，是對我們漢民族一種亡國滅種的陰毒手段，因此臺胞有識之士群起反對。只可惜臺灣同胞之中，若干執迷不悟的癮君子，反以爲有識之士之反對爲多管閒事，而表示不滿，使得日本的鴉片毒害政策，得以推行至日據末期，實令人痛心。

第四節　日本的殖民地教育

日本佔領臺灣五十年，其所實施的教育，一言以蔽之，卽殖民地教育。然日本的殖民地教育與一般情形有別，蓋一般殖民地教育通常重視高等教育，有甚於原住者的初等教育，以便培養統治者的助手，同時使一般庶民愚昧，以便統治，印度卽其著例。日本的殖民地教育，在初等教育方面，只注重國（日）語的傳授，以爲「同化」的手段，高等教育則多方排除臺灣同胞的就學機會，其手段之陰毒，有甚於西方帝國主義國家。

日本此種陰毒的殖民地教育，可由光緒二十九年（一九〇三年，明治三十六年），當時的臺灣總督府民政長官後藤新平在學事諮問會席上的致辭看出。後藤說：

「在總督尚未指示政治的大方針之時，何能表示教育的方針，教育可以說是無有方針，……這個會議是以國（日）語普及爲目的，只要討論如何去普及國（日）語就夠了，……對於智育開發我們必須防止陷入荷蘭及印度之弊害，……只知道教育是好事，未經深思熟慮，便貿然開設學校，乃是貽誤殖民政策的做法。」

由於總督府最高決策人物對於教育問題的想法，只在以普及國（日）語爲目的，故日據之初，所設之學校，概以傳授國（日）語而已，不予臺灣同胞有接受知識教育的機會。卽以光緒二十二年（一八九六年，明治二十九年）開設的「國（日）語傳習所」而言，該校爲短期班，然截至光緒二十四年（一八九八年，明治三十一年）三月底，該校畢業生僅爲三百五十二人而已。

其後，臺灣同胞接受初等教育者雖有增加，但因初等教育並不是義務教育，故增加幅度不大。當時臺灣同胞接受初等教育的公學校，初設於光緒二十六年（一九〇〇年，明治三十三年），由地方街庄社自行申請，地方官認爲當地能夠負擔維持學校的經費，始准其設立；教員的薪給旅費以外各項費用，均由各該地區居民負擔。番人（高山族）的公學校則用州經費或地方經費設立。由此可見臺灣同胞的公學校之設立，在經費上頗多困難。此一癥結，可由學齡兒童就學率的比較窺見其一斑（民國十五年度）：

日本人：男生九八・三%，女生九八・一%，平均九八・二%。

臺灣人：男生四三・〇%，女生一二・三%，平均二八・四%。

高山族：男生七四・三%，女生六九・四%，平均七一・八%。

臺人子弟在初等教育的普及程度上如此之低（不及高山族之一半），而其教育費負擔額之增加，並不能和學童就學率之提高成正比例，原因在教育經費之大部份用在構建宏壯美觀之校舍，以及其他之設備所致。

日人對臺灣同胞之初等教育存心如此，但對其本國（日本）人的兒童，則截然不同。根據民國十七年（一九二八年，昭和三年）三月十二日臺灣民報報導：基隆郡金山地方，十年前爲支廳所在地，日人在該地住有相當人數，當時爲十數個兒童設立一間小學校。其後，支廳撤銷，日本住民日見減少，小學學童有減無增，到後來只剩下一人，而且是一年級新生。其外雖有三四個臺人子弟在學，但是可以另行安置。該地居民以爲祇爲一個日籍學生維持一所小學校，殊不合算，主張把該小學停辦，但遭郡當局反對而不果。該校經費連同一個專任教員的薪俸，每年支出將近兩千元日幣。爲著一個日本兒童，每年支出一筆鉅款來維持一所小學校，與其對待臺灣兒童相比，眞不啻天壤之別。

中等教育方面，光緒二十二年（一八九六年，明治二十九年），臺灣總督府開設「國（日）語學校」。該校分爲師範部、國（日）語部及實業部，師範部在於養成初等教育之師資，國語部則對臺人授以日語爲主之中等普通教育，實業部係對臺人授以農業、電信、鐵路等中等程度之職業教育（實業部於公元一九〇六年起停止招收新生）。

臺灣同胞子弟所接受之上述中等教育，其程度比較日人中學校爲低，因此沒有資格應試日本之大專學校。民國八年（一九一九年，大正八年），臺灣總督府頒佈「臺灣教育令」，其有關中等教育之改變如下：

㈠廢止國語學校，改設臺北、臺南兩師範學校。

㈡公立臺中中學校（按民國三、四年間臺灣地方士紳籌設私立臺中中學，經總督府接管，改名公

立臺中中學校)改稱公立臺中高等普通學校，新設臺北女子高等普通學校，其修業年限均較日人之

中學校及高等女學校縮短一年。

三、首先創立獨立之職業學校，日臺人各異其敎育系統。

民國十一年（一九二二年，大正十一年），總督府又頒佈「新敎育令」，撤銷日人臺人不同之敎育系統，在中等程度以上之學校推行日人臺人共校制，這就是當時臺灣總督田健治郎爲配合同化主義而採取的共校制度，田健治郎曾自鳴得意的說：「對於敎育，現在已不再有日人臺人及番人之差別，完全撤銷種族的畛域，誠爲本島敎育界未曾有之革新。」然事實上並未如此，臺灣同胞接受中等敎育之機會，在民國十一年以後依然遠不如日本人。根據井出季和太所著「臺灣治績誌」的記載，截至民國二十四年，臺灣西部七市共設有中學校十所，卽臺北、臺南、臺中各二所，基隆、新竹、嘉義、高雄各一所，民國二十四年四月末臺灣人與日本人之中學校學生之比率爲：日本人三千四百八十六人，佔全數百分之五十九・三；臺灣人二千三百八十人，佔全數百分之四〇・七。高等女學校：日本人四千三百七十一人，佔全數的百分之七二・八；臺灣人一千六百二十八人，佔全數的百分之二七・二。在人口比例上，日本人不及臺灣同胞的十分之一，而男女中等學校學生之總人數，臺人尚不及日人之半數。稅金的絕大部份係由臺灣同胞負擔，而敎育文化等一切設施，其絕大部份則由日人享受，這就是帝國主義統治對殖民地榨取之典型。

高等敎育方面，光緖二十五年（一八九九年，明治三十二年），總督府創設臺灣總督府醫學校，專

門收容臺人子弟，其程度遠較日本本國的醫學專門學校爲低。民國八年，臺灣總督府頒佈「臺灣教育令」，雖將臺灣總督府醫學校改稱爲醫學專門學校，又另設立農林專門學校及商業專門學校，以收容臺人子弟。然臺灣同胞接受大專教育之機會，依然相當不易。甚且臺人出國留學，到了日本，亦備受日本警察之阻擾刁難。民國十一年頒佈之「新教育令」，雖撤銷日人臺人不同之教育系統，實施共校制度，在表面上似乎提高了臺人的教育地位，事實上適得其反。因爲實施共校制度的結果，不但臺灣的學制完全日本化，而且臺灣同胞子弟必須和日本人子弟一起參加入學考試。因爲入學考試均用日文作答，僅由言語上的偏差，亦足以顯示臺人子弟升學之困難；而且各科試題中且含有日本歷史及國家觀念等問題，亦令臺人學童無法與日人學童作公平之競爭。再加上總督府當局每保留相當名額在日本國內招生，並在各大都市舉辦入學考試，以吸收日本國內之學生來臺接受教育，準備移民，更剝奪臺人子弟接受高等教育之機會。以臺北帝國大學（卽今之國立大學）爲例，臺北帝國大學創立於民國十七年（一九二八年，昭和三年）三月，分爲文政、理農二學部，民國二十五年修正臺北帝國大學組織規程，將原有的醫學專門學校併入爲該大學附設醫學專門部。該大學文政、理農兩學部，自民國二十一年起至民國二十三年止，此三年間所收容的日臺學生數爲：

「民國二十一年度：

	文政學部	理農學部	合計
日人：	五九	七二	一三一

臺人：	一四	一二	二六

(二)民國二十二年度：

	文政學部	理農學部	合計
日人：	五四	五〇	一〇四
臺人：	一七	九	二六

(三)民國二十三年度

	文政學部	理農學部	合計
日人：	四八	四〇	八八
臺人：	一三	一〇	二三

以上三個年度合計，日人臺人在臺北帝國大學文政、理農兩學部之學生比率，日人佔百分之八一・一，臺人佔百分之一八・九，臺人學童尚不及日人學童之四分之一，然在人口比例上，日人却不及臺人之十分之一，可見日人臺人接受高等教育機會之懸殊了。日人矢內原忠雄教授在其所著「帝國主義下之臺灣」一書說：「大正八年的『臺灣教育令』，一則爲世界大戰後民族運動之風潮波及臺灣的結果，爲應付臺灣人對文化的要求之必要；又因臺灣的資本主義化，以世界大戰爲良機，有了飛躍的發展之結果；隨其生產及資本集中高度化，在經濟上要求普通教育及技術教育之發展，再則住在臺灣的日人子弟增加之結果，也有設置高等教育機關之必要而制定者。但是臺人與日人教育系統既異，教學

程度亦偏低，在制度上仍殘存著充作日人工具的卑微地位。至於十一年以後的發展，則以日臺人共校與高等教育機關之興隆爲其特徵。以此在表面上呈現爲臺灣教育體制之完成。但在事實上則較普通教育尤被重視的高等教育，乃實現日人獨佔高等教育爲其實質。」矢內原教授之言，實爲事實之論。

綜上所述，可知臺灣同胞之就學機會，無論初等教育、中等教育或高等教育，與日本人相比較，皆極爲懸殊。尤有進者，臺灣同胞不但未能獲得適當之教育機會，日本統治當局抑且不容臺人教育自己子弟。民國十九年（一九三〇年，昭和五年）五月十日的臺灣民報日文版登載一則新聞，其標題爲「臺陽中學終於不准」，其內容爲：

「捐款共達十八萬餘元，可以容納學生四百餘名的私立臺陽中學設置計劃，總督府當局不顧臺灣人的熱烈期望，把公事一拖再拖，不予批准。其後文教當局慫恿申請人黃欣，將呈文撤回；但因遭黃氏拒絕，遂於上（四）月下旬正式駁回。杉本文教局長就此事對往訪的記者發表談話：『私人興學是難而又難的事，過去臺灣原有的私立中學，高等女學校（外國人經營的教會學校），夜學會（日人經營的臺中中學會），其中有經營已垂二十餘年之久的，但成績都無甚可觀，其困難可想而知。如有增設私立學校必要，當局當也並不反對。」

對於日本當局的駁回臺陽中學之設校，申請人黃欣於事後用不滿的口吻發表談話說：「臺陽中學設立申請書被駁回的事情，我早就料想到了。前此曾有人慫恿我把呈文撤回，但我覺得太無道理，所以不予理會。對於當局辣手的作風，本人不欲多說話，想臺灣人民必能洞悉個中消息云云。」從上述報導，談話中，我們可以看出總督府當局對臺人請設私立學校的作風，其用意卽不讓臺人設立學校教育自己的子弟。由此亦可看出，日本的殖民地教育的愚民政策之一斑了。

第五節　日本對台灣山胞的「番務」

日本人對臺灣的物產與土地有很大的野心。最早侵臺事件，卽以牡丹社事件爲藉口而發動的。甲午戰後，日本旣占領臺灣，卽以威脅利誘手段，對付我臺灣山胞。這就是日本人所謂「番務」。日本的番務，初由殖產局主管，繼改設番務本署，後劃歸警局的理番課。日本爲蠶食番地，初設隘勇綫；爲配置防番關隘之兵，暗中將防綫向山胞推進，使山胞土地日益減少。

討伐番社，是日本藉口牡丹社事件而有的名詞。佔臺之後，先組編警察大隊，以事攻伐：

光緒二十三年（一八九七年，明治三十年），剿辦太魯閣番。

光緒二十八年（一九〇二年，明治三十五年）十月，剿辦馬那番。

光緒三十三年（一九〇七年，明治四十年）十二月，進剿南投番社。

宣統元年（一九〇九年，明治四十二年），十月，剿辦楷洛機思番。

宣統二年（一九一〇年，明治四十三年）五月，剿辦宜蘭額阿根番。

民國元年（一九一二年，明治四十六年）一月，剿辦北勢番。四月，進剿南投廳白狗社。

民國十一年（一九二二年，大正十一年）六月，大剿新竹、宜蘭、桃園廳下之番社。七月，佐久間總督親自指揮討伐隊進勦。

凡日本兵力所及之地，日本也訂出一套撫番政策。自光緒二十二年（一八九六年，明治二十九年），就由當時總督府民政局長水野遵，就軍政下之民政設施要領及其他事務，對總督提出政見，論及撫番事項如下：

教化番民乃我政府之任務，開發番地爲培養我國富源之要務。夫番人不通事理，迂於世事，固不庸言，時雖從事耕種，而當事跋涉山野，以狩獵爲業，而習尚殺戮。從來中國人等，欲入番地砍伐樟樹，開拓林野，而紛議不絕以是清朝政府於數年前，設撫墾局，在接近番界要地，置分局，以掌理撫育番民，取締開墾，交換物品事務，頗奏成效，漢番之交涉，至爲圓滿云。今後樟腦之製造，山林之經營，林野之開墾，農產之增殖，以至日本人之移住，鑛山之開發等，無一不涉及番地，臺灣將來事業，盡在番地。今欲在番地經營事業，首先須使番人服從我政府，予以謀生之路，而脫離野蠻境遇。而欲使番人服從，除用威力外，同時須行撫育。夫番人雖常事殺戮，並以襲擊漢人爲能事，考其原因，實多由於每受漢人詐騙。本來番人不少懷猜疑之念，存復讐之心，輒易發生紛爭，故須常備兵力以對付。然彼亦具保守信約之天性，觀其待遇西洋人如親友，足以知之，苟撫育之法不誤，則使其服從，自非難事。例如清朝之設立撫墾局，召集其酋長，饗以酒食，予以布帛器皿，旁加以教訓，諄諄不倦。終得順利進行採伐樟樹，製造樟腦，經營山林，開墾土地，開鑿道路等。一面如給以一定之土地，設法使就耕種之業，當可逐漸感化，成爲良民也云。

是年（光緒二十二年）三月，民政局函飭各地方首長，暫時禁止出入番地。四月，撤銷軍政，施行民政。先是，日本當局爲準備各種行政組織，決定將理番政務與普通行政分開，成一獨立機關，乃調查清代撫墾局之沿革位置經費規程，辦事規則，機關人員之階級、權限等項，擬倣此制度，特設置撫墾署，草擬其組織規程，由總督向日本內閣總理大臣建議，獲准以勅令第九三號公布臺灣總督府撫墾署組織規程如下：

第一條、臺灣總督府撫墾署，屬臺灣總督管理，司掌左列事務：

一、關於番人之撫育授產取締事項。

二、關於番地開鑿事項。

三、關於製腦事項。

第二條、各撫墾署共置左列職員

主　事　八人薦任

技　手　二十二人委任

主事補　二十二人委任

通譯生　十一人委任

第三條、主事各任撫墾署長，受臺灣總督府民政局長指揮監督，管理署中一切事務。

第四條、技手受署長指揮，從事署務。

第五條、主事補受署長指揮，從事庶務。
第六條、通譯生受署長指揮，從事通譯。
第七條、撫墾署之名稱位置及其管轄區域由臺灣總督決定之。

附　則

第八條、本令自光緒二十二年，明治二十九年四月一日施行之。

日本統治臺灣，不論對山地同胞及平地漢人，均以高壓手段，加以迫害。所以漢人與山地同胞曾結合抗日。日本爲分化漢番關係，不許漢番接近，不許番人下山，否則在隘勇綫附近，即由日警格殺勿論。所以，山地同胞也勇敢追隨漢人反抗日本統治，不斷以其勇捷之素養，猝襲日人。其重要者：

光緒三十四年（一九〇八年明治四十一年），臺東七腳川番人反抗。
宣統元年（一九〇九年，明治四十二年）四月，臺東巴塱衞事件發生。
宣統二年（一九一〇年，明治十三年），襲擊卡孔溪駐在所。
宣統三年（一九一一年，明治四十四年），新竹廳合流分遣所受番人襲擊。
民國元年（一九一二年，大正元年），林圯埔支廳下項林派出所受襲擊。
民國三年（一九一四年，大正三年），阿緱廳枋寮支廳下番人，殺害日人二十餘名。
民國十九年（一九三〇年，昭和五年）十月二十七日，有霧社大暴動發生。殺害日人及警察百二十人，不明下落者十七人，逃生者僅二百六十人。據說乃因番人反抗日人國勢調查，麥海婆頭目不滿其妹嫁與日人後遭離棄，霧社番女嫁與日本者多遭離棄，霧社佐藤警部之妻，乃白狗番頭目之女，霧社番不願受制於白狗番女之夫。霧社建築小學，番民搬運材料之運費，每日八角被減爲四角，再減爲二角，如不往工作卽予處罰。因而引起暴動，番人花岡一郎任指揮，日兵進勦，番人婦女皆以自殺送父兄出門作決死戰，戰敗，均自殺，不願作降俘，勇武壯烈，足以驚天地而泣鬼神。

日人對番人的所謂感化政策，是設番人公學校，初等教育四年，設修身課，以日語算術爲主。阿緱、臺東、花蓮港計設二十餘所。其經費均養畜日本教師，及耗於建築校舍與其他設備。

太平洋戰爭發生，强迫番人充軍當砲灰。民國三十年（一九四一年，昭和十六年）三月，日本爲開闢高雄臺東間公路，强迫關山一帶番人作義務工，遷居平原，藉以強奪番人恃以爲生活之資具的山林。二百餘名番工，忽而突擊日警，日警死七人，傷二十餘，番工退守高山。日人莫之奈何。

三十四年（昭和二十年），抗戰勝利，番人與漢人乃同脫離日本暴政奴役，至今高山同胞爲省議員、縣議員，山地青少年讀中學、大學、留學者，已復不少。十項全能之楊傳廣，卽爲臺東之山地子女。臺灣漢番重回祖國懷抱後，特別證明了一句話：中華民族是一個大家庭。

第十五章　屢仆屢起的抗暴運動

第一節　日據初期的抗日義旗

馬關條約割臺灣與日本，正是丘逢甲詩中所謂的「三百萬人同一哭」。從此，臺省同胞受制於異族，歷五十年之久。在此時期，臺省同胞不甘受異族統治，無日不冀圖光復；愛國志士迭起反抗，先後達一百餘次之多，其愛國革命之精神，實有足多。

臺省同胞這種反抗不屈的精神，正如民國三十三年（一九四四）四月十七日臺灣革命同志會在「馬關條約紀念日宣言」中所說的：

回憶過去半世紀的慘痛歷史，實在令人感慨無量！世界各國，對這種暴虐無道的條約，曾經默許五十年，彼時祖國為革命尚未成功，致無力過問。但是首當其衝的臺澎同胞，為着求自由解放，為着伸張正義，為着保有民族正義，明知衆寡不敵，不顧成敗，繼續奮鬥，抗拒强暴，起初發動七年抗戰，其次又是十次暴動，抗日反帝的怒潮，今日依然籠罩臺澎諸島。五十年間，犧牲六十五萬人，雖然尚未成功，可是先烈不朽的精神，仍不斷的鼓舞着我們勇往前進，不達目的絕不停止。

總計自光緒二十一年（一八九五），日本佔領臺灣，至民國四年（一九一五）二十年期間，臺灣同胞先後而起的抗暴運動，就如日本人所謂「三年一小變，五年一大變」。屢仆屢起，從未停止。其中，尤以苗栗事件、西來庵事件等規模最大，牽連最多，死事最慘，當於本章第二、三節分別敘述。茲列表說明二十次規模較大者於後：

年月	領導者	地點	抗暴運動經過
光緒二十一年七月（一八九五年八月）	吳得福	臺北大安庄	臺北大安庄人吳得福，廣結同志，知悉近衛師團六月初八（七月二十九日）南下，城內空虛，準備襲取臺北，並出告示招募義兵，懸賞殺敵。不幸為日軍探悉，七月十二日（八月三十一日），其九人在密商時被捕，七月二十一日（九月九日），從容就義。
光緒二十一年十、十一月（一八九五年十二月）	林大北等	宜蘭 臺北	憤倭侵臺，荼毒良民，淫辱婦女，乃起義勇軍，圖恢復臺澎。初起，聲勢甚大，後以師無訓練，敗北。林大北藍領補及郭某均死之。
光緒二十一年十一、十	劉德鈞等	臺北及全臺各地	日警鎗殺臺民，劉因起事，力攻臺北等地，頗有殺傷，屢陷城邑，相持十五閱月，而終告失敗。

二月（一八九六年一月）光緒二十二年四、五月（一八九六年六月）	簡義 柯鐵	雲縣、彰化等地	初旬以降，屢重擊進犯日軍，日軍鷹犬辜顯榮所招鹿港壯丁，亦大半反正，克復集集，圍困南投。日軍羞怒，大肆屠殺、焚燬、姦淫，遇害者三萬餘，即是「雲林事件」。民怒奮起，五月十八日至二十日（六月廿八日至三十日），連下林圮埔、集集、雲林、斗六，大破日軍。鹿港、彰化、嘉義紛起響應，攻臺中，克北斗。六月初（七月中旬），革命軍失利，日採懷柔政策，利用漢奸，誘降簡義。柯鐵仍與南部抗日軍聯絡，游擊於雲林、彰化、臺中、埔里。日軍討伐，一再失利。光緒二十五年一、二月間（一八九九年三月），雙方成立對等和議，承認柯鐵勢力範圍與其在該區權力，不久戰事再起。明年柯鐵病卒，其父柯錢陣歿，被日本誘降二百六十餘人悉遭殺戮，餘部由張呂赤兄弟率領，仍續奮戰至光緒

			二十八年（一九〇二年）。
光緒二十二年五、六月（一八九六年七月）	黃國鎮、林添丁、陳發等	嘉義、南部等地	黃國鎮圍困嘉義五日，他有政治組織、經濟措施，明年正式稱帝，建元「大靖」。陳發以嘉義、臺南間番仔山爲根據地。
光緒二十三年四、五月（一八九七年五月）	陳秋菊等	臺北	陳等再攻臺北，詹振以下身殉者二百餘人。
光緒二十四年二、三月（一八九八年三月）	簡太獅等	金包里、基隆、宜蘭等	簡太獅、盧錦春等舉兵於金包里，及基、宜一帶林李成、林火旺等，採取機動游擊戰術，出沒艋舺，予日人莫大困擾，彼亦受相當犧牲。
光緒二十四年閏三、四月（一八九	陳發等	臺灣南部	初爲日破，繼起占金山、恒春等地，更有番民助戰。然終以勢弱潰敗，陳發林添福等死之，是役爲日人處刑者一、六五九人，戰亡不計在內。

八年五月）			
光緒二十四年十、十一月間（一八九八年十二月）	林少貓、鄭吉生等	屏東	林少貓、鄭吉生、林添福等突擊潮州，殺日本辦務署長及警員多人。一九〇一年，抗日軍復職。黃茂松等擊殺樸仔脚支廳長。林少貓、黃鎮國再出領導，不幸失敗，少貓幾乎全家殉國，死難者數百人。日人自詡全島肅清，全屬謊言。
光緒二十七年一、二月間（一九〇一年三月）	詹阿瑞等	臺中一帶	藉反抗樟腦、食鹽專賣制度起事，陷臺中、嘉義，終以衆寡不敵，失敗。詹與葉新榮等死難。革命軍被殺者一千九百餘人，處刑者八百人。
光緒三十三年九、十月（一九〇七年十一月）	蔡清琳等北埔事件	臺北一帶	初組復中興會，復朱一貴之中興，於北埔首先起義，佔新竹後，以人少被圍，終被捕處死刑。是役，革命軍死者二千人，處徒刑死者八百餘人。
民國元年（一九一二）	劉乾等林圮埔事件	南投、林圮埔一帶	劉乾等人聞中國革命成功，國父就大總統職，起而響應，不成，死之。

三月			
民國元年（一九一二年）五月	黃朝等	臺南	藉神道立會革命，革命尚未完全舉行，即遭破獲，計處死及處徒刑者凡二百餘人。
民國元年（一九一二年）十月	陳阿榮	南投	紀念祖國國慶，計劃起事，被捕後，與重要黨人，皆被處以死刑。
民國二年（一九一三年）三月	羅福星等	苗栗	詳本章第二節
民國二年（一九一三年）三月	張火爐等	南湖、大潮一帶	募生番助羅福星，未發被擒，處絞。
民國三年（一九一四年）五月	羅阿頭（六甲事件）	大埔	響應羅福星，殺盡東勢角日警，被捕處死獄中。

民國二年（一九一三年）六月	李阿齊等	臺南	殺盡大埔六甲等處日警，不敵日本大軍，被捕，羅及彭漢文、陳天生處死刑。又被處無期徒刑之黨人，凡一三四人。
民國四年（一九一五年）五月	余清芳等	臺南、臺北各地	詳本章第三節

以上是臺灣同胞在日據初期武裝抗暴運動的大略情形，儘管日本統治者，一次次撲滅臺灣同胞革命起義之火，但是臺灣民族革命運動，却如火如荼，以大無畏的精神，不斷奮起抗暴，事雖不成，乃誠足以驚天地而泣鬼神。丘逢甲七言絕句詩中所云：「世間倘有虬髯客，未必扶餘屬別人。」正可作全臺同胞抗日精神的寫照。

第二節　苗栗事件

自光緒二十一年（一八九五年）至民國四年（一九一五年），二十年間，臺灣同胞紛舉抗日義旗，北自基隆，南至恒春，大小戰役不下數十次，使得日人窮於應付，已如上節所述。其中，羅福星所領導的抗日運動，即所謂「苗栗事件」，更與　國父孫中山先生所領導的國民革命運動，有密切的關係。

羅福星，別號東亞，又名國權，生於廣東省嘉應州鎭平縣。廣東省東部潮梅地區是所謂客家人的分佈區，客家人原爲西晉末年中原地區的居民，爲了避亂，爲了不甘心受胡人的强暴統治而南遷，先天性便富有義不事胡的精神，羅福星也不例外。

民國前九年（光緒二十九年），羅福星隨其祖父來臺，寄寓新竹廳苗栗一堡田寮莊（卽今之苗栗縣），曾就學於苗栗公學校，但未畢業，三年後又隨其祖父回粤，路過厦門時，和同盟會發生關係，正式加入同盟會，成爲革命黨員。返回故鄉之初，羅福星在鄉村擔任小學敎員，受知於原「臺灣民主國」義勇統領、時任廣東學校部長的丘逢甲，被派往南洋一帶視學，相機聯絡華僑，參加祖國革命，因而結織了同盟會會員胡漢民、趙聲等人。羅福星在南洋一帶，先後擔任新嘉坡中華中學校長，緬甸中國同盟會書報社書記、巴達維亞中華中學校長等職。辛亥年（宣統三年）春，他曾與胡漢民、趙聲、林時爽等遊歷南洋各島，並曾到過西印度的黨部。是年三月二十九日，由黃興領導的黃花岡之役，羅福星亦曾躬與其事，而倖免於難，遂走避香港，轉往巴達維亞，召集革命志士。武昌起義發生，他又與胡漢民在爪哇召集民軍二千餘人，返國參戰，到過廣州、上海、蘇州。

武昌起義成功，中華民國成立後，使臺灣同胞感到莫大的興奮和希望。羅福星和他的同志希望同時光復臺灣，於是奉　國父之命又返回臺灣，暗中進行推翻日本統治，光復臺灣的工作。

民國元年十二月八日，羅福星渡海來臺，居無定所，常以臺北的大稻埕爲活動中心。後來，羅福星偶於大稻埕路上，和舊相識吳覺民邂逅。這吳覺民也是革命黨人，專爲招募同志來臺，兩人於是互披肝膽，各述抱負，互相提攜起來，加緊活動，經常在北門外的大瀛旅館密會連絡。因爲苗栗是他的故居，故舊頗多，所以羅福星把黨部設於苗栗，而自己則經常往來於臺北、苗栗之間，宣傳革命主義，招集革命同志，華僑黃光樞、江亮能，臺灣同胞謝德香、傅清鳳、黃員敬等均紛紛加入國民黨。羅福星繼以這些同志爲核心，以華民會、三點會、革命會等外圍組織，積極發展黨務。此外，又組革命軍，凡入黨的同志，均編入組織，置正副司令官，其下爲旅、團、營、隊、排、班。又有敢死隊，歸旅長指揮，另訂軍中服務規律及軍人刑法。爲確保通訊機密與安全，羅福星又創立秘密通訊制度，他往來臺北和苗栗之間的各地區，如桃園、新竹諸地，皆以秘密記號，和各地同志互通消息。例如東王代表旅，南王代表營，飛王代表排，西王代表團，北王代表隊長；北部酒代表臺北，中部酒代表苗栗，中中酒代表臺中，紹興酒代表新竹，西洋酒代表淡水，首都酒代表基隆，南部酒代表臺南，人力車代表海軍，店員缺勤代表被捕等。我們從他的通信暗號中，可以知道羅福星所從事的革命活動，遍佈於基隆至臺南的地區，而在吸收同志時卽已注意部隊的組織。當時，廣東都督胡漢民力爲支援，黃興也派人前來協助，大陸上化裝賣人參藥材來臺的黨人爲數不少。因爲他們的活動，富有高度的機密性，所以日人雖在民國二年的五月間，卽已獲得新竹後壠支廳有革命黨的活動，臺南廳關帝廟支廳亦有革命活動，但都無法探知其內情，只知道關帝廟支廳的革命黨曾在公共墓地集會，革命黨的頭髮中央剃一圓形爲標記云云，語焉不詳，顯然是得之於風聞，所謂頭髮中央剃成圓形，揆諸當日革命組織之嚴密與隱閉，當亦不致有此等暴露身份的膚淺行爲。

當時革命組織的分佈之廣，確是遍佈半個臺灣。根據日人小野一郎的報告，其分佈：

臺北廳	八十三人
士林支廳	十四人
新莊支廳	十八人
板橋支廳	九人
淡水支廳	三人
臺中廳	三人
新竹廳	三十人
桃園廳	三人
錫口支廳	五人
苗栗支廳	四人
基隆支廳	二十二人
瑞芳支廳	五人
頂雙溪支廳	一人
住址不明者	三十一人
共　計	二百三十一人

以上只是小野在羅案發生後，正式起訊的革命同志之分佈與人數統計，其他人已被捕，而尚在調

查者，僅臺北廳所屬者尚有一百十五人，可見羅福星的抗日運動同志，其人數當遠在三、四百人以上

羅福星在進行抗日運動中，備有一份宣言書，痛陳日本治臺的虐政和臺灣同胞所受的痛苦，宣言指出說：

「由五大洲六大洋組成之世界中，面積佔三分之一，人口最多者，唯我中華民國。然而，吾民不知國家爲何物，不解愛國心爲何物，亦不知團體爲何物！今仍固守野蠻之性質，頑固之根性未全脫除，更無進取之氣象。獨我華民之留居南洋群島者，十年以前，已有開化之志，辨君臣本分，知亡國之恥辱，悉鄰國之苛政。諸君試視彼俄國滅亡之猶太國，僅不出二十年，而種族見滅，文字被毀。……諸君不觀乎琉球亡於日本，僅不過二十年，而種族已滅，文字亦廢。今亡國之民，家破失業，多淪爲乞丐。……臺灣亡於日本，於茲十有九年，人民蒙害，譬如身體，今不過剝我皮膚，又四五年後，而削我骨肉，八十年後，必至吸我骨髓矣！我臺民不知日本意欲亡我民族，奪我財產，絕我生命，哀哉！……我島民於苛政下，如何艱苦，今詳述其慘狀於左：

一、人民之產業，全爲官方强奪，人民不得寄生於社會。賦課繁重，民入不敷稅課，生活陷於窮境。……現今日本之治安方針，勢欲迫使島民爲盜賊土匪而加剿滅，可惡日本政府以此陰惡之手段，滅我島民。

二、事業、營業之有利可圖者，悉歸官營專賣，對島民之薄利營業，徵以苛稅，……資本僅有三四百元之小販，視之爲千元以上之資本家，而課以重稅；以十萬資金營商者，少則課稅十數萬

。……一介商人，欲販賣雜貨或酒、烟草、鹽等數種物品者，需領數張營業執照，……更課以極重之地方稅、營業稅、房捐等項。……嗟乎，商人何以爲生，日本對殖民地營業稅之課賦，如斯之苛！

三、不見夫我臺民之轎夫，汗流浹背，勞動非常，日得二、三十錢耳，年不過數十元，而轎夫營業稅，年課數元，扣除房捐、地方稅、官稅，所餘不足畜妻子。未聞世界之殖民地，有如斯之課稅者，獨臺灣有之。諸君試觀世界之殖民地，諸如印度、爪哇、呂宋……僅馬車、電車課稅。

四、最可嘆者，厥爲路邊之游動攤販，彼等之資本不過三、四元，一日之利潤僅二、三十錢，繳納營業稅、執照費，致以資金糊口……不出數月，而告貸爲活，淪爲失業者，終至身亡。……我島民中，受官虐待而痛哭，生活困苦不堪者，莫過於此等小販。

五、屠宰業亦然，年納豬稅二元，屠宰稅數十錢，營業稅數元，養豬稅十五錢，於市場出售時，徵販賣稅數錢，種種苛稅，入不敷出，慘狀莫此爲甚。

六、最可惡者，乃地方之警察，彼等藉口保甲費、警察費、壯丁費名義，徵金於民，以肥私囊。其兇猛如虎狼，誠乃村中之國王。民皆相率優遇之，贈賄多者，得與之交結，而萬事方便，……不事款待者，常受其苦，故富者優遇之，而貧者則受虐待。……環境衛生亦然，富者積污門前，猶得默許；貧者之家稍有塵埃，卽受毆打辱罵，遭受毒害。區長、保正、甲長等地方名譽職，亦不經由選舉公正產生，……而採用警官自己適意者，全以諂媚警官者任之，……曾以金錢買得上述職役者，免除其服役植路樹、修道路、伐生蕃及其他勞役之義務，此誠不公平者也。彼等以戶口調查，視察鴉片吸食爲藉口，常至民家，見有合意之物，輒要求不止，不予奉贈，他日必受其害。彼等不察下民之貧苦，不分晝夜，輒至民家，令殺鷄備酒，巡迴飲樂，………故百餘萬島民，無不抱不平不服之心。………

七、討伐生蕃………採取殘酷政策，不問家中有無人力，每家出役人夫一人，………寡婦貧家之無男者，不得不鬻賣自己之子女，雇傭人夫，以盡義務，被雇者僅爲四、五十元而出賣自己生命，足見日本之法律，非爲愛民、保民而設，乃爲滅我島民而設者也。

八、特務刑警橫行，慘不忍睹，亦不堪聞。彼等常藉口至民家搜索偵探，威脅詐取愚民，視收賄之多寡，不問罪之有無，或拘或放。無辜之民，寃情慘狀，無由申訴。………

九、我中華民國國民渡臺營業者，遭臺灣政府虐待之情，不堪言狀。華民常無故被警官毆打、暗殺，魚肉見奪，菜蔬被掠。泣訴之，則曰：『此爲殖民地之制度，法律。』然此法律、制度，不適用於同樣在臺之外國人，如英、美、德、法之民，而獨適用於華民，以遂其虐待，此一事實，諸君所深知也。

十、華民渡臺居留者，應出人夫以伐生蕃，捐款予學校，未聞萬國公法令外國人負如此之義務者。

十一、我華民在臺，被警官暗殺毒害者，不勝枚擧。現桃園廳下三角林庄張上清者，被當地警官暗殺之事實，經我調查，證據昭彰，張上清，廣東鎭平人。

羅福星在上述宣言中，所宣佈的日本治臺十一大罪狀，其中八項係指虐殺我臺灣同胞，另三項則指來臺之僑民。此項事實，都經羅福星詳細調查，信而有徵，今日臺灣同胞之年長且曾受日本虐待者，尚能道其親身所受之痛苦。羅福星目睹此情，益堅其驅逐日本在臺灣統治的決心。他在宣言的另一段說：

我奉福建都督之命，與十二名志士，同爲調查、視察，並普集華民聯絡會舘會員事渡臺，……我十二志士爲募集主盟充責員，至今日已募集會員達九萬五千六百三十一人之多，皆有革命之志。籍隸民國之華民爲募集會員，假冒人參藥販入臺者亦有二萬人。……八月一日，廣東都督派吳覺民調查共和聯盟會館應募會員人數，時會員已達五六千人。……本年六月，黃興先生特派潘××君赴臺，從事革命會員募集運動。……二月間，余視察臺南一帶地方，知林季商之會，已有會員二萬。今四會（福州、廣東、福建、林季商）聯合，稱爲華民聯絡會館，將來大有所爲。

這是以革命聲勢的浩大來鼓勵臺灣同胞的抗日運動，在宣言書中有「不料吳之部下，洩密敗事」一語，足證其時的革命行動已遭破壞，故羅福星特撰此書，使革命運動仍繼續不斷，以達到光復臺灣的最後目的。

當羅福星在臺灣北部籌備革命時，中南部亦先後發生四起抗日事件，日人後來把它和羅福星所領導的革命併合，稱爲苗栗事件。這四起事件所發生的地方及其主腦人物是：

一、臺南關帝廟地方　李阿齊
二、臺中東勢角地方　賴來
三、新竹大湖地方　張火爐
四、南投地方　陳阿榮

這四起抗日事件，雖不相連繫，但其目標則一。他們都是受了祖國革命成功的鼓舞，亟望驅逐日人，光復臺灣。他們之中最先起來抗日的是賴來。民國二年十二月一日，賴來召集革命同志到他家中，設壇致祭，中供五色旗，旁陳武器，互誓定期起事。次日，他們卽帶刀槍，猛攻東勢角支廳，攻殺日警，賴來力戰殉難，抗暴軍以寡敵衆，終於潰敗。至於其餘三起抗日事件，則早已爲日警偵破，日方除嚴密監視外，並下令檢舉革命黨人，自民國二年十月開始，至翌年正月，臺灣同胞因嫌疑而被捕者達三百餘名。

羅福星對當時風聲的緊急，早已預知，所以盡量隱匿其行跡。民國二年十二月十六日，他逃至淡水支廳，潛伏於農民李福穗之家，擬俟機密渡回國，以作捲土重來之計，不幸其行動已爲日警所偵知，十二月十八日夜半，淡水支廳長派遣大批警察，包圍李家，羅福星及其同志周齋遂被捕，其手記二册，黨員名簿一件，感想錄一件同時被搜去。其手記中，有「殺頭像似風吹帽，敢在世中逞英雄」之語，視死如歸的精神，感人至深。

民國三年二月，日本的臺灣總督府在苗栗設立臨時法庭，審判革命黨人，審判範圍以苗栗的羅福星爲首，次爲關帝廟的李阿齊，東勢角的賴來，大湖的張火爐等九百二十一名。三月三日宣判，處死刑二十人，有期徒刑二百八十五人，無罪三十四人，檢察不起訴處分五百七十八人，行政處分四人。受宣判死刑者，即日被執行，各受刑者，雖皆蓬頭垢面，但意氣自如，態度從容，毫無恐懼之狀。羅福星在獄中作詩三首，一祝中華民國，一寄滬上情人游金鸞，一爲絕命詞。其絕命詞悲歌慷慨，視死如歸，充分表現英雄本色：

一、海外煙飛空一島，吾民今日賦同仇；
　　犧牲血肉尋常事，莫怕輕生愛自由！
二、彈丸如雨砲如雷，喇叭聲聲戰鼓催；
　　大好頭顱誰取去，何須馬革裹屍回？

其祝中華民國一詩中，羅福星嵌入「中華民國孫逸仙救」八字於各句之首：

中土如斯更富强，華封共祝著邊疆；
民胞四海皆兄弟，國本滄桑氣運昌；
孫眞爲國著先唐，逸樂豐神久益彰；
仙客早沾靈妙藥，救人千病一身當。

足徵他對祖國的熱愛，與對　國父的信仰，至死不渝。

羅福星等人的抗日運動雖然失敗了，但是臺灣同胞的民族意識從此益爲堅强，革命熱忱因而大增，造成普遍反日的風氣。

第三節　西來庵事件

羅福星等人的抗日運動失敗後，臺灣同胞的反日抗日精神並未稍挫，仍思待機而起。因此，越二年遂有余清芳等人的抗日起義，以臺南市區的西來庵爲策動機關，卽日人所謂的西來庵事件。此次事件範圍之廣泛，抗日之猛烈及犧牲之慘重，在臺灣同胞歷時半世紀的反日行動中，可以說是最大的一次，而日人對臺灣同胞的殘酷手段和猙獰的面目，亦在此一事件的過程中暴露無遺。

余清芳，字滄浪，號清風，臺南廳長治二圓里後鄉庄人。七歲入私塾就讀，性頗穎悟，但不幸遭到父喪，家貧，無法繼續讀書而輟學。十三歲時，曾爲米店傭工，得微資以奉養寡母。不久，改任雜貨店夥計，一面進入臺南舊城公學爲工讀生，半工半讀，完成初級學業。

日人侵臺時，他年方十七，眼看異族鐵蹄蹂躪鄉園，懷亡族之恨，投身於武裝的抗日義勇軍，參加保鄉衞民的奮鬥。及抗戰失敗後，他隱忍自重，不露仇日於聲色，以待時機的來臨。二十三歲任日警巡查補職，服務於臺南、鳳山、阿公店等地，並經常出入齋堂。三十歲時因反日言論，被送臺東加路蘭浮浪者收容所管訓近三年，釋放後回鄉，擔任生命保險及信託事業的宣傳員，因而結織臺南世家臺南廳參事蘇得志、大潭區長鄭和記。蘇鄭都是臺南市西來庵的董事，他們時常在庵內聚談，傾吐反日心聲。

余清芳自獲蘇鄭的協助，就以西來庵爲籌謀抗日革命的基地，並藉修築廟宇的名義，廣募捐款，以爲抗日運動的資金。一日，經同志的介紹，秘密會見臺中方面的羅俊，兩人談及革命，大有相見恨晚之慨。羅俊，本爲嘉義縣他里霧人，年少讀書並學習相法。日本侵臺後，羅俊曾起而參加抗日運動，失敗後密渡大陸，歷遊祖國各地。後曾一度返臺，因家破人亡，又再回大陸。他眼見辛亥革命的成功，感慨良多，後經同志慫恿，乃於民國三年臘月返臺籌謀革命，在臺中一帶，積極佈置準備。當他和余清芳見面時，雖已年過六十，但神清體壯，充滿革命志士的氣慨。

余清芳又經同志的介紹，入山訪晤名聞各地的江定。兩人一談，更是一見如故，肝膽相照。江定，是臺南廳楠梓仙溪里竹頭崎庄人，資望甚高，富俠義心，日本據臺後，被擧爲區長。後來，因案逃入山中，以後掘仔爲根據地，糾合甲仙埔隘勇及六甲方面抗日餘黨數十名，出沒於嘉義後大埔一帶，專門襲擊日本的警察派出所，採遊擊戰術，與日人周旋。經過十餘年，同志愈來愈多。余清芳和江定訂交後，江定同意只要義師一起，他卽率所部下山響應，夾攻日人。余清芳約定起義後，請江定擔任副元帥之職，自任元帥。

余清芳自會晤羅俊、江定以後，加緊準備，利用宗教信仰，宣傳日人暴政，促起民族覺醒，又分發神符、咒文，經常擧行扶乩，以鞏固大家的信心。此時，羅俊等人在中北部的宣傳也很順利；江定在山中聚集的武裝抗日同志也愈來愈多，一時南北各地加盟的甚衆。余清芳看見時機成熟，遂以「大明慈悲國」大元帥的名義，宣稱奉旨傳檄三臺，討伐日軍，並發表檄文：

天感萬民，篤生聖主，爲民父母，所以保毓乾元，統馭萬邦，坐鎮中央。古今中華主國，四夷臣卿，邊界來朝，年年進貢。豈意日本小邦倭賊，背主欺君，拒獻貢禮，不遵王法，藐視中原，侵犯疆土，實由滿清氣運衰頹，刀兵四起，干戈振動，可惜中原大國，變爲夷狄之邦。嗟乎，狂瀾曉倒，熟能挽回？彼時天運未至，雖有英雄，無用武之地，忠良無操身之處，豪傑義士，屈守彼時，忍觀顚倒，吾輩抱恨。倭賊猖狂，造罪彌天，怙惡不悛。乙未五月，侵犯臺疆，苦害生靈，刻剝膏脂，荒淫無道，滅絕綱紀，强制治民；貪婪無厭，禽面獸心，豺狼成性，民不聊生，言之痛心切骨，民命無辜，遭此毒害！今我中國南陵，天生明聖之君，英賢之臣，文有經天濟世之才，武能安邦定國之志，股肱棟樑，賢臣輔佐，三教助法，聖神仙佛，下凡傳道，門徒弟子萬千，變化無窮。今年乙卯五月，倭賊到臺，二十有年已滿，氣數爲終，天地不容，神人共怒。我朝大明，國運初興，本帥奉天，舉義討賊，興兵伐罪，大會四海英雄，攻滅倭賊，安良鋤暴，解萬民之倒懸，救群生之性命。天兵到處，望風歸順，倒戈投降。………本帥慈悲施仁，爲世深懷，渡衆行善，諒人改悛。………爾等萬民，各宜凛遵而行，勿違於天。

當余清芳準備舉義抗日之時，日本駐臺軍警，已經先發制人地包圍義軍。余清芳對日本軍警的圍攻，分兩路迎敵：一路由江定之子江憐率領，迎擊噍吧哖方面之日本軍警；另一路分攻小張犂、阿理關、大坵園等處。江憐與日本軍警相遇於牛仔山，奮勇當先，部衆隨之而進。鏖戰結果，互有死傷，日巡查飲彈畢命，而江憐亦慘遭陣亡。義軍不支，向大坵園敗退，與另一路義軍相合，日警被敗，派出所數處被攻破，日警及其眷屬數十人被殺。余清芳偵知日警已傾巢而出，乃親率所部，鑽隙而進，向甲仙埔支廳襲擊，日方的留守人員與眷屬，均被義軍所殺。日警不得已，乃回師救援，義軍亦不敢戀戰，盡掠其武器彈藥入山。時為民國四年七月上旬。日警對據守山險的義軍，亦不敢冒然進攻，戰事遂暫呈膠着狀態。

八月二日，余清芳親率部衆數百，突向噍吧哖支廳的南庄派出所猛攻。南庄為入山要道，日警對此非常注意，集結警察數十名，槍械犀利，陣勢嚴密，以為足以防阻余清芳部之突擊。初不料義軍人數佔絕對的優勢，人人奮戰，南庄陣地竟被義軍所佔，其首領吉田國且被義軍所殺，日警及日醫師及其眷屬等十餘名均被殺，派出所亦被焚。余清芳在南庄勝利以後，乘勢厚集義軍千餘人，佔領噍吧哖支廳東北的虎尾山高地，據險設防，遙控噍吧哖，與日警備隊對壘。余清芳乘機散佈謠言，謂阿緱境內斬獲日人甚多，中國革命黨已撥精兵數萬，分乘戰艦，不日抵安平，直搗臺南。臺灣同胞聞之，心膽頓壯，歸附著日衆。八月三日，江定亦親率所部下山，於四日拂曉，進兵芋匏寮，經楠梓仙溪而抵望明庄。義軍聲勢，因而益壯。

日警深知以當時之局部警力，決不能與義軍相抗，乃暫取守勢，而向各方調集警力，以備進攻。八月四日夜，到達噍吧哖的日警便有一百九十名；此外，噍吧哖附近的男女日人二百餘名亦集合於糖廠，組成自衛隊，由在鄉軍人滋川中尉指揮官；更有來自霄里的丸田分隊及今井分隊。軍警之力既增，乃計劃對義軍出擊，以正式軍隊為主幹，配以警察十名，分向義軍進擊。義軍面對火力强大的日方軍警，乃採取遊擊戰，分散與伏擊並用。義軍並利用夜晚，循虎頭山麓，涉過溪水，自北寮向日軍抄襲。日軍憑着優勢火器，織成火網，使義軍不能接近，戰事遂呈膠着狀態。時日本的臺南廳長亦已聞警，紛調各地警察，集結於大目降來援，並請第二守備司令發兵，以步兵四中隊山砲隊一中隊，合編爲一個縱隊，分自蕃薯寮、大目降、六甲等地，進攻義軍。其時義軍正集中力量進攻噍吧哖，百餘日警向大目降敗退，沿途遭受義軍的伏擊，死傷累累。義軍正在得勝之際，而黑田少佐則率日軍向虎頭山義軍包圍，與被困之警察，內外夾攻，日軍更以巨炮自高地向義軍猛轟。義軍所用砲只有舊砲兩門，以鐵片與石子代砲彈，其射程僅二百公尺，其一般武器除少數步槍外只是刀、槍、木棍等，以此武器與日軍相戰，勝負之數，不難預測。義軍奮勇維持陣地，至六日傍晚，終於放棄陣地，向山谷潰退。余清芳與江定的千餘部隊，能撤至山谷者只二百餘人。日方軍警，合力追擊，至八月十二日夜，余清芳等始脫出日軍包圍，越過放弄山而逃。噍吧哖之役，至此始告結束。

當戰事激烈進行之際，附近居民除加入余清芳的義軍外，其餘均往他處。戰局既定，日本乃出安民佈告，來者免死，居民因此紛紛返回原住地區。日軍乃選擇精壯者，令其掘壕，既竣事，則令面壕而立，自背後以機關掃射之，無一幸免者。其在噍吧哖附近二十里的地面，更施行嚴厲的搜索與殘殺，不問良莠，格殺勿論，雖小孩亦不能免；遇婦女則姦淫而後殺之。一時屍橫遍野，血流成渠，光是這一地區，被殺者已數千人，而其他株連者，尚不在內。總計此役死難者，當在萬人以上。後來，臺灣同胞每談起噍吧哖事件，莫不咬牙切齒。

余清芳自逃出日軍包圍後，翻山越嶺，至社寮溪畔會晤江定，兩人以日軍搜查網已擴展到蕃薯寮，其所處地方亦在包圍網內，若共處一地，勢必全軍覆沒，故決定暫時分手，各自東西，以伺機再起。余清芳遂率領其部份同志，躲入偏僻地方，行抵曾文溪附近，爲奸民保甲民班長陳瑞盛與邱通所賣，勾結日警前來逮捕，往臺南解送。

日本臺灣總督安東貞美既獲余清芳被捕之消息，遂令設臨時法庭於臺南，命用匪徒的刑罰令，作爲審判余清芳等的根據。八月二十五日開始審訊，延至十月三十日始辦理竣事，所列被告，共計一千九百五十七名，計處死者爲余清芳等八百六十六名，處有期徒刑者四百三十五名，受行政處分者二百十七名，不起訴者三百零三名，無罪者八十六名，羅俊等八名則科以坐絞之罪。西來庵的重要分子如蘇有志、鄭利記等均受絞刑。其他在西來庵中與余清芳往來較多及捐款者，無一倖免，其株連之廣與審判過程中用刑之酷，實慘不堪言。西來庵亦從此被毀。

自從余清芳被捕之後，江定和他的部下數百人，退入阿緱廳管內及臺南廳管內的深山，據險不屈。該地廣袤百里，日本當局的搜查隊無法發現他們的踪跡，乃在失踪人口中尋覓其家屬，派遣他們入山尋訪，以不殺害勸降其家人。臺南廳日本官員繼又唆使地方士紳出面勸降。民國五年三月中旬，一批臺南士紳持着江定之族人江以忠的遺書和日本政府的保證，從密徑進入江定的住所勸降。四月十六日，江定接見由日本當局授意的已投降的舊日股肱石覺和同行的張阿賽等人，經他們的慫恿和誓死保證，江定乃決定投降。至五月一日，留在山中的義軍全部被誘出山投降，其數共有二百七十二名。

臺灣總督府等到誘降工作完畢，乃突然翻臉，以「國法」不可不重爲理由，突於五月十八日令各地警察逮捕投降義軍，將江定等十三名寄押於噍吧哖支廳，潘春香等四十三名寄押仙埔支廳，其餘諸人均告失踪。六月二十日，臺灣總督安東貞美令設特別法庭於臺南，仍令以匪徒刑罰令爲審判根據。至七月二日結案宣判，自江定以下三十七名均判死刑，並於九月十三日在臺南監獄執行絞殺，此外被判十五年的懲役者十二名，九年的懲役者二名，而此轟動一時，壯烈無比的西來庵事件遂告完全結束。世人稱此一事件爲「噍吧哖慘史」，它實在是日人據臺時期中的第一殘酷暴政。

第十六章　近代的民族革命運動

第一節　海外臺灣留學生的奮鬥

「帝國主義下之臺灣」一書作者日人矢內原忠雄說：「殖民地的解放運動大抵是由海外發動的；臺灣也不例外。」誠然，海外臺灣留學生在近代的民族革命運動中，實扮演一極重要的角色。依據日本官廳的記載，自光緒二十七年（一九〇一年，明治三十四年）起，卽有臺人子弟到日本東京留學，以後逐年增加，至光緒三十四年（一九〇八年，明治四十一年），在東京府管轄內，臺灣的留學生已達六十人。這些初期的留學生，大都是富家子弟，而且年齡均甚幼小，談不到民族意識的覺醒。臺灣留學生民族意識的覺醒，乃是辛亥革命以後的事。

辛亥革命以後，一則因爲辛亥革命的成功使留學生心中燃起希望的光芒，激發民族意識，消滅自卑感，對祖國的向心力增強，同時對祖國的強盛抱有信心，把臺胞爭取自由，獲得解救的殷望寄託在祖國的將來。甚至出現被稱爲「祖國派」的留學生，主張囘大陸去爲祖國的建設効力，俾祖國早日強盛起來，臺人的解救才有希望。再則受到日本「民本主義」運動的影響，使得臺灣留學生耳濡目染，所受思想上的刺激和啓發極大。他們不但作爲一種學說去接受，進而與日本「民本主義」運動者東京帝大教授吉野作造和東京商大教授福田德三等人接觸，很多人受其鼓勵和影響。三則受到第一次世界大戰後盛行的民族自決浪潮的影響，使得臺灣留學生嚮往「臺灣完全自治」，甚至脫離日本統治的美麗藍圖。只是在當時的客觀環境下，這種願望無法公然揭櫫出來，只能彼此埋在心底，以待時日的來臨。另外，朝鮮的獨立運動，亦予臺灣留學生以很大的刺激。朝鮮的獨立運動雖然終歸失敗，但其影響則非常廣大，尤其對東京的臺灣留學生極爲深刻。因爲臺灣於光緒二十一年（一八九五年，明治二十八年）成爲日本殖民地，而韓國被日本併呑則在宣統二年（一九一〇年，明治四十三年），同是日本殖民地，臺灣却早十五年；如論先後，臺灣是在前，朝鮮是在後。但是在政治、經濟、財政、教育、待遇等方面，朝鮮竟然後來居上，所以臺人常引朝鮮爲例，攻擊日人統治之不公平。然而朝鮮人尚不甘爲日本統治，亟謀獨立，發動「三・一事件」，大動國際視聽，因此給東京的臺灣留學生以莫大的鼓勵與刺激，展開如火如荼的民族革命運動。

東京臺灣留學生的民族自覺既經成熟，乃自然而然地感覺有結成團體，以便推進實踐運動之必要。於是「聲應會」、「啓發會」、「新民會」等團體便先後成立。「警察沿革誌」曾描寫其間的情形如下：

「以東京臺灣留學生爲中心之旅日臺灣知識階級，隨時代潮流之進步，一變其風氣；因而與民族、風俗、習慣相同的旅日華僑、學生及知識階級接近，同時亦使之接近處境相等之朝鮮人，乃是必然的結果。於是大正八年（按卽民國八年）末，中國方面中華靑年會幹事馬伯援、吳有容、劉木琳，臺灣方面的林呈祿、蔡培火、彭華英及蔡惠如等之間，以親睦爲號召，乃有組織團體之議，遂成立『聲應會』之結社，聲應會創立後，未見有預期的活動，後因主要的會員之離散而歸於消滅。」

關於「聲應會」的活動，蔡培火在臺灣省文獻委員會座談會說：「先是民國八年秋，在日本東京的中國基督教青年會主事馬伯援、吳有容等與數名在東京臺灣人時常過從，正所謂血濃於水，彼此自覺特別親愛，乃取『同聲相應』之義，組織了聲應會，會員不多而流動性亦大，組織未久，不知不覺消聲息影。」兩者的敘述，大體相同。

「啓發會」成立於民國八年末，「警察沿革誌」的記載與蔡培火的談話一致，卽該會創立未久，卽因組織的不健全，而歸於似有似無。

民國九年年初，蔡惠如以爲不可任「啓發會」之似有似無，重新謀組「新民會」，並決定該會的三個目標：第一、爲增進臺灣同胞之幸福，開始政治改革運動；第二、爲擴大宣傳主張，連絡臺灣同胞之聲氣，發刊機關雜誌；第三、圖謀與中國同志多多接觸。

籌劃既就，乃於民國九年（一九二〇年，大正九年）一月十一日，在東京澁谷區蔡惠如的寓所召開成立大會，參加的人數，據「警察沿革誌」的記載，約五十餘人。席上公推蔡惠如擔任會長，然蔡惠如謙辭，只任副會長，另敦請林獻堂出任會長。「新民會」之取名，由蔡惠如擬定，經與會同志之同意，蓋取大學篇中「作新民」之義。其組織，會長、副會長之下，設專任幹事二人，協助會長、副會長處理會務。會員分普通會員、名譽會員及贊助會員三種，普通會員係由會員介紹，經例會決議而入會者；名譽會員係有學識、資產、名望，由會長推荐，而經例會之決議者；贊助會員係特別贊助該會，由會長推荐經例會決議者。

「新民會」成立後，不但根據該會所揭櫫的綱領「專爲研究臺灣所有應予革新之事項，以圖謀文化之向上爲目的，」而且站在民族自決主義之立場，對臺灣作啓蒙運動，同時合法的圖謀民權之伸張。他們一面從事臺灣議會設置的請願運動，以求制定施行於臺灣之特別法律，以及對臺灣預算行使協贊權之法律之權，確保臺灣同胞的生命與財產之安全；一面發刊「臺灣青年」雜誌，利用接觸東京的學界政界人士的機會，撰稿揭發臺灣總督政治的苛酷與黑暗；一面邀請日本有識之士到會演講，或邀請臺灣赴日之人士到會參加座談會，溝通聲氣。「新民會」也著手研究工作，自民國十七年至十九年之間，前後出版新民會文存三種，第一輯爲「臺灣地方自治問題」，第二輯包括「關於臺灣報紙之創設」、「同化關稅撤廢運動的提倡」兩篇論文，第三輯爲「中國新文學概觀」。

綜計「新民會」自民國九年成立，迄於民國十九年歸於消沉，其活動時間恰滿十年。在此期間內，臺灣民族革命運動份子所發動的六三法撤廢運動、臺灣議會設置運動、臺灣議會期成同盟會、再建臺灣議會期成同盟會、新臺灣聯盟、臺灣文化協會、臺灣民黨、臺灣民衆黨、臺灣地方自治聯盟等一切政治運動與團體，均有「新民會」會員參加。

除了以上三會外，當時在東京尚有幾個留學生的團體，在近代民族革命運動上，亦扮演重要的地位。

首先是「東京臺灣青年會」。該會創立於臺灣留學生寄宿舍「高砂寮」，開辦之後，原是敦睦鄉誼的團體，每年春秋開會兩次，通常以高砂寮爲開會場所，有時亦舉辦遠足或郊遊等活動，迨民國九年「臺灣青年」雜誌社成立，始將招牌掛在神田區神保町該社門首。

該會活動最初見於紀錄的是民國九年（大正九年）九月十九日，舉行秋季例會。當時正逢河北、山東、山西、河南、陝西等五省飢饉，災情甚爲慘重，該會由陳炘提議，決議展開募集救濟金的運動，結果由臺灣本島募得三千四百五十圓，東京方面募得一千一百九十三圓，彙集交由中國駐日大使館有關機關處理。

民國十年（一九二一年，大正十年），「東京臺灣青年會」假神田中國基督教青年會舘舉開臨時大會。目的爲反對臺灣總督府對於「臺灣青年」雜誌的迫害，結果決議如下：

一、反對總督府苛酷的壓迫輿論，要求予臺人以憲法保障的言論自由。

二、確認最近總督府對「臺灣青年」之種種處置，均爲不當；同時並選出代表數人對當時的日本首相高橋是淸呈送決議文。

一面他們又印了很多檄文，分送各方面喚起注意，主持公道。然刋載該會臨時大會決議文，並報導其消息的「臺灣青年」第三卷第六號，竟被總督府禁止發售，這也可以看作總督府對青年會抗議的答覆。於是，「東京臺灣青年會」復召開「在東京臺灣人大會」，對總督府之壓迫言論自由，大事斥責，作成決議案，選派代表二十人，面交日本新任首相加藤友三郎。

對於當時總督府利用東京大地震，在臺灣募得的震災救助金之一部份而蓋成的新建宿舍（高砂寮），不許學生搬進住宿，而引起的寮方和學生之爭執，「東京臺灣青年會」因於民國十四年（一九二五年，大正十四年）十月二十五日假神田青年會館召開臨時大會，決議二點：一爲期待新高砂寮迅即開寮，二爲認爲閉鎖高砂寮之處置爲不當，期其卽時撤廢。當日參加臨時大會的留學生達五百餘人，大會結束後，繼續展開示威運動；但遭遇神田警察署派刑警多人阻止，因學生不聽，致有數人被檢擧。其後，高砂寮問題仍繼續僵持。民國十五年一月二十四日，青年會發表「致父兄書」，將高砂寮糾紛的始末刋載於臺灣民報，告訴臺灣的父兄。

此外，「東京臺灣青年會」尚作其他公開性的活動，例如支援臺灣議會設置運動，協助臺灣議會設置請願團展開羣衆運動，表示臺灣同胞之願望，以喚起日人之注意。又如組織留學生文化講演團，利用暑假返臺，巡廻全島各地，展開文化的啓蒙運動，對於臺島同胞和學生的民族意識的啓發，貢獻極大。直到民國十六年（一九二七年，昭和三年），臺灣文化協會左右兩派分裂，文協被左翼份子佔據，該會失去在臺的支持團體，其活動始漸趨消極。

「東京臺灣青年會」以外，當時東京尚有「文運革新會」、「南盟會」、「留東同鄉會」等留學生團體。

民國十四年（一九二五年，大正十四年）十一月，因學潮而被學校開除轉赴東京留學的留學生四十餘人，在東京組織「文運革新會」，其組織該會之目的，據同年十二月發表的宣言書，乃在「爲圖臺灣民衆之覺醒」。

翌年（民國十五年）一月，該會發刋會報，其中有一篇題爲「由破壞到新社會」之文章，很足以表現出該會之急進態度，該文說：「破壞！破壞！奴隸養成所的一切學校，爲餵服壓迫民族而建設的製糖會社、鐵道、工廠等，一切的阻礙物應予破壞。現在是着手破壞的好時機，破壞！破壞啊！由破壞才能夠實現自由平等的新社會。親愛純潔的年輕人！仗劍站起來吧！站在解救三十年來被鞭打、被燒燬、被虐待的同胞們的最前綫，向萬惡的總督刺出你的劍，並將餘力破壞全部的障礙物……。」他們這樣激烈的刋物，總督府自是不肯放過，因此遭受拘捕與羈押，乃至以違反新聞紙法的罪嫌而受檢舉，會報終於不得不停止發刋。

由於「文運革新會」的思想急進，該會會員對於合法主義的臺灣議會設置請願運動，自然深表不滿。民國十五年（一九二六年，昭和一年）十一月十九日，該會舉行創立紀念會。出席會員二十七名，並招待來賓林呈祿出席。會中有人主張阻止臺灣議會設置請願委員的赴日，並停止請願運動，雖經林呈祿婉言勸說，終不能緩和他們的主張。同年十二月二十六日，經該會會員十一人聚議結果，決定「臺灣議會請願本會會員不予簽署，請願代表來京亦不表歡迎。」等語。

「文運革新會」之外，又有一個「南盟會」的留學生團體，該會之成立，亦因學潮而起。民國十四年（大正十四年）四月，臺南師範發生學潮，開除學生達二十三名，雖經家長會、同學會出面請求校方收回成命，終不獲可，他們之大部份乃相率赴東京留學，於同年十一月組織「南盟會」，設置辦事處於東京神田區仲猿樂町，會員十餘名。該會係以普及教育、啓發文化、反對日本官方的壓迫與資本家的剝削，圖謀增進臺灣人之幸福爲目的。至於該會的思想傾向，可由其會員在民國十四年所發出的賀年片文字約略看出：「現在觀察我們美麗寶島的現狀，上受橫暴官憲的壓迫與奴役，形同奴隸，下受銀行、會社、大資本家的剜肉削骨，甚至連骨髓都要吸盡。我們的生命時刻頻於危殆，我祖先用骨肉所堆成的臺灣，我祖先用淚所結晶的美麗寶島，淪爲如此狀況，豈非我們不肖所使然的！我們當此危機，一刻也不能遲緩，應以決死的努力，非挽回勢力不可。在校諸君！有志之士！切不可甘受臺灣幼稚的教育，早一刻來東京，獨立獨步才不愧爲美麗島的男子漢。」大體言之，「南盟會」的思想並不超出民族主義的範圍，他們之所以未和「東京臺灣青年會」結合在一起，而要別樹一幟，大約因爲他們同是臺灣師範學潮的犧牲品，有一種特別深厚的同類意識使然。

「留東同鄉會」係由臺灣出生的邱琮（丘念台）等所組的廣東籍的臺灣人及中國人的團體，是一客家臺灣留學生的組織。該會成立於民國八、九年間，初稱爲「東寧學會」，至民國十五年十月三十一日該會會員聚集於東京神田中國青年會舘時，決定改稱「留東同鄉會」。該會表面上以聯誼、互助及砥礪學問爲目的，但事實係致力臺灣民族運動，或企圖臺灣之光復。該會遇有集會，邱琮卽宣傳殖民地獨立運動或策動研究實踐運動的方法手段，不過表面上並無積極活動。

海外臺灣留學生的民族革命運動，除在東京一地展開外，祖國大陸各地的臺灣留學生亦如火如荼地展開，北平、上海、南京、閩南、廣東等地，皆有留學生團體的活動。

在北平，臺灣的留學生組織「北平臺灣青年會」。該會創立於民國十一年（一九二二年，大正十一年），當時在北平的臺灣留學生僅有三十二人。該會和臺灣文化協會暨臺灣議會設置運動均有密切之聯繫。民國十二年十二月十六日「臺灣治警事件」發生，臺灣民族運動領導者多數被繫獄，該會於翌年（民國十三年）三月五日，發動召開華北臺灣人大會，對治警事件表示激烈的抗議。

「上海臺灣青年會」，係由蔡惠如、彭華英、許乃昌等發起，於民國十二年十月十二日在上海南方大學招集在滬臺灣留學生十數人而組成的，會址在閘北寶山路，迄民國十三年初擁有會員五十人。該會與臺灣文化協會、東京新民會、東京臺灣青年會取得緊急的聯繫，對於臺灣議會設置運動極表支持，與中國國民黨亦有聯絡。表面上以學生的聯誼、中外文化的研究為號召，但是眞正的目的在於打倒日本帝國主義，策進臺灣民族運動。

以南京為中心的臺灣學生及中國學生所組織的革命團體有：「中臺同志會」。該會於民國十五年（一九二六年，昭和一年）三月二十一日假南京新街口中山中學禮堂舉行成立大會，當日所有中、臺同志四十餘人出席，大會發表的宣言書說：「首先使中臺兩地民衆完全脫離日本帝國主義的羈絆，然後可以期望中臺兩地民衆再度發生密切的政治關係。」可見該會之性質，係以擺脫日本之統治為運動目標。民國十五年六月十七日──「臺灣始政紀念日」──該會策動舉行「反對臺灣始政紀念日大會」於南京，有上海臺灣學生及中國學生數十名出席，發表「中臺同志會六・一七紀念告民衆書」，又另用「臺灣青年大同盟」的名稱發表「臺恥紀念日宣言」，措詞頗為激烈。

民國十年（一九二一年，大正十年）以後，回到祖國就學的臺灣學生漸次增多，其大部份聚集在厦門，根據臺灣總督府的調查，民國十二年七月，總數已達一百九十餘人。

當時在厦門組織的留學生團體有：「厦門臺灣尚志會」、「閩南臺灣學生聯合會」和「厦門中國臺灣同志會」，他們或發行刋物，站在民族主義立場，支持臺灣議會設置運動；或發表宣言，反對歷屆臺灣總督府之壓迫政策，情況至爲熱烈。

在廣東，臺灣留學生的革命團體有：「廣東臺灣革命青年團」。民國十五年（一九二六年，昭和一年）十二月十九日，「廣東臺灣革命青年團」的前身「廣東臺灣學生聯合會」假中山大學擧行成立大會。中山大學校長戴傳賢，黃埔軍校政治部主任孫炳文，以及省市黨部主任委員均應邀列席，會中推擧張深切等五人爲委員，並通過組織章程，分置各部，規定每月一次假中山大學召開研究會、演說會、討論會等事項。

民國十六年（一九二七年，昭和二年）三月十三日，「廣東臺灣學生聯合會」擧行例會於中山大學，會中通過組織新團體之提議，定名新團體名爲：「廣東臺灣革命青年團」，預定兩星期籌組完成。同年三月二十七日，學生聯合會幹部二十餘人再集會於中山大學，通過「廣東臺灣革命青年團」之綱領與章程，並決定該團爲秘密組織，表面上名稱則用學生聯合會。同年四月，該團發刋「臺灣先鋒」雜誌創刋號二千册，分寄臺灣、朝鮮、東京暨中國各地。五月九日，參加「國恥紀念日」的示威遊行，同時發表「臺灣革命青年團國恥紀念日宣言」。五月十二日，與臺灣留滬同志會、臺灣反日同盟會發表「濟案」（濟南慘案）共同宣言書。

同年六月十三日，該團在廣東民國日報發表「臺灣學生聯合會的呼號」，抨擊官憲對臺中一中的學潮的壓迫。六月十七日「臺灣始政紀念日」，該團復在民國日報發表「臺灣革命青年團致中國民衆書」，七月十二日在民鐘日報刊載「告臺胞」一文，呼籲打倒日本帝國主義，推動臺灣民族革命。該團發表一連串的反日文字後，因部份同志或返臺被捕，或遭日本駐中國之使舘誘捕移送臺灣，其活動漸告中止。

第二節　從六三法撤廢運動到臺灣議會設置運動

日本佔領臺灣之初，由於其本國社會尚爲資本主義初起之階段，而且過去又沒有統治殖民地的經驗，故其在臺灣之措施，大多效法西洋諸帝國主義國家統治殖民地的後塵。因當時臺灣同胞「義不臣倭」，各地義民的抗戰彼落此起，使得總督府當局疲於應付，坐不安席，而日本之法律又不合於臺灣的實際情形，不能「便宜」行事，遂於光緒二十二年（一八九六年，明治二十九年），趁三月三十一日撤廢軍政，四月一日恢復民政的機會，向日本國會提出法律第六十三號，通過公布施行，建立委任臺灣總督立法的制度。這一法案共分六條，通常稱爲「六三法」。其內容如下：

第一條：臺灣總督於管轄區域內，得公佈有法律效力之命令。

第二條：前條之命令，由臺灣總督府評議會議決，經拓務大臣奏請勅裁。臺灣總督府評議會之組織以勅令定之。

第三條：臨時緊急事故，臺灣總督得不經前條之手續，而公佈第一條之命令。

第四條：依前條公佈之命令，公佈後仍應立卽奏請勅裁，並報告臺灣總督府評議會。不經勅裁時，總督應卽公佈該命令向後不生効力。

第五條：現法律或將來發佈之法律，其全部或一部施行於臺灣者，以勅令定之。

第六條：本法律自施行之日起經三年時，失其効力。

這一法案第一條就開宗明義規定「臺灣總督於其管轄區域內，得公佈有法律効力之命令」，其主要內容就是說臺灣總督可以不經中央立法機關，得權宜在臺灣發出與法律同等權限之命令。其「臺灣總督府評議會」之成員，係由總督、民政局長、軍務局長、民政局部長、軍務局部長、民政局參事官等總督府高級職員組織的。簡言之，卽由總督和他的部屬組織的，故實可視爲日本政府准許臺灣總督獨裁，賦予他掌握生殺予奪全權的法律。這一法律，也就是日本歷半世紀統治臺灣的大本，並且成爲臺灣總督統治臺灣的立法基礎。

臺灣總督獲得此種獨裁的大權後，頭一道發佈的命令就是爲了應付當時風湧雲起的義民抗戰的「匪徒懲罰令」。這一道「令」是很殘酷的，其第一條規定：「不論具何等之目的，爲達其目的，以暴行或以脅迫，而結合集衆者，依左列區別處決之：

（甲）首領及教唆者處以死刑。（乙）參與謀議或指揮者處以死刑。（丙）附和隨從，或爲雜役者，處以有期徒刑，或懲役。」而第四條所規定者尤爲殘忍：「給資兵器、彈藥、船舶、金錢及其他之物件，或供給會合之場所者，或協助其他之行爲者，處以死刑，或無期徒刑。」

這道法令所指的「匪徒」，當然就是日據之初的抗日義民。當時在這道殘酷的法令下被慘殺的臺灣同胞，據日人的統計便有一萬餘人。

由於「六三法」賦予臺灣總督的專制政治以有力的憑藉，使得臺灣同胞所受的壓迫日益加深，因此有志之士無不亟謀撤廢。民國九年（一九二〇年，大正九年）十一月二十八日，當時旅日的新民會會員糾合在東京的臺灣留學生二百餘名，在麵町區富士見町教會集會。這一天，蔡培火豎起大書「撤廢法律第六十三號」之布旗於演壇之上，並與會中主要人物十五六人，登壇用激昂的語調高叫「給我們自治權！」「撤廢法律第六十三號！」發洩對臺灣政治之不滿。

撤廢「六三法」運動，主要的目的在縮小臺灣總督之權限。當時不但臺灣的有識之士亟謀撤廢，即日本人中，對於「六三法」的委任立法權，亦有持反對意見者。例如在臺日人律師伊籐政重及經常往來日臺之間的在野人士久我懋正等人，即時常向臺灣同胞中之有識有志之士鼓吹，爲剝奪臺灣總督之專權，使臺灣民衆能得更自由之生活，應由臺灣人發動輿論，向日本政府要求撤廢第六十三號法律。臺灣同胞聞之當然甚爲興奮，積極進行。惟以「六三法」撤廢以後，應如何善後，旅日臺灣同胞並無具體意見，亦未成爲公衆行動的運動，故一直成爲旅日臺灣同胞之間的老問題。

加以當時正是第一次世界大戰結果，民族自決的思想盛行之時，故亦有不少民族運動份子認爲單是撤廢「六三法」，不如設置議會，甚至完全自治來得有意義。例如明治大學畢業後留在東京繼續研究之林呈祿，即認爲「六三法」撤廢運動，乃否認了臺灣的特殊性，亦即無異肯定了所謂「內地延長主義」，因而他提議停止「六三法」撤廢運動，倡議設置強調臺灣特殊性的臺灣議會。林呈祿的議論予新民會會員的影響甚深，於是「六三法」撤廢運動一轉而成爲臺灣議會設置請願運動。

民國九年（一九二〇年，大正九年）十二月，新民會會長林獻堂由臺灣赴日本，副會長蔡惠如亦由上海赴東京。某日晚上，新民會重要會員二十餘人聚集於神田區神保町「臺灣青年」雜誌社樓上，開會討論臺灣政治改革問題。席上，林獻堂聆聽臺灣自治主義運動者與臺灣議會設置運動者兩派意見後，乃決定以「臺灣議會設置爲共同奮鬥目標」，這就是臺灣議會設置運動的緣起。

民國十年（一九二一年，大正十年）一月三十日，第一次臺灣議會設置請願書由林獻堂領銜，得一百七十八人之簽署，經江原素六、田川大吉郎分別任介紹人，提出於第四十四屆日本帝國貴族院暨衆議院。當時提出的「請願趣旨」如下：

「謹按大日本帝國乃立憲法治國，今臺灣爲帝國統治之一部份，故在臺灣統治上，倘有需要設立特別制度，其範圍亦須根據立憲政治之原則，此乃當然之理。然而臺灣統治制度，在其初期，爲顧慮臺灣固有文化制度及特殊民情風俗，必需特別立法，且以統治爲日尚淺，不宜遽循立憲政治之常軌爲理由，帝國議會於明治二十九年以法律第六十三號，付與臺灣總督，得以命令頒布代替法律之權限，畀予同一統治機關，掌握行政立法兩權，爾來已經二十有年。該條文雖經明治三十九年以法律第三十一號有所更改，其後又改變爲法律第三號（大正十年），然仍維持行政立法混一主義。此不僅爲帝國治下三百六十萬民衆難忍之苦痛，實係不容於現代世界思潮之汚點。

今臺灣雖呈庶政興舉，地方秩序井然之外觀，但其內容則官權獨高，民意未暢。尤其歐洲大戰後，道義思想勃興，促進寰球人類甚大覺醒，國際聯盟成立，予列強之外交內治以根本的革新。最近又有四國協商及海軍條約之締結，因國勢之均衡，極東之和平似可確保，但民心未達安定之程度，社會尚在改造途上，處此重大時局，爲維護東洋和平，帝國誠宜外敦邦交，內和百姓，以圖鞏固邦基。對於臺灣之統治，務要參酌其特殊事情，借鏡世界思潮，洞察民心趨向，速予種族均等之待遇，俾得實踐憲政之常道。是卽設置由臺灣民選之議員所組織之臺灣議會，使臺灣民衆仰體一視同仁之至意，均沾立憲政治之恩澤，成爲善良之國民，以完成其地理上、歷史上特殊之使命，此確信爲帝國目下最大之急務。倘若不此之圖，更使存續現在之制度，抑制民權，閉塞民意，則臺灣民衆對於帝國之統治，難保不懷抱疑慮，此乃請願人等爲邦家計，所夙夜憂懼者。幸以請願人等之意爲諒，賜予採擇，設置臺灣民選議會，付與對施行於臺灣之特別立法及臺灣預算之協贊權，俾能與帝國議會相輔相成，圖謀臺灣統治健全之發達。是豈獨臺灣民衆之幸，實乃日本帝國統治史上光輝燦爛之一大功績。用敢作此請願，仰祈賜予充分之審查爲幸。」

此一請願書的內容，包括四項重要意義：第一、承認臺灣特殊事情，有特別立法的必要；第二、日本是立憲國家，臺灣在其統治之下，自應享受立憲政治之待遇；第三、臺灣總督掌握行政、立法的全權，顯係違反憲政的常軌；第四、設置民選臺灣議會，以便協贊臺灣的特別立法及臺灣特別預算，也就是將日本國家以法律第六十三號畀與臺灣總督之特別立法權，改由臺灣議會去審議制定。

請願書提出日本帝國議會貴衆兩院後，審査却由貴族院先開始，列入是年（民國十年，大正十年）二月二十日貴族院請願委員會議程。首先由臺灣總督田健治郎應貴族院之審查委員中村之要求，發表意見：

「本案對臺灣統治上頗有重大關係。卽關聯帝國政府如何統治臺灣之方針，用特陳述統治方針之大要，以表明本案之意見。

日本對臺灣之統治方針，不同於英國等在殖民地設置獨立議會，或制定法律，或議定預算，採取所謂自治的殖民政策。當視臺灣爲帝國憲法施行之區域，與本國同樣處理，漸次提高其文化，以期臻於與本國一體之方針。換言之，卽本國延長主義之形態也。故於大正九年取法本國之府縣制及市町村制而施行州制及市街庄制，並設相當於府縣會及市町村會之各級協議會，舉凡地方稅之賦課，及應由地方經營之事業，均經諮詢此協議會，然後實行之。然而本案所請願者，係要求在臺灣設置議會，制定施行於臺灣之特別法律，以及對臺灣預算行使協贊權之法律，顯係違背帝國統治臺灣之大方針，類似英國之於澳洲及加拿大之獨立自治體，實與帝國對臺灣新領土向來所採取之方針相反，斷非所能容許者也。」

因爲臺灣總督表示明確的反對態度，所以貴族院請願委員會對請願內容幾乎連看都不看便決定「

不採擇」（應無庸議）了。衆議院列入三月二十一日請願委員會議程，首先由審查委員岡田發言說：「有關施行於臺灣之法律（即所謂六三法）改正法案，業已在本院議決通過，根本與該法案矛盾的本請願案，確信無審議的餘地。」結局也無異議決定「不採擇」。

翌年（民國十一年，大正十一年）二月四日，臺灣總督田健治郎邀集林獻堂、蔡惠如、林呈祿、蔡培火四人到臺灣總督府東京出張所，說明有關施行於臺灣之律令的法律案內容，以及不久將發佈的「臺灣總督府評議會」的勅令內容，並謂帝國為使臺灣將來能夠達到和日本內地無任何差別的境地起見，正在作各種施設，是故對於將來可能脫離日本而成為自治體的臺灣議會設置運動，臺灣總督府絕對不能容許云云。因此議會設置運動者間對於臺灣總督府的反對態度已有認識，而在臺日人對此運動之深惡痛絕固在意料之中，至於日本本國人的反應如何，當時尚未明瞭。及至民國十一年二月十六日第二次提出請願時，各種反對言論已大體明白，乃印成「臺灣議會設置請願理由書」，分送日本上下兩院議員及言論機關等各方面。

請願書提出後，林獻堂、蔡惠如、林呈祿、蔡培火等分別訪問日本各黨派的政治家、新聞記者或設宴招待說明請願理由，籲請支援，另策動田川大吉郎議員提出臺灣議會設置建議案於衆議院，作極周到的努力，臺灣議會設置請願案列入同年二月二十七日衆議院請願委員會第一分科會議程。審議結果，主張採擇只有奧村委員一人，主張不採擇者七人，於是主席廣瀨鎭衆議員宣告不採擇。

貴族院列入三月十三日之請願第三分科會議程，由貴族院議員吉田子爵擔任主席，臺灣總督府總務長官賀來，以政府委員身份答辯說：「臺灣特別議會設置請願，去年也曾提出，當時田總督已有說明。現在的統治方針，始終對臺灣將予以本國同樣的待遇，目下雖然尚有依據特別律令的，但預定漸次施行與本國同樣的法規，正在準備進行中。因此不可能承認設置和帝國議會並立的特殊議會，請作不採擇的議決。」經過二三委員的質詢應答的結果，決定不採擇。

第一次與第二次的臺灣議會設置請願運動，雖因臺灣總督府當局的反對，以及日本帝國參衆議院的不支持，而無結果，然而臺灣議會設置運動者並不稍爲氣餒。第二次請願之後，復有第三次、第四次……直至民國二十三年（昭和九年）二月十五日尚有第十五次之請願運動。然以反動勢力的摧殘，政府委員或議員在議會的表現，多已言不由衷，肆加攻擊，故從第十五次請願回臺的蔡培火、林獻堂等，鑑於時局的壓迫日趨嚴重，又對議會的請願審議狀況頗感失望，歸臺後向各地同志徵詢意見。最後決定同年（民國二十三年，昭和九年）派蔡培火赴日，再作一次徵求日方人士的意見，所得的結論是：「處在今日之情勢下，欲使請願通過已屬不可能，不如轉變方向爲妥當。」另一方面，臺灣總督府硬軟兼施，由總督中川健藏本身及透過警務局長石垣加以壓力，必欲使議會運動停止而甘心，因此林獻堂等於八月二十四日發函召開會議，以徵求全島重要同志對於議會設置運動今後的進止意見。

民國二十三年（一九三四年，昭和九年）九月二日，林獻堂等二十八人集會於臺中市大東信託股份有限公司會議室，以林獻堂爲主席就請願運動的對策愼重協議之結果，除對請願運動以外之二三問題有人陳述意見外，皆贊同停止運動。惟對於請願運動中止後，以何種運動代替，則無具體方案。最後通過陳逢源之提議，發表關於臺灣統治意見書及請願運動中止聲明書，推派代表負責起草，將下列二項公諸社會：

一、我等鑑於最近內外之情勢，斷然停止臺灣議會設置請願運動。

二、關於臺灣統治，待徵得各方意見，不日向臺灣總督提出意見書。

依照上面的聲明，經臺灣島內日刊報紙發表「臺灣統治意見書」，脫稿後擬印刷一萬五千張，頒佈各地，徵求簽署，不幸事先遭受日警之禁止而未果。歷時十四年，全臺同胞寄予厚望的請設議會運動，就此結果，惟民族革命運動者之奮鬥，並未中止。

第三節　臺灣文化協會的抗日活動

在臺灣近代民族運動上，「臺灣文化協會」爲影響最深的一個團體，亦爲臺灣抗日活動中極有力的一個組織。該會於民國十年（一九二一年，大正十年）十月創立於臺北，是結合當時民族運動的領導份子和青年學生而成的一個團體。該會成立之宗旨，根據其「旨趣書」，係「謀臺灣文化之向上，切言之卽互相切磋道德之眞髓，圖教育之振興，獎勵體育，涵養藝術趣味，以期穩健之發達，其歸結務在實行。」可見該會發起之時，表面上只強調要助長臺灣文化之發展，是一種啓蒙運動、非武力的抗日運動而已。

「臺灣文化協會」表面上雖標榜文化的啓蒙運動，然此乃因鑑於臺灣總督府政治壓力之日強，不得不然的措施，其成立之進一步目的，則在喚醒民族意識，以求擺脫日人之統治。因此，該會自成立（民國十年，大正十年）迄分裂（民國十六年，昭和二年）爲止，前後六個年頭，其所從事的「文化」抗日運動，不但負有開啓民智之目的，更在民族思想及社會觀念的加強，收到極爲豐碩的成果。

總計「臺灣文化協會」的「文化」活動，大約有下列各項：

一、會報發刊：「文化協會」創立之時，便有發刊會報的計畫。民國十年十一月二十八日，「會報」第一號出版，印一千二百份，依照出版規則報備，但因揭載「臨床講義」一文，將「臺灣」比喻做患者，註明「原籍中華民國福建省臺灣道，現住所大日本帝國臺灣總督府」及一篇創作「苦悶之魂」，觸犯當局忌諱，於同月三十日遭受禁發之處分，直至同年十二月十日發行改訂，始克發行。因爲第一號受處分，第二號改爲「原稿內閱」，原稿預先受檢，同時依出版規則之限制，會報不能揭載時事，第三號改發單行本「文化叢書」。第四號又改爲「臺灣之文化」，又因內容被認爲牴觸新聞紙法，再度遭受取締處分。第五號起恢復「會報」原來名稱，一則因屢受挑剔而遭行政處分，二則會報不能刊載時事問題，難收預期效果，故截至第八號，乾脆停止發行。旋於民國十二年十月十七日，在臺南市召開第三次大會，議決委託「臺灣民報」刊載該會會報。

二、設置讀報社：讀報社是「文化協會」啓發民智的事業之一，固不待言；其另一動機則因爲臺灣總督府對於臺灣同胞的言論機關—臺灣民報的壓迫，購讀臺灣民報亦受警察的注意。讀者爲避免警察的干擾，多存戒心；再則有心閱讀的人，限於購買能力，亦未必買得起。設置讀報社既可供給有心閱讀者的方便，又可避免個人受警察無謂的干擾。自「文化協會」成立以來，迄民國十一年一月十八日止，其所設置的讀報社有新竹州之苑裡，臺中州之草屯、彰化、北斗、員林、社頭，臺南州之嘉義及高雄市八處。民國十二年一月續設高雄州之屏東、岡山，新竹州之大湖，同年八月增設臺北。翌(民國十三年)年六月，增設臺南。讀報社除置有臺灣及日本的各種新聞雜誌外，又訂購中國報紙十數種，以供一般閱覽。遇有揭載有關殖民地獨立運動消息，或認為重要之記事，則特加朱書圈點，以喚起讀者的注意。

因經費關係，至民國十三年末，除保留臺北、彰化、臺南三所讀報社外，其他各地均停辦。民國十四年開設員林、屏東、新竹、苗栗、竹南、斗六等各社，十五年恢復嘉義讀報社，經費改由各地支部負擔，規模亦漸縮小。

三、舉開各種講習會：為了讓臺灣同胞了解臺灣歷史、外國歷史，並增進通俗法律、通俗衛生等知識，「文化協會」自民國十二年至十三年，兩年之間共舉辦了「臺灣通史講習會」、「通俗法律講習會」、「通俗衛生講習會」、「通俗學術講座」、「臺南西洋歷史及經濟學講習會」等活動，分由臺灣史家連雅堂、律師蔡式穀、醫師蔣渭水、石煥長與林糊、教授林茂生，以及經濟學者陳逢源等人擔任講師。講習之時，雖時遭總督府當局之取締，但講師則不稍氣餒，爭取機會以開啓民智。另外，「文化協會」尚計畫開設文化義塾，並舉辦臺北學術講習會，均因聲請書遭到駁回而作罷。

四、開辦夏季學校：民國十二年十月十七日，「文化協會」召開第三次大會於臺南市，議決利用暑假學辦夏季學校。自翌年（民國十三年）起，連續三年在霧峯該會總理林獻堂家舉辦，利用林家萊園充作校舍兼宿舍，男女兼收，供給膳宿。參加人數合計約三百餘人，每次都超過預定人數。講習期間最長兩星期，論其規模，實在小得可憐。講習內容以宗教、歷史、哲學、憲法、科學知識、衞生常識等爲主，因爲期間短促，參加者的學力參差不齊，故效果不顯著。但是它的政治意義却是相當重大。臺灣同胞自民國初年開始運動創設臺中中學以來，對於日人的教育限制，不容臺人創設學校教育自己子弟，以及程度低劣、內容譾陋的奴化教育，痛心疾首，最感不滿，這是日本殖民地政治最醜惡的一面。日本在臺灣的一切惡政，未有比這更惡毒更可恥者。朝鮮在一九一〇年被日本併吞，其時有私立學校一、二二七校，教會學校七四六校。雖在其後備受日人裁併、摧殘，學校數量頗見減少，但至光復爲止，純由韓人辦理的私立學校，仍有相當的數目。臺灣自始至終悠悠半世紀，除却三兩個教會學校外，完全沒有一所臺人辦理的私立學校。可見在當時「文化協會」舉辦夏季學校，是含有用實際行動來抗議總督府教育政策的意味。

五、文化講演會：文化講演會是「文化協會」推行的啓蒙運動的中心工作，意義重大，影響深遠，其效果比任何活動都更爲有力。因此，當時總督府警務當局對文化講演會亦特別重視，「警察沿革誌」說：「講演會是文化協會活動中最應重視的問題。在一般民衆智識程度甚低的臺灣狀況下，文化協會的啓蒙運動，僅藉圖書則不免有缺乏大衆性之憾，所以說它完全藉講演來達成其目的，亦非過言。在文化協會創立的初期，講演會尙不多見，僅限於主要都市舉開。及至大正十二年五月，會員黃呈聰、王敏川以臺灣民報記者身份返臺，歷訪全臺各地，勸募臺灣民報購讀者，順便作巡廻講演，其所講的民族主義及對臺灣統治的責難，喚起地方民衆甚深的反應，受到很大的歡迎。於是加深文化協會對講演會的認識，乃有頻繁舉行講演的熱潮。都市地區每星期六、星期日舉行定期講演會，地方則組織講演隊，舉行巡廻講演。大正十四年可以說是文化協會舉辦講演會的熱狂時代。地方會員，凡有機會卽邀請幹部去開講演會。發動民衆藉口歡迎，沿途燃放爆竹，高呼口號，作一種示威運動，舉行旁若無人的盛大歡迎會，以張聲勢。幹部也儼然以志士自居，睥睨一切，徒以挑撥民族的反抗心爲能事，釀成普遍的反母國的風氣。尤其是每次介入地方問題或農民爭議，助長糾紛，以收攬民心。如遇取締，則展開執拗的講演戰與示威運動，以表示反抗。這運動實開本島農民運動與勞工運動的先河。」「警察沿革誌」上述的記載，除誹謗與漫罵的成份外，大體情節，確係事實。關於歡迎文協辯士的排場，在落後的地區更爲熱烈，尤其是交通不便的山地，甚至抬轎迎送，用大鼓吹做先導，宛然如請媽祖的情形一樣。由此可見，文化講演對於一般民衆所能發生的重大作用。

「文化協會」的文化講演會，由民國十二年起逐年增加，至十四年及十五年達到最高紀錄，一年之間全島達三百餘次。文化講演至民國十四年已成爲一種風氣，到處流行，地方的指導階級大有以舉辦文化講演會次數的多寡，來做爲他們對民衆服務的表現。辯士的派遣，亦非全由「文化協會」本部指派，臺北、臺中、臺南三處各自爲戰，大體上北部由蔣渭水、中部由林獻堂、南部由蔡培火分別連絡，約定日期，自行前往，由地方人士供給膳宿，與民衆打成一片。至於講演會的場地，大都借用戲院、廟宇或工廠，收容能力極為有限，除夏天舉行露天講演，聽衆不受場地的限制外，普通的場合都是超客滿的情形。例如民國十四年四月十九日，林獻堂一行在二林庄講演，會場是一間碾米工廠，容納人數不過三百人左右，但是環繞在場外的聽衆，却有十倍以上的人數，可見文化講演會受歡迎之一斑。

六、無力者大會：「無力者大會」是「文化協會」最尖銳、最富於戰鬥性的一次集會。這是針對所謂「有力者大會」而發的，「有力者大會」是日據時期總督府御用紳士所組成的「臺灣公益會」所導演之醜劇。

民國十二年（一九二三年，大正十二年）十一月八日，總督府御用紳士辜顯榮、林熊徵、李延禧、許延光、余逢時等，為抑制「文化協會」在全島各地之活動，以及抵制臺灣議會設置請願運動，以「効忠」總督府，在臺北成立「臺灣公益會」。公益會成立後，因見臺灣議會設置請願運動在東京熱烈進行，擬欲表明請願運動並非臺人全部的意志，乃於翌年（民國十三年，大正十三年）六月二十四日得總督府機關報臺灣日日新報社長井村大吉的斡旋，辜顯榮、林熊徵、吳昌才、李延禧等在該報社集合，發表聲明：

「一部份少數臺灣人別有用心，際此特別議會開會，作種種運動及宣傳，但此係多數臺灣人所不與聞者，緣此擬於日內舉行全島有力者大會，鑑於時局之重大及為本島之將來，宣明所謂臺灣議會設置請願運動絕非本島之輿論。」

根據上述聲明，「臺灣公益會」迅卽籌劃全島有力者大會，越三日（六月二十七日）遂於辜顯榮家舉行「有力者大會」，出席者有公益會重要幹部二十八人，先由辜顯榮致辭，次將決議文照原案通過，並立卽將決議文電告在東京之臺灣總督內田嘉吉及總務長官賀來。一面函送臺灣各報章雜誌社及日本各主要報紙發表反對臺灣議會設置請願運動之決議，同日並開懇親會，報告大會經過。

「臺灣公益會」召開「有力者大會」後，「文化協會」爲與之對抗，因於翌月（七月）三日，就北中南三處，分別召開全島「無力者大會」，各揮其雄辯，向「有力者大會」大張撻伐，決議「吾人因欲擁護吾人之自由與權利，切期撲滅僞造輿論，蹂躪正義，自稱爲全島有力者大會之怪物。」並發表「全島無力者大會宣言書」：

「對政治法律，毫無理解，對人道正義，敢樹反逆之旗幟，在廿世紀之紳士階級，此種腐敗份子，料應絕滅。不圖最近有辜某，用自私自利之魂膽，敢自稱爲『有力者』，倡開大會，而欲反對最合理的最有秩序之運動。辜某既往之歷史，世所周知，固不足深責，然若任其張牙舞爪，竊恐使一般人士，抱疑惑之念。故吾人爲欲喚起全島兄弟之注意，不得不爲相當之表示。」

由於「無力者大會」的撻伐，不但使「有力者大會」煙消雲散，「臺灣公益會」亦因此一蹶不起，無疾而終。

七、美臺團：「臺灣文化協會」爲農工同胞團體，自始卽以講演會及講習會爲手段。然以農工民衆受多年愚民政策的影響，理解力極爲有限，對知識的吸取不如理想。「文化協會」幹部早已注意及此，專務理事蔡培火尤重視電影對大衆之教育功效，因於民國十四年（大正十四年）秋節省其母壽禮金四千餘圓帶往東京，購買教育影片「丹麥之農耕情況」、「丹麥之合作事業」、「犬馬救主」、「紅的十字架」、「北極動物之生態」等十數卷，以及美國製之放映機一部。另設美臺團之機構，訓練具有教育經驗之青年三人，一人專管機器、二人分任辯士，說明影片，俾觀衆易於理解。有時辯士之言詞，帶有諷刺或涉及政治之時，臨監警察卽加干涉，甚至迫令停映。有時因警察不諳臺語，發生誤會而作過份取締，觀衆與辯士齊而抗議，弄到使警察尷尬失措的場面，並不罕見。美臺團最初只有一隊，約半年後便增加爲兩隊，經常巡廻於農村小鄉鎭之間。因影片內容有新智識之貢獻，對觀衆收費極廉，到處有地方同志之關照協助，開支節省，每票僅收五分，特座亦只收一角，又有警察臨監，場面緊張而時起風波，因此美臺團每有開映，則場場客滿，座無虛席。

美臺團每開映之前，團員必合唱歌頌臺灣之團歌一次，後來觀衆都聽熟了，亦與團員一齊高唱起來，聲浪雷動，具現了一番同胞相愛之景象，深印人心！「文化協會」的啓蒙運動，至此可以說進了一個新的境界。

「臺灣文化協會」推動上述的文化運動，其影響是多方面的，它對民族意識的激揚、青年民族運動的展開、思想的開啓、社會的分化、農工同胞的覺醒、新文學的提倡、經濟的發展，以及文化事業的興辦等等，都有重大的成就。它在民族精神文化的號召下，對異族的統治者形成一條戰線，各方面合作無間，不但島內各階層團結一致，卽海外的留學生與僑胞，亦莫不普遍響應。可惜至民國十六年

（一九二七年，昭和二年）因內部分裂，而未繼續從事民族文化之啓蒙活動。民國二十年（一九三一年，昭和六年）一月，新臺灣文化協會在彰化召開第四次全島代表大會，出席代表既缺乏熱情，幹部又多無精打彩，全體意氣消沉，已非昔日面目，「文化協會」遂成爲名存實亡的一個空團體。

第四節　臺灣同胞的喉舌——臺灣民報

臺灣議會設置運動、臺灣文化協會和臺灣民報是臺灣非武力抗日民族運動的三大主力。其中，「臺灣民報」自民國九年（一九二〇年，大正九年）發行月刊雜誌「臺灣青年」起，至民國三十三年（一九四四年，昭和十九年）以「興南新聞」的名義，被迫與其他報紙合併爲臺灣新報止，爲時達二十五年。在此四分之一世紀的活躍期間，它一直是臺灣同胞的唯一喉舌，呼籲訴苦，對總督府的惡政加以指責批難，對民間日人的歧視曲解，予以糾正外，對臺灣同胞的思想，文化的啓蒙也有甚大的幫助。

在二十五年的發行期間，它歷經「臺灣青年」、「臺灣」、「臺灣民報」、「臺灣新民報」和「興南新聞」等五個階段。從這五個發展階段中，我們可以看出，臺灣民族革命運動份子在異族的統治之下，求生存、爭自由的過程。

「臺灣民報」的第一階段—「臺灣青年」的出版，事在民國九年。是年一月十一日，東京臺灣留學生所組織的「新民會」在東京澀谷蔡惠如的寓所召開成立大會。席上，彭華英、林仲澍等人因覺言論機關爲近代民族運動最有力的武器，爲爭取自由平等所不可缺者，因提議發刊「臺灣青年」雜誌，以作爲宣傳機關，經全場一致贊成通過。惟一時因發行經費無著落，沒法實現該項決議。後來，「新民會」副會長蔡惠如由東京轉赴北京，行前將一千五百元交由送行的東京留學生林呈祿，並囑咐：「你們可將此款充作創刊雜誌之用，雖是發刊一兩期也要實行。」從此，才有發刊雜誌的基本經費。嗣後，新民會幹部復返臺勸募，得六千元，遂於同年七月十六日於東京發刊「臺灣青年」第一號。刊物輸入臺灣後，甚爲島內識者所歡迎，僑居祖國及南洋各地的臺灣同胞，亦予以大力支援，零星的捐款陸續匯來，乃得順利發展。當時在東京負責雜誌之經營者爲蔡培火、林呈祿、彭華英三人，分別擔任編輯外交兼發行人、司庫、庶務官等職務。

「臺灣青年」一共發行十八期，計第一卷發行五期、第二卷五期、第三卷六期、第四卷二期，至民國十一年（一九二二年，大正十一年）二月十五日止，以後改題「臺灣」。該刊在島內雖受歡迎，但同時也受官憲之疾視，雜誌愈發展，官憲的壓迫亦愈強，第一卷第四期、第二卷第三期、第三卷第六期、第四卷第二期均遭禁止發行。遭禁的主要原因是提倡臺灣議會設置運動，以及批評日本治臺政策較爲激烈的緣故，例如第四卷第二期被禁止的文章有吳三連的「對酒專賣之私見」與鄭雪嶺的「希望改善留學生待遇」等。「臺灣青年」的發刊，日本方面的名士政要頗爲聲援，尤其是當時恰在第一次世界大戰之後，和平運動方興未艾，以男爵坂谷芳郎爲首腦的日本平和協會會員坂谷芳郎、川上勇等人皆經常爲「臺灣青年」撰稿。另外，由日本基督敎界權威者植村正久介紹而來的人士，如田川大吉郎、島田三郎等，亦出自同情弱者的正義感，而不斷地爲該刊撰稿，使「臺灣青年」不但內容日見充實，而且深受日本朝野的重視。

民國十一年（一九二二年，大正十一年）四月一日，發行總期數第三卷第一期起，「臺灣青年」改題「臺灣」，刪掉「青年」兩字，據該期卷頭言「臺灣之新使命」的說法，係爲「應時勢之推移與我島之要求」而改題的。

關於發刊資金，「臺灣青年」一向仰給島內父老的樂捐，但因經濟基礎未能確立，經營不能上軌道，有時資金支絀就有停刊的危險。經過一番硏討的結果，決定維持到底，一面爲確立經濟基礎，推選蔡培火回臺籌募資金，組織股份公司。蔡培火負責的編輯外交兼發行人職務，改由林呈祿負責。

蔡培火以臺灣分社主任的名義回臺後，偕同葉榮鐘到全島各地作文化講演兼募股，公司的登記手續則由葉榮鐘負責，至翌年（民國十二年）方告成立。募股的經過，如導言所記，有些地方因爲怕惹麻煩，有用他人名義認股，有乾脆出錢不出名者，可見警察干涉壓迫之厲害。新成立的「臺灣雜誌社股份公司」，資本二萬五千圓，分爲一千二百五十股，每股票面金額二十圓金數繳足，於民國十二年六月二十四日在臺中舉行成立大會，選出董監事及顧問人選。

「臺灣」雜誌，一共發行一年餘，內容仍爲中日文各半，執筆者的範圍則大爲擴大，日臺人兩方人數亦漸增加，日人方面則大學教授的文章大量增加，如第四卷第三期竟有小林丑三郎（明治大學），河津暹、末弘巖太郎（以上東京帝國大學），安部磯雄、杉森孝次郎、帆足理一郎、佐野學（以上早稻田大學）等七位教授聯轅上陣。臺灣人方面，則黃朝琴、羅萬俥、謝春木等尤見活動。黃朝琴的

「漢文改革論」及黃呈聰的「論普及白話文的新使命」兩篇引導白話文入臺灣的歷史之文章，均出現於民國十二年一月之「臺灣」第四卷第一期。

爲了報導時事，以補雜誌之不足，「臺灣雜誌社」決定增刊「臺灣民報」半月刊。該誌第四卷第三期漢文版有一篇增刊「臺灣民報」的預告說：「一個大大的臺灣，有三百六十萬的同胞，實在沒有一個代表我們的言論機關，使世間的人，幾乎不知天下有個臺灣。你道可愧不可愧呢？時勢的變遷，雖然極愚劣的民族亦曉得言論是人類共同生活的指針，因此卽有「臺灣」雜誌的發刊。本誌自從成立以來，雖受種種的艱難，幸有衆兄弟的熱誠，極力聲援，百折不屈，奮發到今日，已經過了有三四年了！發行的份數，日甚一日，我們當事的人，雖然犧牲一點兒時間，精神上的快樂，實在受益不淺。不是應對諸君表示感謝之意嗎？同是一家人，客氣的話，却也不必多說了！且說本誌雖是積極進行，欲副讀者諸君的盛意，因爲頁數有限，漢和兼寫，人人的趣味各不相同，像本誌現時的內容，恐怕難得各方面的滿足？所以自四月一日起，欲發行一種半月刊，名叫「臺灣民報」THE TAIWAN MINPAO，目的是要普遍，使男女老少均知。所以用平易的漢文，或是通俗白話，介紹世界的事情，批評時事，報導學界的動態，內外的經濟，株式（股票）糖米的行情，提倡文藝，指導社會，連絡家庭與學校等，……與本誌並行，啓發臺灣的文化，對我們將來，實在大有可爲呢！」民國十二年四月十五日，「臺灣民報」發行創刊號，雖較預告延遲半個月，但總算創刊了。同年九月一日東京大震災，印刷工廠秀英社被燒毀，不得不停刊，至同年十月十五日復刊。復刊後的「臺灣民報」，改半月刊爲旬刋，並將「臺灣」雜誌的日文版移入民報發行，民報於是又成爲中日文並刋的報紙。同年十二月十六日，臺灣議會期成同盟會發生所謂的「治警事件」，民報同仁一齊被拘押，林呈祿在東京雖未被收押，但因孤掌難鳴，一月號發行後又不得不停刋，至翌月（二月）十一日再度復刋。其後，「臺灣民報」同仁創設「白話文研究會」，會址在臺南市，凡該報讀者，有志研究白話文者，均可入會。該報推行白話文的計畫，頗受青年知識份子支持，表示嚮應的頗不乏人。該報另闢「應接室」一欄，由超今（即黃朝琴）主持，讀者來文質詢，均親切予以解答。

在「臺灣民報」創刋的民國十二、三年，編輯陣容並不強大，因爲留學生之中，能夠寫日文的固是濟濟多士，但是能夠寫中文的並不多，尤其是能寫白話文的，更是稀少。臺灣自割讓日本以後，與祖國的文化完全隔絕，而且教育方針係以學習日語爲重心，總督府的政策是希望消滅漢文的。當時能夠用中文自由寫作的人，不但在留學生中不多，就是在島內也不多。初期臺灣民報的撰稿人，在東京是林呈祿、黃呈聰等人，在臺灣是蔡惠如、林幼春等人，眞是寥寥可數。但是有一種新的現象，就是介紹祖國的事情顯著增加，除創刋號轉載胡適的戲曲「終身大事」，第四期「李超傳」外，創刋號尙有黃朝琴的「廿一條日華協約歷史」和羅素的「中華之將來」。第三期有王鍾麟的「實業同志會成立的批評」，第四期有秀湖的「中國新文學運動的過去和將來」和神田正雄的「中日關係的現在及將來」，第五期有社論「對中國威脅利誘的政策」和南投子嬰的「強迫黎總統退位」，第七期轉載陳獨秀的「敬告青年」。自第一卷第九期起由半月刋進爲旬刋，每月多發行一期，分量增多，撰稿的人也增多，有呂晚村、逸民等人參加撰稿行刋，「臺灣民報」於是漸具規模，而充滿着發展的可能性。及至民國十三年（一九二四年，大正十三年）五月十二日起，「臺灣」雜誌停刋，民報的工作人員卸去雜誌編輯的工作，能夠專心在民報工作，於是內容更見充實。

因爲臺灣民報自「臺灣青年」雜誌以來，均在東京發行，不但受二重檢閱浪費時間，寄遞上又甚費時費事，因此遂有遷入臺灣發行之計畫。後來，幾經交涉，終於於民國十五年（一九二六年，昭和一年）七月十六日獲得當時臺灣總督府之准許，開始作遷入臺灣發行之準備。翌年（民國十六年）八月一日，「臺灣民報」在臺灣發行第一號，紙面改爲八開大型。

「臺灣民報」自遷入臺灣發行以後，不但發行份數日見增加，內容亦日加充實，執筆者之陣容也大爲壯大堅強，除原來的老將外，更有許多新人參加，眞是濟濟多士。民報內容的充實，發行份數的增加，雖是臺灣同胞額手稱慶之事，然因此而增加壓迫者日人，尤其是總督府當局的不快。「臺灣民報」在遷入臺灣之前，已由旬刋改爲週刋（民國十四年七月十二日），每逢星期日發行。遷入臺灣發行之初，日人經營之「臺灣日日新報」、「臺南新報」和「臺灣新聞」等，因受日本報界不重視週刋的傳統，並不當作一回事，及至「臺灣民報」順利發展，對臺灣民衆發生領導作用，才感到威脅而慌張，總督府當局亦加強檢閱，留難挑剔，日甚一日。報紙被塗銷剪掉，滿面瘡痍已是司空見慣，最惡毒的刁難就是扣留報紙，既不指摘應予塗銷之部份，亦不予放行，留難最久的曾達四十四天，可見日本總督府壓迫之甚！

「臺灣民報」移入臺灣發行以後，再進一步發刊日報，遂成為臺灣同胞要求的最大目標。惟發行日報，除資金的籌募，人才的羅致，以及業務的計畫等內部問題須妥為解決外，對外的工作尤為艱鉅。總督府是否肯准許臺灣同胞也能擁有一個夠水準的言論機關，在臺日人之歧視，以及日系同業的嫉妒等，皆為亟待應付者。民國十八年一月十三日，民報當局為發行日報預作準備，首先在臺中成立「株式會社臺灣新民報社」，合併舊民報。至翌年（民國十九年，昭和五年）三月二十九日起，「臺灣民報」改稱「臺灣新民報」，仍發行週刊。

「臺灣新民報」發行後，要求發行日報的步驟已經完成，於是積極開始向總督府交涉，並一面派人到東京向日本中央政界活動，尤其是致力於當時日本的民政黨暨政友會等政團之決策人士，懇請其向臺灣總督疏通。從民國十八年起，經過三年的奔走之後，民國二十一年（一九三二年，昭和七年）一月九日，「臺灣新民報」發行日報之要求，終於獲得總督府之批准。總督府批准之後，報社當局積極準備，於同年四月十五日發行日刊第一號，進入日報之新階段。

「臺灣新民報」發行日報後，業務蒸蒸日上，至民國二十六年（一九三七年，昭和十二年）該報發行日報滿五年，報份已突破五萬大關，與日系最大的報紙「臺灣日日新報」不相上下。惟至是年以後，日本侵華日亟，因此臺灣總督府與軍部為肅清報社所掩護的民族運動份子，對「臺灣新民報」採取一連串的壓迫措施，先是藉端掀起所謂「祖國事件」與「地圖事件」，繼則強迫報社廢止漢文版，使報社的災難，接二連三地發生。

民國二十九年（一九四〇年，昭和十五年）以後，時局的壓力愈來愈大，風波愈來愈洶湧，萬事皆須仰軍部之鼻息，「臺灣新民報」作為臺灣同胞唯一的言論機關，不但無法達成其使命，卽保持臺灣同胞之立場，亦幾乎不可得。翌年（民國三十年，昭和十六年），為避免遭受合併的危機，「臺灣新民報」改為「興南新聞」以後，該報已成強弩之末，發生不了作用，失去其本來面目。然苟延殘喘至民國三十三年（一九四四年，昭和十九年）三月廿六日，在臺灣總督府的強迫下，全島六家報紙——臺灣日日新報、臺灣日報、臺灣新聞、高雄新報、東臺灣新報，以及「興南新聞」，統合稱「臺灣新報」，委由大坂每日新聞社派員經營。「臺灣民報」自「臺灣青年」起，至「興南新聞」止，連續二十五年間一直為臺灣同胞唯一的喉舌，終於在民國三十三年三月二十七日刊登一篇沉痛的「停刊之辭」，而結束其四分之一世紀的歷史。

第十七章　光復後的臺灣省

第一節　中國人誓復臺澎

臺灣割讓於日本，是起因於光緒二十年（歲次甲午，一八九四年）第一次中日戰爭中國戰敗的結果。是年六月二十三日爆發了中日戰爭，十月二十七日，（十一月二十四日），　國父孫中山先生即創立第一個革命的團體興中會於檀香山。

距甲午年（一八九四年）興中會在檀香山成立不到半年，即乙未年（一八九五年）正月二十七日，便成立策動革命的總機關於香港。是年三月二十三日，由於對日戰敗的結果，滿淸簽訂了喪權辱國的馬關條約，臺澎從此割讓於日本，於是加速　孫中山先生的革命救亡運動，由醞釀而見諸行動，九月九日重陽節，壯烈的第一次革命便發動於廣州。這次革命起義運動雖然不幸失敗，但自此革命怒潮便以排山倒海之勢，前仆後繼，屢仆屢起。

自乙未年正月馬關條約簽訂，臺灣省割讓給日本後，臺灣在中國革命史上的地位亦隨之增加。在乙未廣州起義失敗之後二年，即一八九七年到一八九八年，陳少白即奉　中山先生之命令，兩次到臺灣徵求同志，以作革命活動，以發展黨務。在臺灣所吸收的同志，除了曾經參加乙未廣州起義的楊心如之外，尚有吳文秀、趙滿朝、容其年等人。其後，興中會在臺灣的活動，與後期我臺灣同胞反抗日本的壯烈犧牲的革命運動，如民國二年——一九一三年的羅福星事件，民國四年的余淸芳事件，無不息息相關。譬如：羅福星在死難前所寫的絕命詞及祝中華民國詞中，曾嵌入了「中華民國孫逸仙救」八字於每句的頂上，他那種臨死不屈的精神，不僅是爲了臺灣、更是與　孫中山先生領導的中國國民革命的目標相呼應。

庚子年（一九〇〇年）孫中山先生親自領導的第二次革命運動，卽惠州之役的革命運動，就是以臺灣爲指揮基地。　孫中山先生在其「孫文學說」一書中，記載這一次以臺灣爲指揮基地的革命運動說：「……八國聯軍之禍起，予以時機不可失，乃命鄭士良入惠州，招集同志以謀發動，而命史堅如入羊城，招集同志以謀響應，籌備將竣，予乃與外國軍官數人繞道至香港……爲奸人告密……不得登岸……予則折回日本，轉渡臺灣，擬由臺灣設法潛渡內地，時臺灣總督兒玉頗贊中國之革命……許以相助。予於是一面擴充原有計畫，就地加聘軍官……而一面令士良卽日發動，並改良原定計畫，不直逼省城，而先佔領沿海一帶地點，多集黨衆，以候予來，乃進行攻取。士良得令，卽日入內地，親率已集合於三洲田之衆，出而攻撲新安、深圳之淸兵，盡奪其械，隨而轉戰於龍岡、淡水、永湖、梁化、白芒花、三多祝等處，所向皆捷，淸兵無敢當其鋒者，遂佔領新安、大鵬至惠州、平海一帶沿海之地，以待予與幹部人員之入，及武器之接濟。不圖惠州義師發動旬日，而日本政府忽而更換，新內閣總理伊藤氏對中國方針，與前內閣大異，乃禁止臺灣總督與中國革命黨接洽，又禁武器出口及禁日本軍官投效革命軍者。而予潛渡之計畫，乃爲破壞。」

孫中山先生上項的自述，只說明了要以臺灣爲指揮基地的原因是由於時勢迫切，及那時的日本臺灣總督兒玉對於中國寄予同情可以爲助的理由。另一方面；陳少白先生在光緒二十三年到二十四年兩次到臺灣，已爲興中會在臺樹立了組織基礎，爲 孫中山先生第一次來臺作了舖路工作； 孫中山先生的構想，是要把大陸和臺灣的革命大業連接在一起，庚子惠州之役，就是這一計畫的行動，可惜由於日本政府的中途反覆，使這一即將合流的革命運動，爲之挫折，深可痛惜。

臺灣和中國革命的關係，不僅是上述庚子惠州之役之以臺灣爲指揮基地，在此以後， 孫中山先生多次來臺，與臺灣同胞不斷的接觸。民國二年討伐袁世凱之役失敗後，曾經由上海、福州來到臺北，再轉赴日本。那時他以寧滬方面軍事無望，乘德國輪船離滬南下，本想由香港轉粵，繼續指揮討袁軍事。船抵福州，日本福州領事館武官多賀宗之往謁，言廣東方面軍事失敗，陳炯明逃往南洋，岑春煊又被香港政府扣留等等傳說，如果他到香港，必定十分危險。中山先生初尚不信，多賀以所得電報證實，乃搭乘日輪信濃丸秘密到臺灣，然後再轉赴日本。他這次到臺灣已是十一月杪，由臺灣總督派員接待，行舘爲臺北御成町梅屋敷，卽是現在的中山北路 國父史蹟紀念舘。其時在臺灣的同志翁俊明、周水牛諸人，均曾晉見過他。在蔣渭水傳中，曾有在民初袁世凱陰謀背叛民國，帝制自爲時，臺灣同志曾派人以培養之有毒細菌，潛赴北京謀殺袁氏之擧的記載。執行此一任務的人便是在抗戰時期中國國民黨臺灣執行委員會主任委員，後來在福建漳州被日人毒死的翁俊明先生；與翁同志同行赴北京從事企圖毒殺袁世凱尚有杜聰明先生。這一計畫雖未成功，但亦充分顯示臺灣同胞在過去對國內革命運動是如何的聲氣相通，桴鼓相應。

中山先生第三次來到臺灣，是在民國七年六月辭去護法軍政府大元帥職務以後，由粵赴汕頭，轉往臺北東渡日本。　中山先生由廣州到汕頭，曾至閩粵邊境的三河壩視察，其時　蔣中正先生亦正在軍中，特到江干迎接，他見到　中山先生形容憔悴，不覺悽感流淚，當時革命環境之惡劣可以想見。

孫中山先生那次是因廣東革命失敗，才離開廣州，第一步先到汕頭，經由臺灣再轉赴日本，想乘此行和臺灣同胞見面，發表他的意見，宣傳他的主義，喚起民族意識，鼓舞愛國精神。　中山先生抵達臺灣的時候，臺灣同胞非常興奮，很想要表示熱烈的歡迎，可是日本政府，臺灣總督府阻止　中山先生和臺灣同胞接近。而且日人板桓退助爲民權自由運動發起臺灣同化會，亦被日本政府趕走。由此可見日本政府不僅不准臺灣的民衆和中國國民黨的同志接觸，並且對同情臺灣的日人，也不許他們留在臺灣。

孫中山先生直到民國十四年逝世前，猶對臺灣問題留下指示。時由戴季陶先生在北京侍疾，　中山先生談到日本有關的二三重要事項說：「我們對日本應該主張的問題，最少限度：一是廢除日本和中國所締結的一切不平等條約，二是使臺灣和高麗最低限度獲得自由……。」抗戰開始後的次年—民國二十七年四月一日，中國國民黨臨時全國代表大會揭幕，　蔣委員長在大會中發表演說，鄭重申明遵奉　國父遺教，光復臺灣的決心。演講中說：「……臺灣是我們中國存亡所關的生命線，中國要講求眞正的國防，要維護東亞永久和平，斷不能讓……臺灣掌握在日本帝國主義者之手中。中國幾千年來是領導東亞的國家，保障東亞民族，樹立東亞和平，是中國義不容辭的責任。爲要達成我們國民革命，遏止野心國家擾亂東亞的企圖，必須針對著日本積極的陰謀，以解放……臺灣爲我們的職志，這是總理生前所常常對一般同志講過的。……」

民國三十年十二月九日，我國正式對日宣戰，外交部向中外鄭重宣示：「我國戰後，決定收復臺灣、澎湖及東北四省等地。」民國三十二年十一月二十二日，總統與美英兩國首長在開羅舉行「三巨頭會議」，我國乃正式提出收復臺灣等失土，美英兩國一致贊同。二十六日發表共同宣言：「……三國之宗旨在剝奪日本自一九一四年第一次世界大戰開始以後，在太平洋所奪得和佔領之一切島嶼；在使日本所竊取於中國之領土，例如滿洲、臺灣、澎湖群島等歸還中華民國；日本亦將被逐出於其以武力或貪慾所攫取之所有土地……。」從此，中國人誓志光復臺灣的決心，乃正式出現於國際文件之中。

第二節 臺灣省的地方自治

民國三十四年十月，中華民國政府光復臺灣省。設臺灣省行政長官公署，爲便於推行政令，乃根據我國行政制度，審酌臺灣省區地理人口情況，重新釐訂行政區域，分設縣市、鄉鎭、縣轄市、區、村里等行政層級，將日據時代五州三廳，改置爲八縣，將原有之十一州轄市改置爲九省轄市及兩縣轄市。八縣爲臺北、新竹、臺中、臺南、高雄、臺東、花蓮、澎湖。九省轄市爲臺北、基隆、新竹、臺中、彰化、嘉義、臺南、高雄、屏東；兩縣轄市為宜蘭（屬臺北縣），花蓮（屬花蓮縣）。民國三十六年十二月二十九日，陳誠任臺灣省政府主席。民國三十八年七月，設置草山管理局，民國三十九年三月將草山管理局改稱為陽明山管理局。縣之下，除鄉鎮縣轄市外，另置區（區署）。省轄市之區（區公所）與鄉鎮縣轄市平行，為自治行政體制。惟縣下之區（區署），係就日據時期原有之郡及支廳改置而成，僅屬縣政府之輔助機構，代表縣政府督導所轄鄉鎮辦理各項行政及自治事項，至民國三十九年八月，此類區署乃完全裁撤。據統計，斯時臺灣全省計有八縣、九省市、一局、兩縣轄市、五十二區署、六十六省轄市區、二二五鄉、七十五鎮、二八七五村、二五四三里。

臺灣省自光復後，政府為奉行 國父遺教，提早實施地方自治，乃於民國三十四年十二月公布臺灣省各級民意機構成立方案。三十五年正月，首先舉辦公民宣誓登記。二月，次第成立村里民大會，並選舉鄉鎮民代表。四月，選舉縣市參議員，成立縣市參議會；五月一日，選舉省參議員，成立省參議會。在不到半年期間，即普遍建立各級民意機構。

民國三十八年十二月七日，中央政府遷臺，準備建設臺灣成為三民主義模範省。民國三十九年七月二日，臺灣省開始實行地方自治，頒佈「臺灣省實施地方自治綱要」，正式成立各級議會。同時辦理縣市長鄉鎮長縣市議員、鄉鎮民代表等選舉。而且所有選舉都由人民以自由、平等、秘密、直接的投票方式產生，切實做到主權在民的地步。民國三十九年八月十六日，行政院通過「重劃臺灣行政區域方案」，將原釐定之行政區域，改為十六縣、五省轄市、一管理局、三六一鄉鎮（市）區，由縣直接指揮鄉鎮。十六縣爲：臺北、宜蘭、新竹、桃園、苗栗、臺中、彰化、南投、雲林、嘉義、臺南、高雄、屏東、臺東、花蓮、澎湖。五省轄市是：臺北、基隆、臺中、臺南、高雄；一管理局爲陽明山管理局。民國四十年十二月十一日，臺灣省臨時省議會成立。民國四十七年四月，將臺北縣中和鄉分劃設立永和鎮。民國四十八年改臨時省議會爲省議會。至縣轄市，截至民國六十六年止，計有十一市，爲臺北縣三重市、板橋市，宜蘭縣宜蘭市，桃園縣桃園市、中壢市，新竹縣新竹市，彰化縣彰化市，嘉義縣嘉義市，高雄縣鳳山市，屏東縣屏東市，花蓮縣花蓮市。

民國五十七年七月一日，政府爲建設臺北市爲一現代化之都市，乃將臺北市改制爲院轄市，成爲我中華民國第十三個直轄市。其行政區域，除以臺北市原有之轄區，及陽明山管理局之士林、北投兩鎮外，并將臺北縣之南港、景美、木柵、內湖四鄉鎮併入，并以原有行政區域之界線爲範圍。

五十八年，在臺灣地區舉辦中央級民意代表增補選，使臺灣同胞，能充分行使憲法所賦予的選舉權利，實爲大可稱道之事。

民國五十九年十一月二十四日，臺灣省政府主席向省議會報告施政時宣布，厲行政治革新，即從創新政風，確立制度，改進人事，健全機構及便民服務各方面去加強進行。刷新政風，着重在辦理政風考察調查，整飭壞的政風，表揚好的政風；確立制度，是依分層負責逐級授權的原則，實施分層負責制度，改進人事，是以推行職位分類爲重點，健全機構，是依統一事權分工合作的原則，就現行機構作適當調整，加強便民服務，對便民的各項基層工作，儘量採取櫃台窗口作業方式，或聯合服務辦法，簡化各種證照申請核發登記手續，縮短處理期限。在治安維護方面，目前對本省治安危害最深的，是盜竊、流氓與不良少年，針對此一情勢，正以加強檢肅竊盜，取締流氓和防止不良少年滋事等工作為重點。五十九年一至九月，全省共發生竊案，一萬五千八百餘件，破獲一萬二千三百餘件，破獲率為百分之七十七點七四，較上年同時期為高。

民國六十年三月十七日，臺灣省議會四屆七次臨時大會，審議臺灣省地方自治六種法規修正草案，通過：「臺灣省各縣市議會組織規程修正草案」、「臺灣省各縣鄉鎮縣轄市民代表會組織規程修正草案」、「臺灣省各縣市公職人員選舉罷免規程修正草案」等，均照民政審查委員會審查意見通過，使臺灣省地方自治工作之推行，將更為進步。

第三節　臺灣省的土地改革

共匪之擴大叛亂，竊據大陸，全靠農村起家。其在農村起家的手段，乃假借民生主義「耕者有其田」的口號，以欺騙裹脅農民，使無知農民誤上賊船，終而任共匪擺布。我政府遷臺後，痛定思痛，為把革命事業從頭做起，乃根據　國父遺教，實行土地改革。

民國三十八年四月十二日，臺灣省政府實施「三七五減租」，其方法是先定地租的標準，以往各地地租不盡相同，但大多是實物地租，就主要的農作物，由地主及佃農各半對分，三七五減租的意義，是規定地租不得高於主要農產物全年收獲量千分之三百七十五，以減輕佃農的負擔。如何推行三七五減租呢？首須換訂書面之租約，並向政府登記，政治的力量保障佃農的權益。爲了避免糾紛，鼓勵農民增加生產，單位面積主要農產物的全年標準收穫量應分別水田和旱田，就耕地的等則事先確定。爲了避免地主的任意撤佃，確定租期不得少於六年；期滿後除地主收回自耕外，佃農並有繼續承租的權利。又取消一切額外的負擔，如押租金及預收地租等。減租的結果，佃農的收入增加了，又使出租地的地價跌落，增加了佃農購買土地，成爲自耕農的可能。三七五減租，從三十八年四月開始，七月底完成。其實行是用政府的力量，換訂租約，隨後按戶訪問佃農，檢舉非法收租，使全省二十六萬餘甲佃農耕地的地租普遍降低，三十萬餘戶佃農的收益平均增加了三分之一。

三七五減租的成果：其一、改善租佃制度，減少業佃糾紛，使基層社會更趨安定；其二、佃農的生活，在食、衣、住各方面，均有顯著的改善，農村兒童的就學率普遍提高；其三、使佃農有充足的資金，購置肥料、耕牛等，因而增加糧食的生產；其四、出租地的地價平均跌落了三分之一，佃農買田的情形非常普遍，造成了實施耕者有其田的有利環境。

第二階段是實施公地放領。自民國四十年開始分六期辦理。臺灣的公有耕地共約十八萬甲，佔全省耕地總面積五分之一強，大多是從前日據時代日本人向本省人民強迫收買而來，光復後由政府接收的。從四十年開始，國有及省有的公地，除公營事業留用外，分期放與原來公地上的佃農、僱農，及其他耕地不足的佃農、半自耕農等承領。承領地價爲全年正產物收穫量的兩倍半，分十年無息平均攤還；並於承領之年起取得土地所有權，停納地租，負擔田賦，至民國五十三年，已放領的公地共約五萬甲，承領農戶十萬戶。公地放領的成果：其一、將公地放與無地或缺地的農民，直接扶植自耕農；其二、農民取得土地所有權後，將投資於灌溉、排水等工程，促進土地的改良；其三、將公地廉價放領，政府以身作則，爲限田政策樹立了榜樣。

民國四十二年一月，　蔣總統明令公佈「實施耕者有其田」條例。首先推行限田政策，限田必須查明每一地主所有耕地的總面積，地籍總歸戶是必要的準備工作，全省於四十二年三月完成。

限田政策是限制地主私有耕地的面積，超過限度的耕地，限期出售，或由政府徵收，放與佃農、僱農承領。照實施耕者有其田條例的規定：地主是指將耕地出租，或以僱工耕作爲主體者。地主私有耕地的面積，每戶以保留七則至十二則的水田三甲爲限；其他等則的水田旱田，各有一定的折算標準。超過限度的耕地，一律由政府徵收。徵收的地價，依主要農產物全年收穫量二倍半計算。七成發給實物土地債券，年息四分，分十年平均攤還，三成發給公營事業的股票。徵收後的土地，放與現耕農民承領，分十年平均繳納地價。農民承領後卽時取得土地所有權。但在未繳清地價前，不得出賣出租；不能自耕時請政府收回，發還已付的地價。卽在繳清地價以後，出賣時仍以對方能自耕或工業用者爲限。至於地主保留的耕地，一年後農民可向政府貸款，向地主承買；地主出賣保留的耕地時，現耕農民有優先承買的權利。所以限田政策是扶植自耕農的根本辦法。今後地主既不能再購買耕地，收回的地價，祇有向工商業投資。地價中搭發三成公營事業的股票，將公營事業出售民營，更是鼓勵民營工商業的意思。限田政策的成果：其一、以和平手段達到耕者有其田的目的，對於大陸上共匪殘殺地主、奴役農民的罪惡，限田政策是最強有力的政治反攻；其二、正如公地放領，農民獲得土地後，將促進土地的改良，以發展農業，增產糧食；其三、地主獲得地價的補償，將自動投資於工商業，使中國社會的工業化與現代化早日來臨。

限田政策全部徵收及放領的工作，於四十二年年底前完成，使十八萬甲佃耕地轉變爲自耕地。

民國四十五年四月九日，臺灣省實施都市平均地權，自十日起申報地價。

臺灣的農地重劃工作，是自四十九年度起，在彰化、臺中等縣市試辦，並於五十年度在嘉義、雲林等八縣市作示範性重劃，五十一年度開始實施第一期十年計畫，全面推廣。

農地重劃之主要意義，在重行劃分土地經界，全面改善農場結構及農業生產環境，高度發揮土地合理利用，而爲綜合性之土地改良，以提高單位面積產量，減低經營成本，是實行耕者有其田後的另一農業改革的重大措施。

五十三年二月六日，總統明令公布修正「實施都市平均地權條例」。五月五日經臺灣省議會根據上項修正條例，通過修正本省施行細則，六月二十七日臺灣省施行細則呈奉行政院核定修正。六月二十九日臺灣省政府正式公布，完成了立法程序，作爲本省實施都市平均地權工作的依據，其重要內容是：一、規定地價——縣市局對於轄區內的都市土地，定期辦理地籍測量及土地登記。先使地籍總歸戶，而後分別區段調查，並評議規定統一地價，予以公告，由土地所有權人按宗自動申報。二、照價征稅——地價稅採累進起點，以各縣市局都市土地七公畝的平均地價爲準，（不包括工廠用地及農業用地）徵收稅率按申報地價千分之十五，加至千分之七十爲止。自用住宅面積在三公畝以內，則徵收千分之十。爲防止操縱，對於不在地主的土地，其地價稅予以加倍徵收。三照價收買——申報地價低於公告地價百分之八十以下者，由政府照價收買，每戶地價在一萬元以下者，全部發給現金，超過部分則以債券償付。土地所有權人如有改良土地情事，其改良費用及已繳納的工程受益費，均併入地價內計算。四漲價歸公——都市土地所有權人自行申報地價後，土地的自然漲價，以徵收土地增值稅，逐漸收歸公有。五土地使用——縣市政府對於都市計畫範圍內及其新擴展地區所需土地，得限制其使用人爲妨礙都市建設的使用，同時得視都市建設發展的需要，選擇適當地區，實施區段徵收，加以整理分劃，分宗出售與需要建地的人建築使用。民國五十三年七月一日，「都市平均地權臺灣省施行細則」開始實施，臺灣省政府於七月十日公告全省六十個實施都市平均地權都市的地價，八月十日結束，在短短一個月內，綜計各縣市局應申報七十七萬二千九百五十筆，已經由土地所有權人自動申報的，達七十五萬零二百三十七筆，申報率達百分之九十七．〇六。臺灣省政府接受省議會建議，呈奉行政院核定，五十三年上期地價稅，暫仍按舊地價及舊稅率徵收，以後自當逐漸依照新定地價及新定稅率辦理，臺灣省政府依法對於低報地價達百分之八十以下的土地，決定一律照價收買，現已籌撥現金三百萬元，另發行土地債券一億元，交由土地銀行發行，各縣市局辦理。都市平均地權的漲價收入，是用於創造社會的共同福利事業， 蔣總統在這一方面曾有明確的指示說：「都市平均地權政策的推行，其目的非爲增加稅收，乃在以地利爲社會所共享，亦卽以社會財富創建社會福利事業。」臺灣省現階段的社會福利措施，是以建立社會安全制度，增進人民生活爲旨歸，而其具體辦法，則以推行社會保險、國民就業、社會救助、國民住宅、福利服務、社會教育、社區發展等爲範圍。

民國五十九年七月，政府爲了配合工業的快速發展，推行「農業機械化」、「農業運銷改進」、以及「加強農業金融制度」、「降低農業生產資材價格」、「提高農業生產力和農民的收益」，以加強及加速實施農業現代化，改善農民生活，擬訂農業四年工作方案全面推行。積極推進的主要工作是——一、降低農業機械售價及補助農民購置農業機械：政府爲減輕農民負擔，加速推廣農業機械，自五十八年八月一日起，一方面由政府補助農民每台大型耕耘機五千元，同時由廠商降低五千元售價，以鼓勵農民購置國產農機。二、獎勵農民採用新型農業機械：除加速推廣耕耘機等已有農業機械外，政府另撥巨款，獎勵農民大量採用挿秧機、聯合收穫機、動力割稻機、乾燥機、切草機等新型農業機械。三、加強農業機械服務：在各重要鄉鎮，由政府撥款成立農業機械化推行中心，以加強服務工作；同時執行耕耘機共同耕作專業示範，以鼓勵農民共同利用農機。四、加強農機試驗研究與訓練：繼續撥付專款，補助大專院校有關部門，和農業改良場及試驗所，以加強農業機械的試驗研究，同時由國家科學指導委員會羅致人才並充實設備，以加強農業機械的研究與試驗，從事研究改良，適用於臺灣各不同地形及土壤和農作物的農業機械。此外，政府又撥專款在各地農業學校，訓練農民使用維護各種農業機械設備。五、水田一貫作業機械化示範：爲使水稻一貫作業機械化，政府在全省選定了十處示範區，除各有關新型農業機械化外，並分區設置大型電熱育苗室，以人工控制培育健全秧苗，配合挿秧機使用，促使水稻耕種一貫作業機械化。

民國五十九年十一月，政府鑑於第一期農地重劃工作之績效良好，決定加速擴大辦理第二期農地重劃工作。臺灣省第一期農地重劃工作，於六十年六月全部完成預定重劃三十萬公頃的目標，第二期農地十年重劃計畫，於六十一年開始，重劃面積二十萬公頃。第三期則於七十年以後開始，預定面積爲十萬公頃。

由於農地經過重劃之後，單位面積產量增加達百分之三十二以上，農民收益增加很大，且爲實施機械耕作，重劃工作必須配合辦理，政府現在決定加速擴大辦理，將第二期、第三期計畫合併，於第一期計畫完成後，繼續進行，並決定減輕農民的各項費用負擔。

爲了加速擴大辦理農地重劃工作，政府並作成下述政策性的決定：一、臺灣省農地重劃經費，其中工程費向由農民負擔，今後改由中央補助，如何分配，將由財政部等機構研究。二、農民負擔的整地費，由土地銀行與農民銀行貸款，規定利率與期限，俟其重劃後，收益增加，再行償還。利率與期限，將由財政部會同各單位研究。三、土地重劃工作，由國軍退除役官兵輔導委員會協助辦理。四、第二期與第三期計畫，合併於十年內完成，以二十萬公頃爲基礎，而以三十萬公頃於十年內完成爲最後目標。五、臺北市農地重劃，比照臺灣省辦理，於五年內完成。六、「實施農地重劃條例」草案，已由省政府草擬完成，正由內政部審核中，行政院已命令內政部迅予呈院，俾早完成立法程序。

由於土地改革的實施，民國五十二年以後，臺灣工業生產值已略爲超過農業生產值，前途至爲光明。倫敦泰晤士報曾撰文讚揚中華民國爲「遠東高度工業化，和農業生產力最高國家之一。」（五十五年九月十四日）又稱：「中華民國已開始發起有力的運動，以促進觀光事業。」糧食比武器更爲重要。目前亞洲各國普遍缺糧，臺灣寶島則連年豐收，存糧豐富，不但可以自給，且有餘糧輸出，米價非常穩定。臺灣農業不僅供給糧食與工業原料，同時也是工業產品最可靠的國內市場，以及工業投資資金與賺取外匯的來源之一。一旦工業開始長成與擴大，即可吸收農村中過剩的勞力，供應更多的農具、肥料等，進一步提高農業生產力。臺灣經濟現況，確已提供了一個農工平衡發展的最佳實例。此與大陸共產主義實際是破產主義，田園荒蕪，遍地災荒，糧食缺乏，民不聊生，適成爲強烈的對照。再則近年中國政府派四百名以上農業人員和其他技術人員到東南亞、非洲、及拉丁美洲二十個國家，從事農耕示範，協助他們增產糧食。同時也約有二千名農業人員從上述地區來華研習與接受訓練。民國五十四年，臺灣省平均每個國民生產額爲二二一美元，較之大陸匪區約在三倍以上。

共產主義是「耕者無其田」，把人與地分離，顯然是違反人性，於是造成農民生產情緒極度低落。農產歉收及因饑餓而死的慘狀，正蔓延於鐵幕以內。共產主義所以爲破產主義者，基本因素在此。耕者有其田的政策，已於民國四十二年起，在臺灣省實行。土地改革，對於政治、經濟、社會各方面，貢獻宏大。因農民生活的改善，有助於社會的安定；農業生產的增多，有助於民主政治的推進。臺灣土地改革之成就，實已爲自由中國帶來了無限光明與希望。我們不僅在事實上粉碎了共匪階級鬥爭的謬論，同時還爲遠東各國社會改造，提供了一個光明燦爛的先例。

第四節　臺灣省的經濟建設

自民國三十八年四月十二日，臺灣省政府公佈實施「三七五減租」，使得臺灣省農業經濟步入新的里程。惟因四月二十三日國軍撤離南京，五月二十七日撤離上海。政府鑒於大陸局勢逆轉與財政金融有密切之關係，財政金融之穩定又與經濟建設有不可分之關係，乃於六月十五日，即行改革臺灣省幣制，發行新臺幣，以穩定物價，奠定臺灣省經濟建設之基礎。

三十八年十二月七日，中央政府移駐臺北，臺灣省乃成為反共復國基地，臺灣省之經濟建設，乃開始向前起步。在經濟發展政策及方針上，首先揭櫫「以農業培養工業，以工業發展農業，」而以「以農工培養貿易，以貿易發展農工」為指導原則。

一、推行經濟計畫：自四十二年起，連續實施四年經濟建設計畫，至第三期四年經濟建設計畫完成，工業生產所佔比重即逐年增加。就生產淨值為例，四十九年農業佔三四・一%，工業僅佔二五・七%，五十三年則恰好相反。自五十八年至六十一年，經濟成長率以七%為目標，臺灣省之經濟結構，已由往昔之農業為主，逐漸轉變以工業為主。

二、發展水利電力：臺灣過去水利多係私人經營，資金有限，蓄水賴埤池而少水庫。遠在清康熙年間，國人曾在臺南建設虎頭埤，為埤池之最大者。日據時期，僅有烏山頭、暖暖、日月潭、鹿寮、尖山埤、內埔等地單目標水庫之完成。臺灣省光復後，著手於多目標水庫之建設。民國四十二年，完成高雄縣燕巢鄉之阿公店水庫，有灌溉、蓄水、防洪之利。五十三年六月十四日，桃園縣龍潭鄉之石門水庫興建完成，有灌溉、發電、防洪、給水、觀光之利。五十四年，完成臺南縣曾文溪支流上游之白河水庫，有灌溉、防洪、給水、觀光之利。五十六年十月卅一日，嘉義縣曾文溪上游柳籐潭之曾文水庫正式動工興建，六十三年夏初完工，有灌溉、蓄水、防洪、發電之用。在灌溉單目標水庫方面，民國四十年，苗栗縣峨眉鄉中港溪支流峨眉溪上游之西河水庫完工。四十四年，臺南縣新化鄉之鹽水埤水庫完工。修補重建臺南縣柳營鎮百年前善士劉德元出資興建之德元埤水庫。四十五年，完成新竹市南區孔明廟附近之青草湖水庫。重建苗栗縣頭屋鄉象山村之扒子岡水庫之土壩。四十六年，完成苗栗縣造橋鄉大西村之劍潭水庫。四十七年，完成屏東縣恒春鎮南門外龍泉里之龍鑾潭水庫。四十九年，完成新竹縣峨眉鄉峨眉溪上之大埔水庫。五十九年，完成苗栗縣頭屋鄉之後龍水庫。現在規劃之水庫，有苗栗地區之鯉魚潭水庫、新竹埔頂區之寶山水庫、嘉義三叠溪之龍池水庫、臺南縣關廟鄉之關廟水庫。

在發電單目標水庫方面，光復之初，卽擴建日月潭發電水庫，新建修補大小水力發電工程，如烏來、立霧、銅門、天輪、霧社、龍澗、谷關、下達見等十數處。四十一年完成天輪水庫壩。四十八年完成霧社水庫。五十一年完成谷關水庫。五十六年，完成花蓮榕樹水力發電工程及龍溪抽水工程。五十七年完成下達見水庫。六十年完成達見水庫。光復前水力發電裝置容量，僅二十二萬瓩。民國五十四年底，增至六十二萬八千餘瓩。五十六年增至七百二十二萬一千瓩。五十六年十月，完成南部氣渦輪機發電工程。五十七年，完成通霄氣渦輪機擴充工程，及林口火力發電工程。五十九年，完成高雄港擴建區之大林火力發電工程。臺灣光復之時，火力發電僅五四、一九〇瓩，五十六年已增加至一四·八倍。五十九年十一月，第一座核能電廠，在臺北縣金山鄉開工，發電量爲六十三萬六千瓩。

三、發展交通：臺灣的交通，自劉銘傳時代已着手鐵路、公路的建設。日本佔領臺灣後，惟在掠取臺灣資源，故僅在平原地區修築鐵路、公路。對山地同胞則實行歧視與封鎖政策，致對劉銘傳時代已勘測之橫貫公路各綫，均皆置之不理。日本侵華失敗之時，由於美國飛機的空襲臺灣，致臺灣的交通事業，無論是鐵路、公路、港埠、航業和氣象，光復接受時，呈現幾成一片癱瘓。至五十九年，由於二十五年來的銳意經營，不僅在不斷適應人口增長的需要，而且各項設備，日新月異，使旅客獲得現代化的享受，已非光復前民衆所能想像。鐵路方面，在一千零四公里的營業里程中，不斷改善橋樑、鋼軌、添購車輛、革新設備，二十五年來，客運每日由十一萬四千人增至三十七萬人，貨運每日由七千四百噸增至四萬噸。公路方面，則由六千九百多公里，增至一萬六千公里，其中柏油路面有五千八百公里；本省公路每日平均客運由一千四百人增至公路局客運六十三萬九千九百餘人，民營客運達九十七萬七千餘人，各縣市公共汽車則達二十三萬九千八百餘人。港埠方面則由殘破的廢墟，擴建新的國際港，基隆港的裝卸量有七百二十二萬公噸，高雄港則有三千六百四十八萬公噸，花蓮港也有三十萬公噸。臺灣航業和氣象也在不斷進步之中，船舶由一五、五二八公噸，增爲六八、一三三總噸；氣象增設花蓮、高雄兩座氣象電達站及衆多的儀器設備。

四、工商業的發展：臺灣本是一個農業社會，劉銘傳的工商建設計畫才開始起步，卽被日本佔領。日本人口的增加及工業化的趨勢，乃視臺灣爲其糧倉。臺灣在日本人佔領下的作物，是甘蔗與稻穀，糖米乃形成臺灣經濟的主要角色，其他工業的發展，日本決無意在臺灣從事投資。由於日本侵華的失敗，臺灣的農工業生產曾遭到戰時的嚴重破壞。三十八年冬，中央政府遷臺，人力物力大量移入，美援相繼而來。四十一年，臺灣的工商業，卽已恢復了日據時代的水準。光復前，臺灣省農業生產總值僅九億五千五百萬元，工礦生產十四億餘萬元。近年來，農工生產，飛速成長，尤其自民國四十二年開始，配合中央政策，連續實施四個四年經濟建設計畫，農業總成長率平均每年爲五．三％，工業成長率則平均每年達一三．六％，五十八年對外貿易總額逾美金二十三億一千餘萬元。而國民生產毛額達一千九百零四億二千一百萬元，國民所得總額爲一千四百八十億七千六百萬元，平均每人所得一〇、三〇五元，象徵臺灣省經濟蓬勃的成長與繁榮。工廠也由光復初期的六二三五家，激增至五十八年的三二二三二家。外銷金額，由民國四十一年的美金四百三十二萬八千元，民國六十年增加到美金二十億八千萬元，增加四八二倍。日本佔領下的臺灣工業產品，僅爲米糖瓜果等有關加工製品，及粗糙的木、鐵製品，光復後的臺灣產品，日益求新求精，舉凡汽車、二輪機車、電冰箱、電視機、冷氣機錄音機、電話機、收音機、塑膠、及各種人造纖維等，都已次第出現，不但自給自足，而且可以外銷。

五、礦業的開發：談到礦產情形，日據時期，在殖民經濟體系下，臺灣工業幾乎全爲日人所掌握把持，資本、原料、技術，均來自日本，而產品銷售所得，亦歸於日本，他們榨取了臺灣同胞的勞力。而在目前全省工業中，淨產値百分之六十均屬於民營工礦事業，其生產銷售所得，均歸於臺灣，用於臺灣。這是臺灣工業光復前後的根本上的不同。光復後的礦業方面，由於政府的積極探勘與扶植，較光復前亦進步甚多。煤產量增加了五・八倍，並可大量外銷。其他金礦增加七十七倍，銀礦增加了四十三倍，銅礦增加五・六倍，硫磺礦增加二六・六倍，硫化鐵、石油、天然氣、大理石及銷售量，均有大量增加。尤其自中部橫貫公路修通後，各種礦石產量，直綫上昇。澎湖興建跨海大橋後，紋石也大量開採。目前臺灣外銷的紅寶石、綠寶石、大理石，及紋石，已頗爲歐美人士所歡迎。

民國六十一年，行政院改組，由蔣經國接長行政院後，政府對臺灣地區準備投資新臺幣一千億元，從事十大工程建設，卽：南北高速公路、核子能發電廠、臺中港、北迴鐵路、大鍊鋼廠、高雄造船廠、石油化學工業、鐵路電氣化、桃園國際機場、蘇澳港。這十項建設完成之後，將使臺灣地區經濟更形繁榮。我自由中國亦將由開發中國家，進而列爲開發國家。

第五節　臺灣省的教育發展

臺灣省自民國三十四年十月二十五日光復後，在總統　蔣公的英明領導下，在政治、經濟與社會等方面，均有輝煌的成就；在教育方面，無論在質或量亦均有長足的進步。

回顧日據時期，日人統治臺灣，處處施行高壓政策，推行殖民教育；其要點爲：普及日式國民教育，發展低級職業教育，實施差別教育，限制人才深造，以加速實現其所謂「皇民化」的政策。當時臺灣同胞子弟所受的教育，不僅在本質上與機會上，與日人子弟有顯著的差異，即整個臺灣教育的發展，乃至山地、平地教育的區分，亦復限制森嚴。本省中年以上同胞，至今記憶猶新。

本省光復後，臺灣同胞重回祖國懷抱。當時教育上的主要任務，爲洗滌日人殖民教育之遺毒，代之以三民主義的新教育。因此，乃遵照總統　蔣公指示：「中國今日之所以作育青年者，祇有示以一個國家、一個主義、一個努力方向之要義。」努力以赴；並以培養術德兼修，手腦並用，身心平衡，文武合一的中國健全青年爲目標，對本省的教育措施從頭做起；如改革學制、革新課程、編訂教材、充實師資和推行國語等，都是針對當時客觀情勢所需要的一種新創舉，亦就是樹立三民主義教育的新規模。此一政策的推行，係以下列五點原則爲依據：

一、一切教育制度與設施，均以闡揚三民主義爲依歸，使能符合建立新中國的精神。

二、所有課程、教材及活動，均以培育民族文化爲重點，使本省成爲發揚中華民族文化的一環。

三、所有人才的培植，均以適合我國及本省當前的需要爲準則，以達到人盡其力、才盡其用的目的。

四、一切有關文化科學的學術研究，均予獎勵，以促進本省研討學術的工作與風氣。

五、所有各級學校進升的機會，均予開放，以普遍提高本省同胞的文化水準，貫徹教育機會均等的主旨。

嗣後三十幾年來，本省的教育措施，可以說都是秉承總統　蔣公的指示，以及根據上述五點原則，加以發揮運用，以樹立三民主義教育制度，實施計畫教育，推行教育改革，擴大教育成果，達成建設本省爲三民主義模範省的目的。而本省同胞在血緣一體、聲心相通的情形下，加以三民主義平等自由、民主的照耀與呼喚，人人都樂意接受祖國的教育，本省各級教育遂迅速成長，發展無已。茲試就民國三十三年（亦即光復前一年）日據之最高時期，與最近數學年度加以比較，本省各級學校校數及學生相差之懸殊，卽可見其梗概。

一、大專學校：當時僅有國立及省立大專學校五所，在學學生二、一七四人，其中本省籍者祇有四五三人；而省籍青年所最嚮往的臺北帝國大學，省籍學生僅有八十五人，且多屬醫學部（八十人）。現在（六十四學年度），公私立大專院校已達一〇一所，日夜間部學生已達二八九、四三五人，其中大多數爲本省青年。至於各人就讀之科系，更無任何限制。

二、中等學校：民國三十三年僅有四十五所，學生二九、〇〇五人，其中本省同胞子弟僅爲一二、八二六人。現在（六十四學年度）公私立中等學校共有九七七所，學生一、五〇五、九九三人。

三、國民小學：光復前一年有一、〇九七所，學生八九八、四二四人，至六十一學年度有二、三三七所，學生二、四五九、七四三人。學齡兒童就學率由百分之七一點三，增至百分之九十九以上。由於提倡節育優生政策，六十四學年度，小學校數雖增爲二、三七六所，但小學生總數略爲減少，計二、三六四、九六一人。

另外，高深學術方面，光復前一年是根本談不到的，然至六十四學年度，公私立大學設有研究所者有一百六十五所，可授予碩士博士學位。

從上面的比較數字觀之，吾人不難看出，日據時期本省教育上的差別和限制極其顯著；同時亦可以看出，光復後三十幾年本省教育發展的迅速。

追溯光復以來三十二年間，本省教育上的重要措施，無一不本諸三民主義的崇高原則，以啓發國民心智，陶鑄完美人格，提高人力素質，改進民衆生活爲依歸。舉凡學制的改革，課程的編訂，師資的充實，國語的推行，以及民族精神教育的加強，勞動生產教育的提倡，文武合一教育的實施，均屬其中犖犖大端，而卓著成效者。

唯近數年來，由於民生主義積極推行下，社會經濟日趨繁榮，人民生活普獲改善，一般人對子女教育益加重視；加以人口劇烈增加，就學與升學人數遞增；政府財力有限，增班設校未能與需要相配合，致使教育上產生若干不正常現象。例如升學競爭的劇烈，惡性補習的猖獗，四育有欠平衡，地方教育人事有欠安定，教育風氣有待端正，職業教育效果未著等等，均須先從教育行政上，積極圖謀改善。教育當局有鑑於教育爲長期延續性事業，不宜操切從事，企求近功，曾從若干根本問題上著手，試圖解決上述教育上之種種弊端。茲舉其要項如下：

一、國民教育：增建國小教室，期使一至六年級學生均能全日上課，每一學童都能接受完整的國民義務教育。頒行國小人事改建方案，建立校長、主任甄選訓練考核候用及校長任期輪調制度，使升遷有序，適才適用適所，以杜絕夤緣奔競之風。提高師資素質，改全省師範爲師專；並加強在職教師訓練，每年調訓國小教師十二期。又極力改進教材教法，實施分科教育，獎勵教學優良教師，重視升學考試以外之技能科教學，促使教學正常化。同時，為了普及並延長國民義務教育，民國五十六年由總統　蔣公之明智決定，自五十七學年度起，已在本省（以及臺北市）開始全面實施「九年國民教育」，每一區鄉鎮至少設立有一所國民中學。這種「九年國民教育」實施後的功能，無論對於政治、國防、經濟、社會等各方面，均有積極的作用與深遠的影響，固不止為教育上之一大改革而已。

二、中等教育：為適應需要，積極擴充高級中學之班次，增設高級中學，由省接辦；並努力發展科學教育，逐年添置科學館及科學設備。自五十四年起，採用新編之物理、化學、生物、數學等科新教材；並定期舉辦中小學科學展覽，以激發青少年科學研習之興趣。推行生活教育，以端正學生生活習慣；同時充實軍訓教育設施，以培養術德兼修、文武合一的有為青年。

三、職業教育：配合經濟建設，發展高級職業學校，數年後增班設校，都能儘量兼顧各類職校的均衡發展及社會實際需要。建立職業學校畢業生免試升大專的制度，以鼓勵青年報考職校，緩和升學競爭趨勢。加強建教合作，充實教學設備，注重學生實習。擴展實用技藝訓練，使失學失業青年，藉以習得一技之長；歷年結業學生大部份均能獲得就業機會。

四、高等教育：在量的迅速發展之下，特重質的提高；因此對於師資素質、教學設備、研究風氣、就業輔導，以及清寒優秀學生的獎助等等，都能積極為之。此外，為適應國家建設，逐年將省立農、工、商、護理水產等類職校，改辦為五年制專科學校。並推廣大專學校夜間部，以增加青年接受高等教育的機會。

五、教育風氣：恢復全面分區視導，加強對公私立中小學校及地方教育行政機構的考核。修訂「教職員成績考核辦法」及「教職員請假規則」，以減少人事紛爭。增建教師宿舍，改善教師生活；倡導尊師重道風氣，以提高教師社會地位。

至於本省今後教育工作的重點，厥爲配合國策及本省經濟建設需要，以造就建國人才，提高人力素質爲鵠的。故加強職業教育，辦好九年國民義務教育，當爲今後不斷努力的主要目標。

在職業教育方面，大專院校的增設科系或學校，亦遵照中央決策，以農、工爲主；並逐漸發展五年制專科及高級職校，以培養經建所需的中堅人力。中等職業教育方面，廢止初職班級，改辦爲高職班級及五年級職業學級；一面將縣市之職校逐年改爲省立，以充實其設備，改進教學設施，直至今日，所有縣市職業學校已全部由省接辦。而農、工、水產三類職校的擴充，尤爲今後職業教育之急務，以適應本省自然環境與經建發展的實際情勢。

此外，國民體育的推行，亦爲本省光復三十二年來教育工作的重點之一。故於恢復臺灣省國民體育委員會的組織與活動後，並訂定「發展國民體育實施方案」，對於如何健全體育行政組織，加強學校體育，推行社會體育，提高體育師資素質，充實體育設備，以及培養優秀運動員方面，不但均有週詳的計畫，而且正積極推行之中。

總之，本省自民國三十四年光復之後，由於政府當局對教育工作的重視，質量均有顯著之進步。尤其是，民國三十八年大陸淪陷後，全國人才之精英聚集在反共復國基地的本省，教育之發展尤爲快速，國民接受各級教育之機會大增，國民基本知識普遍提高，與光復之前比較，實不啻天壤之別。

第六節　大陸與復興基地的對比

民國三十四年臺灣光復，三十八年共匪竊據大陸，中央政府播遷來臺。政府遷臺後，積極建設反攻復興基地臺灣，希望把臺灣建設成為三民主義的模範省，以為將光復大陸後，實行三民主義於全國之榜樣。由於政府的大力建設，二十多年來，復興基地臺灣在政治、經濟、社會和教育文化等各方面，都有長足的進步，人民生活水準顯著提高，民生樂利，不但贏得國際間共同的讚譽，且為開發中國家力爭上游的最佳例子。反觀中國大陸，自共匪竊據之後，一連串的淸算鬥爭，勞動改造，實施「人民公社」，弄得家庭離散，已帶給大陸同胞無比的災害，使大陸事實上已成為血雨腥風的地獄。因此，生活在復興基地的臺灣與大陸，實不啻天堂與地獄強烈的對比。茲節錄民國六十一年二月十八日，嚴副總統家淦兼行政院長在立法院的施政報告，以說明民國六十年復興基地臺灣和大陸的經濟情況與人民生活情形：

「匪區去年糧食總產量，經周匪恩來渲染為四千九百二十億市斤，但薄匪一波於四十八年在所謂「國家經產建設總報告」中曾經公佈過的糧食產量為五千四百億市斤，相較反而減少了百分之九，足證十二年來毫無進步。

工業部份，十二年中除石油一項以外，其他各項主要產品，不是減產，便是增長率極低，顯見匪區工業萎縮，所受「三面紅旗」和「文革」造成的倒退影響，迄未恢復。

匪區對外貿易，專家估計去年總額仍不過四十二億美元，較諸十二年前毫無增加，而僅與我臺灣地區上年對外貿易總額不相上下。

若以國民總所得來衡量，按共匪宣佈過的資料推計，十二年來的增長率僅共百分之十三點四，平均每年實質成長率祇有百分之一點一二，與我臺灣地區同時期每年成長率百分之九點三二，相距八倍有餘。

以每人平均所得而論，按專家最高估計，上年匪區祇合九十餘美元，不及我臺灣地區每人所得的三分之一；若按專家最低估計，僅合六十餘美元，更不必論了。

如果再以大陸人民目前的生活狀況，用食、衣、住、行、育、樂各方面來與今日臺灣地區比較，更是水準懸殊。例如根據專家的研究資料：

臺灣地區每人每日平均消耗熱量二、六八〇卡路里，蛋白質六九點二公克，大陸僅一、七八〇卡路里和三十公克蛋白質。

臺灣地區每人每年平均用於衣著的棉織品約七點八磅，人造纖維十磅，呢絨嗶嘰一點二磅，而大陸人民僅得棉織品一點七磅，人造纖維和呢絨都無配售。

臺灣地區住家每人每年用電量二一六度，大陸僅一三度。

臺灣地區每千人有自行車一三九輛，雙輪機踏車四九輛，汽車九輛，大陸僅自行車二〇輛，機踏車〇點三輛，汽車〇點八輛。

臺灣地區的學齡兒童就學達百分之九八點五，升中學比率約百分之八〇，升大專的比率約百分之七二，大陸則分別僅爲百分之七八點五〇和百分之二〇。

臺灣地區的醫藥衛生設施，平均每一萬三千人有一所醫院或診所一所，大陸則每十一萬人，始有醫院或診所一所。

臺灣地區每千人有收音機二一〇台，電視機五三台，大陸僅有收音機〇點五台，電視機則僅特定場所設有。

臺灣地區國民生產毛額，以上年當年幣值初步估計，達新臺幣二千四百九十五億元，實質成長率達到百分之十一點四，較前年的十一點二爲高。

國民平均每人年所得，約爲上年當年幣值新臺幣一萬三千一百四十八元（折合美金三百二十九元），實質成長率爲百分之十點二，也較前年的八點九爲高。

農業生產，上年的總指數較前年增加約百分之二點五，由於屢次天然災害的影響，以致成長率稍低。

工業生產，上年總指數的增加率高達百分之二十一點二，各業投資情形仍極活躍，生產能量和技術也都有顯者進步。

電力供給，上年水火力發電總量共計一百五十一億九千萬度，較前年增加百分之十五。

華僑與外國人投資，上年核准總額共為一億六千三百萬美元，較前年增加百分之十七點三。

對外貿易，根據銀行結匯統計，上年貿易總值達到四十億零八千五百萬美元，較前年增加百分之三十二點二；其中輸出為二十一億三千五百餘萬美元，增加率為百分之三十六點七；輸入為一十九億四千九百餘萬美元，增加率為百分之二十七點五；上年貿易額差達一億八千六百萬美元。

物價水準，上年臺售物價指數全年平均較前年上升百分之〇點〇二，消費者物價指數上漲百分之二點五六。」

從嚴副總統上述的施政報告中，吾人可以看出生活在復興基地臺灣和大陸，在經濟生活上的差別是多麼懸殊。

雖然經濟生活僅是人類生活的一部份，更重要的是精神生活；不幸的是，在精神生活方面，大陸同胞根本談不到，與復興基地的臺灣，更是無法相比。

在復興基地的臺灣，政府積極實行憲政，全國人民，無分男女、宗教、種族、階級、黨派，一律平等；人民皆有身體、居住、遷徙、言論、講學、著作出版、秘密通訊、宗教信仰、集會結社之自由，人民之生存權、工作權、財產權，均受政府之保障；同時人民尚有請願、訴願、訴訟、應考試服公職之權，以及選擧、罷免、創制和複決四種參政權，各級政府及民意機關代表，即是根據人民之參政權而產生的。在大陸，人民皆按階級成份分別為「黑五類」和「紅五類」，不但「黑五類」份子無法和「紅五類」平等，即使同為「紅五類」亦不平等。一般人民是無法和共幹平等的，而共幹之間亦不平等，全中國大陸可說是一類如金字塔不平等之社會。就自由說，動輒淸算鬥爭，或是勞改活埋，身體自由當然談不到；大陸人民分別隸屬各個「人民公社」，自然沒有居住和遷徙之自由；言論方面，人民不但沒有不說話之自由，更不用說言論之自由；講學、著作出版，都只許站在唯物史觀立論，替共產黨服務，個人別無選擇之餘地；人民一切來往信件，都要經過嚴密之檢查，秘密通訊之自由，大陸同胞如何能享受得到；集會結社方面，在大陸多的是開會，如淸算鬥爭大會、自我檢討會等，人民是不許缺席的，若說自由意志參加的集會，可是從未出現過；結社方面，在大陸根本是一黨——共產黨之專政，人民根本沒有結社之自由，有則被迫加入共產黨而已。在大陸，人民隨時都有被淸算鬥爭的可能，人人自危，卽使連高級共幹如林匪彪，亦被謀害，人民之生存權不問可知；在大陸，人民或是下鄉勞改，或是奉命「學習」，工作權之保障何能談到；大陸同胞一切財產皆「共產」去了，那是一個共貧之社會，人民旣無財產，自無須被保障；在共產社會，一切以共產黨的意志爲意志，大陸同胞自無法享受請願、訴訟、訴願等權利；在大陸，標榜無產階級專政，事實上是少數高級共幹的專政，人民根本沒有參政之權。

在復興基地的臺灣，人民的生活和大陸的最大區別便是，在臺灣憲法保障人民的一切權利，不受侵犯；在大陸雖則也有「憲法」，但那個「憲法」是保障獨裁的權利，以便壓制人民的。由於臺灣和大陸有如此之區別，因此生活在復興基地臺灣的人民，民生樂利，人人都能夠選擇自己的生活方式，過著既富且足的生活；在大陸則人民都生活在灰暗冷漠的世界之中。民國六十一年六月，美國親匪的女作家德治文應匪方邀請，在僞都北平及上海、杭州、漢口、蕪湖等大城市遊覽四十天，八月十六日經過香港時，公開對香港外國記者談論其旅行的見聞和觀感，認爲匪區各級幹部和各地人民，由鐵幕關閉，封鎖知識，普遍的缺乏新知，思想劃一，毫無創新能力。同時她所到之處，一般匪幹和民衆對著「外賓」，雖然大喊「友誼第一」，但顯得公式化，不自然，猶顯露出驚訝和困惑的態度。接著，美國合衆社總裁比頓夫婦，應匪「新華社」邀請，於同年八月十六日率同該社總編輯史提芬遜夫婦，派駐香港之亞洲區主任蘭德利及新聞攝影主任斯力倫等，一行六人，從香港往廣州，然後乘匪區民航機往北平，停留兩週。首先看到中國大陸的服裝，一律是藍灰色制服，顯得灰暗、冷漠。民衆衣服破補不堪，駁雜百結，令美國人驚異。另據自匪區逃香港青年說，匪區供銷合作社，曾供應碎布塊，由人按斤購買，連結起來做成衣服，成爲雜色彩衣。大陸上有所謂「收容所」，每日兩餐，只能吃得半飽，全身無力。美國訪問大陸人士，如果能夠到「人民公社」去體驗，能夠到「收容所」去察看，很快的便對中國大陸有更進一步的了解，對馬列主義亦有更進一步的明瞭。

共匪自竊據大陸後，卽強調「破除舊文化，建立新文化。」所謂「舊文化」，就是我國傳統文化，所謂「新文化」，就是共產主義文化（包括所謂「新民主主義文化」和「社會主義文化」）。而「破除舊文化」，就是破除我國傳統文化，「建立新文化」就是移殖共產主義文化，也就是「全盤赤化」。由於共匪的極力摧毀中國固有文化，使得中華傳統文化面臨絕大的考驗。民國五十五年六月十六日，共匪又發動「文化大革命」，以破四舊——舊文化、舊思想、舊生活、舊習慣爲口號，其主要目的就是企圖對我國傳統文化予以全面的、徹底的摧毀，用無產階級自己的新思想、新文化、新風俗、新習慣，來改變整個社會的精神面貌，尤其使得中華文化面臨存亡絕續的關頭。故總統　蔣公有鑑於此，因於是年十一月十二日　國父誕辰紀念日，倡導推行中華文化復興運動。十一年來，由於國人對此一運動的意義與精神，有正確的認識，積極推行，效果極爲顯著，例如國民生活須知與禮義範例的身體力行、古籍今註今譯的編印出版、九年國民教育的實施成功、大衆傳播事業的均衡發展、青年學生的自覺自強、讀書風氣的日漸濃厚、科學研究的紮實進行、文藝創作質的提高與量的增加、出版事業的不斷發展與圖書雜誌的日新月盛等等，不但使得傳統文化得以維護，抑且爲中華文化注入新的成份。

由於國人均能深切理解：中華文化復興運動，不是一個逢時應景的普通運動，而是一個與國家民族生存發展與革命大業成敗有關，劃時代的全民運動。它不僅爲三民主義文化建設運動的中流砥柱，同時更爲徹底消滅馬列主義邪惡思想，摧毀共產政權，抑制世界赤禍，挽救人類文化危機的利器。總統　蔣公昭示我們：「共匪破壞文化，我們復興文化。共匪消滅道德，我們復興道德。共匪陷國家民族於危亡，我們救國家民族於復興。由挽救文化而復興文化。由踐履道德而復興道德。由喚醒民族而復興民族。」中華文化復興運動，必能解救在黑暗、奴役、極權、貧窮、恐怖與暴虐統治下的大陸同胞，使大陸同胞同享三民主義建設的成果，與復興基地臺灣的同胞，一同過著光明、自由、民主、富足、幸福的生活。